食品安全治理的行政执法和刑事司法衔接研究

SHIPINANQUANZHILI DE XINGZHENGZHIFA HE
XINGSHISIFA XIANJIEYANJIU

邵彦铭　著

中国政法大学出版社

2025·北京

图书在版编目（CIP）数据

食品安全治理的行政执法和刑事司法衔接研究 / 邵
彦铭著. -- 北京 : 中国政法大学出版社，2025. 5.
ISBN 978-7-5764-2103-3

Ⅰ. D922.164

中国国家版本馆 CIP 数据核字第 2025EN9692 号

出 版 者　　中国政法大学出版社

地　　址　　北京市海淀区西土城路 25 号

邮寄地址　　北京 100088 信箱 8034 分箱　邮编 100088

网　　址　　http://www.cuplpress.com（网络实名：中国政法大学出版社）

电　　话　　010-58908586(编辑部) 58908334(邮购部)

编辑邮箱　　zhengfadch@126.com

承　　印　　固安华明印业有限公司

开　　本　　720mm×960mm　　1/16

印　　张　　14.25

字　　数　　240 千字

版　　次　　2025 年 5 月第 1 版

印　　次　　2025 年 5 月第 1 次印刷

定　　价　　79.00 元

前　言

　　党的十八届四中全会出台的《全面推进依法治国若干重大问题的决定》明确提出，健全行政执法和刑事司法衔接（以下简称"行刑衔接"）机制，完善案件移送标准和程序，实现行政处罚和刑事处罚无缝对接。《全面推进依法治国若干重大问题的决定》将行刑衔接提到了一个新的高度，彰显行刑衔接在依法治国方略中的重要性。在诸多领域，食品安全行刑衔接不畅的问题尤为严重，在国家对食品安全犯罪活动打击力度不断加大的情况下，地沟油、病死猪、假牛羊肉、毒胶囊违法犯罪依然高发，新型的食品安全犯罪样态层出不穷，食品安全违法犯罪问题屡禁不止，有案不移、有案难移、以罚代刑等问题严重。之所以会出现这些问题，食品安全行政执法与刑事司法衔接不畅是根本原因。我国政府多次提出对食品安全违法犯罪"零容忍"。"零容忍"的首要要求就是完善食品安全的行刑衔接，实现食品安全的行政处罚和刑事处罚的无缝对接。行刑衔接在一般意义上是指程序机制层面完善，但是启动移送程序所依据的移送标准（也即实体法的衔接）也不可或缺，实体法上的行政不法和刑事不法的准确判定是行刑程序衔接的基础。基于此，本书将从实体法和程序法层面论述食品安全行刑衔接的完善。

　　上篇为导论篇。本部分共2章，主要涉及行刑衔接的基础理论和食品安全行刑衔接问题的提出。行刑衔接不仅涉及实体法和程序法的衔接，更是涉及行政法和刑事法两个不同学科的重叠和竞合，因此本部分将首先明确行刑衔接概念的界定，对行刑衔接的发展历程及功能演变进行梳理。对实践中行刑衔接的困境进行阐述，进而指出完善行刑衔接的理论意义和实践价值。其次，对行刑衔接所涉及的四对基础关系：行政法和刑法、行政权和司法权、行政不法和刑事不法、行政处罚和刑事处罚的异同点——厘清，为下文行刑衔接关系展开奠定理论基础。最后通过分析食品安全违法犯罪的现状和特征，提出在食品安全领域行刑衔接的实体法和程序法困境。

中篇为实体篇。本部分为食品安全实体法衔接的实然考察和应然考察。首先通过对食品安全行政立法和刑事立法的纵向考察以及对我国现有的食品安全行政和刑事法律体系的介绍，分析《刑法》[1]和《食品安全法》衔接不畅之处，并提出完善行刑衔接的具体举措，也即在现有法律规则实然层面的完善。其次通过对域外国家和地区食品安全行政立法和刑事立法的学习和借鉴，从刑事立法模式的角度提出弥合食品安全行刑衔接的另一种选择。最后通过论证指出相对比较灵活的独立型附属刑法和比较原则的刑法典相结合的双轨制立法模式是食品安全行刑实体法衔接的应然选择。

下篇为程序篇。本部分共5章，解决了移送标准也即实体法衔接后，对涉嫌食品安全犯罪的案件，如何确定移送原则？移送工作机制如何建立？移送中证据如何转化？处罚结果能否竞合适用？如何加强检察监督？本部分主要解决以上问题。首先，明确食品安全行刑程序衔接适用的原则及处罚结果竞合处理，用案例分析的方式，反思从"三鹿案"到"福喜案"食品安全行刑衔接工作机制的转变及完善；其次，合理诠释《刑事诉讼法》第54条第2款，提出食品安全行刑证据衔接的转化规则和注意事项；再次，通过分析最高人民检察院公布的食品安全典型案例，提出如何加强对食品安全行刑衔接的检察监督；最后，通过对司法权和行政权合二为一的属性的理论分析和食药警察设置必要性和可行性的论证，提出食药警察的设置可以从根本上弥合行刑衔接的问题，并结合食药警察设置的地方实践和美国经验给出完善我国食药警察设置的建议。进而指出，食药警察可以是程序法完善的另一种选择。

---

[1] 《刑法》，即《中华人民共和国刑法》，为行文方便，本书中涉及的我国法律法规名称统一省略"中华人民共和国"字样，下不赘述。

目 录

◆　下篇　程序篇　◆

引　言

党的十八届三中全会通过的《中共中央关于全面深化改革若干重大问题的决定》提出"完善行政执法与刑事司法衔接机制",将行政执法和刑事司法衔接(以下简称"行刑衔接")提升到全面深化改革重大问题的层面。一年后,党的十八届四中全会通过的《中共中央关于全面推进依法治国若干重大问题的决定》进一步明确了行刑衔接的具体目标:"健全行政执法和刑事司法衔接机制,完善案件移送标准和程序,建立行政执法机关、公安机关、检察机关、审判机关信息共享、案情通报、案件移送制度,坚决克服有案不移、有案难移、以罚代刑现象,实现行政处罚和刑事处罚无缝对接。"习近平总书记在中央政法工作会议上指出:"现在行政执法和刑事司法存在着某些脱节,一些涉嫌犯罪的案件止步于行政执法环节,法律威慑力不够。这里面反映的就是执法不严的问题,需要通过加强执法监察、加强行政执法与刑事司法衔接来解决。推进行政执法与刑事司法相衔接,是党中央、国务院推进依法治国的一项基本方略,是当前深化行政执法体制改革的重要内容,是解决执法不严的重要手段。"[1]《中共中央关于全面深化改革若干重大问题的决定》和《中共中央关于全面推进依法治国若干重大问题的决定》两个重要决定同时提出了加强行刑衔接机制建设,足以彰显行刑衔接的重要性,其不仅是推进深化改革必须完成的任务,也是实现依法治国方略的重要内容。

近年来,食品安全依然作为一个难以根治的顽疾持续危害着国计民生,地沟油、病死猪、假牛羊肉、毒胶囊等违法犯罪依然高发,新型的食品安

---

[1] 《中央政法工作会议在京召开　习近平作重要指示》,载人民网:http://politics. people. com. cn/n/2015/0120/c70731-26419142. html,最后访问时间:2024 年 1 月 16 日。

全犯罪样态层出不穷，食品安全违法犯罪问题仍屡禁不止。究其原因，影响和制约我国食品安全的深层次矛盾和问题尚未得到根本解决。首先，在自然原因方面，生态环境恶化、农药过量使用、工业企业排放污水造成的重金属污染导致农畜产品在生长阶段遭到有毒有害物质污染，质量安全状况堪忧。非法食品添加剂滥用和一些有毒有害食品的添加造成食品安全违法犯罪增多，过期变质的食品造成的食品安全事故增多。其次，在社会原因层面，我国正处于食品安全风险高发期和矛盾凸显期。我国食品工业发展用几十年的时间走完了发达国家几百年走过的发展历程，食品准入门槛低，食品产业布局不合理，"多、小、散、低、乱"问题突出。这种粗放式的高速发展模式带来了一系列食品安全问题。而与食品行业高速发展不相匹配的是不完善的食品安全制度。最后，监管层面，我国幅员辽阔，食品监管部门面对的是数量庞大的监管对象和全国14亿人口的食品安全。据统计："'四品一械'全部监管对象总数超过2000万家，以上数字还不包括数量庞大的无证餐饮和非法窝点的数量。而全国食品药品监管系统总人数有14万人，与监管对象之比不足7‰，与全国人口数之比为1‰。执法人员不足导致日常监管覆盖面和检查力度难以兼顾。"[1]监管不到位和对违法犯罪打击不力，造成食品安全犯罪呈现长链条、跨区域、专业化、集团化的发展态势。地沟油、病死猪、过期肉、染色馒头等严重危及国计民生的食品安全案件层出不穷。

我国一直重视食品安全，一饭膏粱，维系万家，柴米油盐，关系大局。习近平多次强调食品安全是餐桌上的民生，一定要动用一切手段打赢这场食品安全的"保胃战"。李克强在全国加强食品安全工作电视电话会议上作出指示：加快建立健全最严格的覆盖生产、流通、消费各环节的监管制度，完善监管体系，全面落实企业、政府和社会各方责任。以基层为主战场加强监管执法力量和能力建设，以"零容忍"的举措惩治食品安全违法犯罪，以持续的努力确保群众"舌尖上的安全"。为了严厉打击食品安全违法犯罪，我国于2011年2月25日出台了《刑法修正案（八）》，以规制此类犯罪。2015年4

---

〔1〕 毛振宾：《对食品药品稽查执法工作的一些思考》，载《法制日报》2014年8月25日。

月 24 日，我国出台了号称史上最严厉的《食品安全法》来监管食品安全。目前，《刑法》和作为行政法的《食品安全法》已经历数次修改，以应对食品安全违法犯罪。在国家对食品安全犯罪活动打击力度不断加大的情况下，食品安全违法犯罪活动依然屡禁不止。食品安全的行政执法和刑事司法的衔接不畅造成的有案不移、有案难移以及以罚代刑是主要原因。据统计：2014 年全国食药监系统全年各地共检查食品经营者 1389.3 万户次，检查批发市场、集贸市场等各类市场 37.98 万个次，捣毁售假窝点 949 个，查处不符合食品安全标准的食品案件 8.45 万件，查处不符合食品安全标准的食品 146.16 万公斤，查处违法添加或销售非食用物质及滥用食品添加剂案件 1531 件，查处非食用物质和食品添加剂 1.38 万公斤，吊销许可证 658 户，移送司法机关 738 件。〔1〕案件移送率不到 0.8‰。对于可能涉嫌犯罪的严重食品安全违法行为，部分行政执法机关受地方保护主义或部门保护主义影响，甚至受利益驱动，主观上缺乏移送案件的动力，客观上导致错过查案的有利时机，使得一般的食品安全违法行为演变成为严重的恶性食品安全犯罪，引发大规模的食品安全恶性事件。"三鹿案"〔2〕就是一个很好的例证，部分行政执法部门对违法犯罪行为往往一罚了之，造成"犯了就罚，罚了再犯"的恶性循环。以罚代刑导致本应得到刑事处罚的违法犯罪分子得不到适当的处罚，这是对犯罪行为的放纵，已经在很大程度上影响了对食品安全违法犯罪的打击力度。

---

〔1〕《全国食品经营监管工作会议在京召开》，载中国政府网：http://www.gov.cn/xinwen/2015-01/29/content_2811845.htm"，最后访问日期：2024 年 1 月 17 日。

〔2〕在"三鹿案"中，在 2008 年 9 月 13 日国务院作出严肃处理"三鹿案"决定后，其实早在 6 个月之前，也就是 2008 年 3 月，三鹿集团就开始陆续接到了一些患泌尿系统结石病的投诉。3 个月之前的 2008 年 6 月，国家质检总局食品生产监管司网站就已经有消费者投诉婴儿吃了三鹿奶粉后患肾结石编号为"20080630-1622-25262"的投诉，只不过因该内容被隐藏而没有进行任何行政处置。在 9 月 6 日、9 日的留言里，记者发现均有消费者向国家质检总局反映有婴儿因长期服食奶粉而患肾结石。该消费者还表示：强烈希望你能检验此品牌奶粉的质量，以免更多的孩子再受其害。当时，国家质检总局回复称，该局正在密切关注此事，并联合有关部门积极处理，但是直到 2008 年 9 月 14 日，刑事司法部门才开始介入。3 个月的时间，毒奶粉的危害进一步扩大。

上　篇

导论篇

第一章

行刑衔接基础理论

第一节　行刑衔接的概念界定及发展历程

一、行刑衔接的概念界定

（一）行刑衔接概念界定的基本观点

我国行刑衔接的研究从 20 世纪 90 年代开始，行政法学界和刑事法学界开始关注行刑衔接的适用范围、衔接及竞合问题。一般认为，界定行政执法和刑事司法衔接的概念，先要明晰行政执法的概念和刑事司法概念。行政执法的概念为：拥有行政处罚权的机关在其职权范围内，行使其管理职能，对公民、法人和其他组织的行政违法行为进行管理和处罚的行政行为。而刑事司法则是指，拥有刑事司法权的国家机关（包括分别行使立案、侦查、起诉、审判职能的国家机关）依法查处犯罪、追究刑事责任的专门活动。行政处罚是行政不法的否定性结果，行政执法则是执行这种结果的活动。刑事处罚是刑事犯罪带来的否定性后果，同样，刑事司法是追究犯罪人刑事责任的整个过程。行政处罚和刑事司法都属于法的执行环节的活动，是对违法和犯罪予以惩处，维护国家、集体和公民的合法权益，保障社会秩序的活动。

行政执法和刑事司法衔接的第二个概念是关于"衔接"的界定。"衔接"一词在《现代汉语词典》的释义为"两事物或者事物的两个部分前后相接，更多的是突出两个事物之间的紧密相连关系，两者相接使之不留空白"。具体到行政执法和刑事司法领域衔接的整体概念，近年来提得比较多的是实务部门的界定。主要有两种观点：一种观点认为主要是行政机关在违法行为涉嫌犯罪时向刑事司法机关移送的工作机制。这跟国务院出台的《行政执法机关移送涉嫌犯罪案件的规定》的解释大致相同。其定义为：行政机关在行政处罚过程中将涉嫌犯罪行为移送到司法机关的一种办案协作机制。具体来说，是指对于涉及工商、食品、药品、金融监管、税务等具有执法权的行政机关在依法查处违法行为的过程中，对涉嫌犯罪的情形移送司法机关处理的工作机制。有的学者认为，对于行刑衔接，不仅包括顺向衔接，也应包括逆向衔接，也就是司法机关发现不构成犯罪但构成行政不法，依法移送行政机关处理的工作机制。

另外一种观点认为，行刑衔接就是一种程序机制，是指行政执法和刑事司法的程序连接。具体是指："具有行政执法权的国家机关、社会团体、企事业单位，在依法履行行政执法义务过程中，发现行政相对人或第三人的行为可能涉嫌犯罪，将该案移送刑事司法机关处理，因而在行政执法机关和刑事司法机关之间所发生的程序性事务。"[1]

（二）本书的观点

对行刑衔接的定义，不管是程序机制还是工作机制，其内涵大都包括实务部门办案所适用的工作机制、办案协作，或者说是具体程序，却往往忽略了程序机制之前的实体法衔接。在行刑衔接程序中符合移送标准才会发生移送，而移送标准则是程序法所无法确定的，是由实体法来决定的。因此，行政执法和刑事司法的衔接，首先应是行政不法和刑事不法在实体法层面的准确认定。行政不法是一般的违法行为，并未构成犯罪，只有行政不法严重到一定程度，具有一定的社会危害性，才会构成犯罪。行政不法和刑事不法的判断则依据实体法的认定。通过上述传统的关于行刑衔接的概念界定来看，现有行刑衔接的定义只是侧重于从程序、协作机制等层面来分析两者的衔接，而对其前提和基础的实体法衔接则很少进行研究。实际上，行政不法和刑事不法在认定方面不仅在实施主体、实施行为、处罚措施方面存在差异，还在法律适用依据、管辖范围方面存在较大差异。行政法律只是规定了"严重到

---

〔1〕 刘远、王大海主编：《行政执法与刑事执法衔接机制论要》，中国检察出版社2006年版，第173～174页。

一定程度，构成犯罪追究刑事责任"，但是在其对应的刑法中，却找不到相应的罪名和犯罪构成来追究刑事责任。如果实体法衔接缺失，缺少适用依据而先进行行刑程序衔接研究则属于本末倒置。因此，作为程序和工作机制研究的前提和基础，行政执法和刑事司法的实体法衔接同等重要。本书认为：行政执法和刑事司法衔接机制研究不仅涉及程序衔接，实体衔接也同等重要，实体衔接是程序衔接的前提和基础，程序衔接是实体衔接的研究延伸和结果，两者相辅相成、不可偏废。

二、行刑衔接的提出及其发展

（一）行刑衔接的提出

行刑衔接的提出并不是来自学界的研究，而是来自法律规范性文件。第一次明确提出"行刑衔接"概念的是国务院在 2001 年 4 月 27 日公布的《国务院关于整顿和规范市场经济秩序的决定》。该决定明确提出：要加强行政执法和刑事执法的衔接，建立信息共享、沟通便捷、防范有力、及时打击经济犯罪的协作机制。其制定背景是打击当时比较猖獗的伪劣商品违法犯罪专项行动。当时，我国对于行政执法机关查处的涉嫌伪劣商品不法行为如何追究刑事责任并无明确的法律规定，为了确立移送司法机关进行刑事责任追究的标准，国务院牵头制定了《国务院关于整顿和规范市场经济秩序的决定》。这也是我国首次以决定的形式提出行刑衔接具体制度。

2001 年 7 月 9 日，为了进一步明确经济犯罪中的案件移送问题，国务院颁布了《行政执法机关移送涉嫌犯罪案件的规定》，2020 年 8 月 7 日重新进行了修订，该规定开篇第 1 条即明确了制定目的："为了保证行政执法机关向公安机关及时移送涉嫌犯罪案件，依法惩罚破坏社会主义市场经济秩序罪、妨害社会管理秩序罪以及其他犯罪，保障社会主义建设事业顺利进行，制定本规定。"第 3 条则规定了移送案件的具体条件，包括构成移送的条件，以及移送所涉及的罪名，当然更多的是破坏社会主义市场经济秩序罪。第 4~19 条则规定了行刑衔接移送的相关具体程序层面的内容。《行政执法机关移送涉嫌犯罪案件的规定》第一次以法律规范的形式确立了"行刑衔接"机制。2001 年 12 月 3 日，作为移送审查起诉机构的最高人民检察院根据《刑事诉讼法》的相关条款，按照《行政执法机关移送涉嫌犯罪案件的规定》的相关规定，出台了适用于本部门的《人民检察院办理行政执法机关移送涉嫌犯罪案件的规定》，对行政机关移送的属于人民检察院管辖范围的涉嫌犯罪案件的移送作出了规定，包括移送部门和移送程序，并充分发挥检察院的监督职能，对行政执法活动行使检察监督权。经济犯罪行刑衔接机制的确立，有效打击了此类犯罪，保障了市场秩序。为了进一步规范市场秩序，打击经济犯罪，全国整顿和规范市场秩序工作会议于 2003 年 4 月召开，会议着重强调加强对行政案件的移送和司法监督，推进行刑衔接机制及配套措施建设。为响应此次会议的精神，进一步推进行刑衔接工作，《最高人民检察院、全国整顿和规范市场经济秩序领导小组办公室、公安部关于加强行政执法机关与公安机关、人民检察院工作联系的意见》和《最高人民检察院、全国整顿和规范市场经济秩序领导小组办公室、公安部、监察部关于在行政执法中及时移送涉嫌犯罪案件的意见》先后出台。至此，关涉行刑衔接的国务院行政部门、公安部、最高人民检察院、监察部门都制定或者参与制定了关于行刑衔接的规范性文件，确立了行刑衔接的基本制度和工作流程。由此，行刑衔接机制基本形成。

（二）行刑衔接机制的发展

由于司法实践中依然存在有案不移、有案难移、以罚代刑现象，为了进一步加强行刑衔接机制建设，中共中央办公厅、国务院办公厅于 2011 年 2 月转发了《关于加强行政执法与刑事司法衔接工作的意见》。该规定的出台背景是呼应 2010 年 10 月时任总理温家宝在全国知识产权保护与执法工作电视电话会议上的讲话。其指出："加强行政执法和刑事司法的有效衔接，坚决追究侵犯知识产权犯罪分子的刑事责任。"讲话内容肯定了《行政执法机关移送涉嫌犯罪案件的规定》对行刑衔接工作的促进作用，相关工作机制得到了提高，一大批危害社会主义市场经济秩序和社会管理秩序的犯罪行为受到刑事制裁，有力遏制了违法犯罪活动。但是，在经济违法犯罪中，行政执法层面有案不移、有案难移、以罚代刑的问题仍然存在，成为制约行刑衔接发展的主要问题，因此国务院联合七部委共同出台了《关于加强行政执法与刑事司法衔接工作的意见》，就履行法定职责、工作机制衔接、对行刑衔接工作的领导和监督四个层面，进一步加强行政执法与刑事司法衔接机制建设。该文件经中共中央办公厅和国务院办公厅共同转发，为贯彻该意见，各级单位分别就本部门和本行政区域出台了关于加强行政执法和刑事司法的实施意见。

（三）行刑衔接的发展新高度

党的十八届三中全会作出的《中共中央关于全面深化改革若干重大问题的决定》明确提出"完善行政执法与刑事司法衔接机制"，把行刑衔接提升到了一个新的高度，即将行刑衔接上升到了全面深化改革重大问题的层面。2014 年 10 月 23 日，党的十八届四中全会通过的《中共中央关于全面推进依法治国若干重大问题的决定》在"深入推进依法行政，加快建设法治政府"一章中提出："健全行政执法和刑事司法衔接机制，完善案件移送标准和程序，建立行政执法机关、公安机关、检察机关、审判机关信息共享、案情通报、案件移送制度，坚决克服有案不移、有案难移、以罚代刑现象，实现行政处罚和刑事处罚无缝对接。"《中共中央关于全面推进依法治国若干重大问题的决定》是我国建设中国特色社会主义法治体系，建设社会主义法治国家的总纲领。行刑衔接作为重要方面被提及，足以显现其在依法治国方略中的地位。

三、行刑衔接的价值和模式演变

通过以上对行刑衔接机制发展的梳理可以看出，行刑衔接机制从最初的以惩治经济犯罪为主要目的提升到依法治国的高度，从行政执法机关和刑事司法机关的单位联络模式到信息共享模式，从被动接受再到主动介入调查，行刑衔接的发展经历了从无到有，功能从弱化到强化的演变过程。

（一）行刑衔接价值的转变——由整顿经济秩序到依法治国的提升

从行刑衔接的发展历史可以看出，2001 年行刑衔接首次提出是为了打击当时比较猖獗的伪劣商品犯罪，可以说，行刑衔接机制的缘起就是为了整顿经济秩序。同样，2001 年 7 月 9 日出台的《行政执法机关移送涉嫌犯罪案件的规定》（2020 年 8 月 7 日修订）在其开篇第 1 条就明确了制定目的：为了保障社会主义市场经济秩序和社会管理秩序。2003 年 4 月的全国整顿和规范市场秩序工作会议着重强调加强行政案件的移送和司法监督，推进行刑衔接机制及配套措施建设。以至于早期我们看到的关于行刑衔接机制的规范性文件，制定主体里都有"全国整顿和规范市场经济秩序领导小组办公室"——这个对经济秩序进行监管的机构。回顾"行刑衔接"的发展历程我们不难看出，这一问题的提出与工作的进展始终是随着整顿与规范社会主义市场经济秩序工作而进行的。[1] 党的十八届三中全会和四中全会在"深入推进依法行政，加快建设法治政府"一章中重点论述"完善行政执法与刑事司法衔接机制"，将行刑衔接提升到了依法治国的层次，并将行刑衔接的价值从整顿经济秩序功能向依法治国全面提升。

（二）行刑衔接参与方式的转变——从司法机关被动接受到主动介入调查

《行政执法机关移送涉嫌犯罪案件的规定》（2020年8月7日修订）第一次以法规的形式明确提出了行政执法和刑事司法的衔接，衔接模式是顺向衔接，规定了行政执法机关移送给司法机关（主要是公安机关）的模式。该规定确立了单位联络式的衔接工作机制，规定了行政执法机关向公安机关移送涉嫌犯罪的程序、步骤以及移送的相关材料。这种顺向的移送模式主要由行政执法机关启动，行政执法机关发现涉嫌犯罪，主动移交给公安机关，公安机关属于被动接受移送。其本身在事前并不参与对案件的处理。2011年颁布的《关于加强行政执法与刑事司法衔接工作的意见》则对行刑衔接工作机制中出现的一些问题及时进行了修正，并加强了行刑衔接机制建设，强化了对检察机关的监督。发现严重行政违法行为后，并不需要行政机关预处理，确定是否属于重大疑难案件，只需向公安机关通报线索，公安机关就可以主动介入，派员调查。必要时，可以请行政机关协助调查。由此可以看出，公安机关在行刑衔接中可以根据线索直接展开侦查行动，而且在调查中是以公安机关为主、以行政机关为辅。此外，还明确了具体的衔接工作机制，比如对联席会议制度作了具体规定，健全案件咨询制度以及利用现代信息手段建立信息共享平台，并将平台纳入电子政务建设。党的十八大还提出要将检察机关、审判机关也纳入信息共享平台，并完善案情通报和案件移送制度。这种模式还赋予了人民检察院监督权，行政机关对公安机关不立案的，可以建议

---

[1] 刘福谦：《行政执法与刑事司法衔接工作的几个问题》，载《国家检察官学院学报》2012年第1期。

检察院进行立案监督。这些都体现了从被动接受到主动介入的转变。

（三）行刑衔接工作机制的转变——从单位联络式模式到信息共享模式

2001年7月9日国务院颁布了《行政执法机关移送涉嫌犯罪案件的规定》，2020年8月7日国务院进行了修订，该规定确立的机制主要是行政执法机关和公安机关之间的简单联络，更多地强调对口移送，也没有建立信息共享机制和联席会议制度。检察院本身并不参与行刑衔接机制，只是事后监督。在最高人民检察院、全国整顿和规范市场经济秩序领导小组办公室、公安部、监察部四部门于2006年1月26日共同制定的《最高人民检察院、全国整顿和规范市场经济秩序领导小组办公室、公安部、监察部关于在行政执法中及时移送涉嫌犯罪案件的意见》首次提出：为了有效打击违法犯罪，在行政执法和刑事司法中，公安机关、监察机关、行政执法机关和人民检察院应当建立联席会议、情况通报、信息共享等机制。同一年，江苏省为了贯彻《最高人民检察院、全国整顿和规范市场经济秩序领导小组办公室、公安部、监察部关于在行政执法中及时移送涉嫌犯罪案件的意见》的规定，首先在省一级建立了行政执法与刑事司法信息共享平台，对于案件移送、咨询、跟踪监控、执法动态以及监督管理等内容，实现执法机关和司法机关的信息共享，为行政机关和司法机关之间的案件移送开通了便捷的通道。当然，除了信息共享模式，行政执法机关对于案情复杂、疑难、性质难以认定的案件，可以向公安机关、人民检察院进行咨询。由此，行刑衔接工作机制从单位联络式模式向信息共享模式转变，并规定了检察机关的提前介入监督。

第二节 完善行刑衔接研究理论意义和实践价值

党的十八届三中和四中全会都提出了加强行政执法和刑事司法的衔接，加强行刑衔接有助于依法行政、严密惩治违法犯罪的法网，发挥检察机关的监督职能，并能解决行政执法实践中一直存在的有案不移、有案难移、以罚代刑、案件移送立案率低、检察机关监督缺位等弊端。此外，从理论层面加强行刑衔接研究也可以推动刑法和行政法理论的发展，丰富行政权和司法权权力制衡的相关理论。因此，加强行刑衔接不管是理论层面还是实践层面，都具有重要的研究价值和实践意义。

一、有助于促进依法行政

自从 1997 年十五大提出依法治国的基本方略以来，建设社会主义法治国家已成为我国社会主义建设的重要目标。党的十八届四中全会专题研究全面推进依法治国的重大问题，也标志着我国把法治建设提到前所未有的高度。行政权涉及范围较广，管理社会的方方面面，加之我国各级行政机关众多，其权力体系庞大。基于行政权的强制性属性，如果运用得当，则社会治理有序；反之如果滥用行政权力或者超越行政权力则后果不堪设想。行政权在行政执法和刑事司法衔接领域滥用的表现主要就是有案不移、有案难移和以刑代罚，这严重阻碍了行刑衔接的通畅。因此，完善行刑衔接机制，不仅可以明确行政机关的法定职责，使其严格按照程序和标准移送案件、处理案件，保证涉嫌犯罪的案件能及时移送司法机关，更能督促其依法行使自由裁量权，减少恣意，杜绝行政执法中的腐败，促进依法行政的实现。

二、有助于织密打击违法犯罪的法网

健全行政执法和刑事司法衔接机制的另一个重要意义在于织密打击违法犯罪的法网。刑事不法和行政不法基于质和量以及法律依据的不同存在着明显的界限，因此，对其认定也截然不同。行政不法严重到一定程度即构成犯罪，在多大程度上或者说是质和量发生怎么样的变化会构成犯罪，是行刑衔接研究的主要内容。发现严重的违法行为，达到一定标准构成犯罪，按照移送程序，及时移送司法机关、及时处理，避免成为漏网之鱼。如果不构成移送标准，司法机关应建议给予行政处罚，这样不管移送与否，不法行为都会得到其应有的处罚，避免出现行刑衔接的真空地带。"值得说明的是，并非每个案件都要经过侦查、起诉、审判三个诉讼阶段，在其中任何一个阶段，如果办案机关认为不构成犯罪，只属于一般行政违法行为，在作出撤案、不起诉、无罪判决（或免予刑事处罚）的同时，移送行政执法机关处理都是可以的。只有做到了相互联系、相互衔接，才能实现各自的功能，既没有履职缺位，又没有越俎代庖，同时也体现了执法的严格和公正。"[1]通过完善行刑衔接机制，严密打击违法犯罪的法网，真正实现"法网恢恢，疏而不漏"的无缝对接。

三、有助于发挥检察监督职能、顺应权力制衡

孟德斯鸠认为一个自由、健全的国家，必然是一个权力受到合理、合法限制的国家，因为自由只能在国家权力不被滥用时才存在。[2]立法权、司法权、行政权之间的分工和制约被认为是法治的基础，确立了权力制衡机制。行政权是宪法规定的和法律赋予的国家行政机关管理政治、经济和社会事务的最重要的国家权力，也是最密切涉及公民、法人和其他组织利益的一种国家权力。同时，由于它管理的事项具有复杂性、多变性以及其本身运作的效率性要求，宪法和法律也赋予了很大的自由裁量权。宪法和法律规定检察机关作为专门的法律监督机关，对国家工作人员职务犯罪进行侦查，对执行国家法律的行政执法部门是否严格执法实施监督。我国行政机关庞大，且行政执法案件数量巨大，而检察机关专职实施行政监督的人又很少，因此检察机关限于信息来源以及行政案件的繁多往往不能进行有效的监督，这样就使得行政权得不到有效的外部监督而易被滥用，进而造成司法权和行政权失衡。因此，本书同意这样的观点："从权力运行机制层面而言，完善行刑衔接制度，是以行政执法机关移送涉嫌犯罪案件的执法领域为切入点，通过适度扩大检察监督权在移送监督和立案监督领域的职权和规模，以实现对行政权强有力的监督制约，从而规范行政执法权合法有序运作。"[3]使得行政权能够得到司法权的有效制约。

四、有助于刑事法学和行政法学的发展

行刑衔接机制的完善，离不开刑法学和行政法学基础理论研究，也因此

---

〔1〕　刘福谦：《行政执法与刑事司法衔接工作的几个问题》，载《国家检察官学院学报》2012年第1期。

〔2〕　[法]孟德斯鸠：《论法的精神》（上册），张雁深译，商务印书馆1959年版，第184页。

〔3〕　王春丽：《行政执法与刑事司法衔接研究——以医疗两法衔接为视角》，华东政法大学2013年博士学位论文。

形成了行政刑法这一研究方向，行政刑法的研究为行刑衔接提供了理论基础。反过来，注重实践的行刑衔接研究也有利于丰富和深化行政刑法学基础理论。行刑衔接需要从刑法学角度思考，比如食品安全不法行为首先作为一种行政违法存在，严重到一定程度即构成犯罪。因此，作为行政法和刑法交叉的行政刑法研究更需要关注行刑衔接问题。行刑衔接的研究涉及行政不法和刑事不法、行政处罚和刑事处罚的关系，也是行政法学和刑事法学的主要内容。行政不法行为达到何种程度会构成刑事犯罪，对于不法行为同时适用行政处罚和刑事处罚怎样衔接，是采用合并处罚还是单一处罚等都是行政法学和刑事法学需要进一步扩展研究的对象。行刑衔接被不断提及也跟我国当前社会转型的发展态势有关。随着经济的发展，各种社会制度和经济秩序相继确立。对新规则和秩序破坏的不法行为也时有发生，行政违法增多造成行政犯罪的法定犯大量存在。1997 年《刑法》后出台的刑法修正案主要增加的都是行政犯罪。这些新罪的准确查处和判定都需要依赖行刑衔接机制的完善。因此，对行刑衔接的研究既可以扩展行政刑法研究的深度，也可以使刑法学和行政法学研究更上一个台阶。

第三节　行刑衔接的实践困境

从前述行刑衔接的发展历程来看，国务院和相关部门出台了多个文件来加强行政执法和刑事司法衔接工作。党的十八届三中全会和四中全会也都明确了加强行政执法和刑事司法衔接工作，在凸显行刑衔接工作重要性的同时，也表明了目前行刑衔接工作的紧迫性。实践中，有案不移、有案难移、以罚代刑等问题仍然比较突出，行刑衔接存在诸多问题，亟须改善。

一、有案不移

"有案不移"是行刑衔接实践中非常突出的问题。行政机关查处案件后，应当移送给司法机关，如果既没有立案也没有移送，不仅会延误打击犯罪的良好时机，也会放纵犯罪。虽然《行政执法机关移送涉嫌犯罪案件的规定》第 3 条第 1 款明确规定："行政执法机关在依法查处违法行为过程中，发现违法事实涉及的金额、违法事实的情节、违法事实造成的后果，根据《刑法》关于破坏社会主义市场经济秩序罪、妨害社会管理秩序罪的规定和最高人民法院、最高人民检察院关于破坏社会主义市场经济秩序罪、妨害社会管理秩序罪等罪的司法解释以及最高人民检察院、公安部关于经济犯罪案件的追诉标准等规定，涉嫌构成犯罪，依法需要追究刑事责任的，必须依照规定向公安机关移送。"但是现实中有案不移的现象依旧严重。依照刑法有关规定追究刑事责任。2021 年修订的《行政处罚法》第 82 条对原第 61 条做了修改："行政机关对应当依法移交司法机关追究刑事责任的案件不移交，以行政处罚代替刑事处罚，由上级行政机关或者有关机关责令改正，对直接负责的主管人员和其他直接责任人员依法给予处分；情节严重构成犯罪的，依法追究刑事责任。"不管是旧的条文还是新的条文，其涉嫌追究刑事责任都指向《刑法》第 402 条徇私舞弊不移交刑事案件罪。以该罪进行处罚。虽然相关法律法规对于有案不移的行为进行了严厉的刑罚规制，但是此类现象依然严重。据统计，2014 年全国食药监系统全年各地共检查食品经营者 1389.3 万户次，检查批发市场、集贸市场等各类市场 37.98 万个次，捣毁售假窝点 949 个，查处不符合食品安全标准的食品案件 8.45 万件，查处不符合食品安全标准的食品 146.16 万公斤，查处违法添加或销售非食用物质及滥用食品添加剂案件 1531 件，查处非食用物质和食品添加剂 1.38 万公斤，吊销许可证 658 户，移送司法机关 738 件。[1]案件移送率不到 0.8‰。结合行政执法实践可以看出，行政执法机关在移送涉嫌犯罪案件上呈现出以下三个特点：一是行政机关数量多，移送涉嫌犯罪案件的行政机关数量少；二是行政机关查处违法案件数量多，移送涉嫌犯罪案件数量少；三是检察机关建议移送案件多，行政机关主动移送案件少。有案不移使得本该受到严厉刑事处罚的行为人得不到及时的惩处，既增加了行政执法人员渎职犯罪的可能性，也不利于对此类犯罪的预防和打击。

---

〔1〕《全国食品经营监管工作会议在京召开》，载中国政府网：http://www.gov.cn/xinwen/2015-01/29/content_ 2811845.htm，最后访问日期：2024 年 1 月 18 日。

二、以罚代刑

以罚代刑是行政执法领域的一个顽症。统计数字显示：在 2013 年江苏打击侵权假冒专项工作中，行政执法机关办结案件 1.3 万件，公安机关抓获犯罪嫌疑人 3772 人，但被检察机关起诉，法院判决的仅有 1200 人。〔1〕少数行政执法机关受利益驱动，收受好处或者是基于地方保护主义，缺乏移送案件的动力，客观上导致错过查案的有利时机。部分行政执法部门对违法犯罪行为往往一罚了之。以罚代刑会造成违法行为得不到及时惩处，进而造成更严重的后果。2008 年发生的"三鹿案"就是一个典型案例，早在 2004 年三鹿奶粉就存在掺杂三聚氰胺问题，只不过当时仅仅罚款了事。以罚代刑会导致错过追究刑事责任的良好时机，造成行刑衔接的不畅，使本应受到刑罚处罚的违法犯罪分子得不到适当的处罚，以罚代刑是对犯罪行为的放纵，是对法律权威的损害。

三、有案难移

近年来，随着经济的发展，涉及工商、食品安全、知识产权、环境、金融证券的经济违法犯罪活动增多，其明显特点是作案团伙化、方式隐蔽化、手段现代化，暴力抗法事件也时有发生，增加了行政人员的执法难度。而且，这些违法犯罪活动并不能通过单一的执法主体予以查处，往往需要几个部门联合才能完成执法。而我国现行的行政管理部门设置，则是根据行政机关的职能分工及查处领域的不同采取条块分割的方式，一个行政执法部门管理一类或几类行政事务。在权责清晰的同时，也致使其各自为政，仅有分工而少有配合。在面对大规模、有组织的违法犯罪活动时，往往显得力量薄弱、力不从心，如对食品安全问题的查处，食品监督管理部门、农业部门、工商部门、检验检疫部门、卫生部门都有权力进行查处。但这些部门之间在查处后互不通报、移送，对口的移送部门不明确，这些原因造成有案难移。这种沟通上的不畅通严重制约了打击犯罪的力度。

---

〔1〕《江苏加大行政执法刑事司法衔接力度》，载《人民日报》2014 年 7 月 9 日。

四、移送后司法机关立案及处理率低

如果说有案不移、有案难移、以罚代刑是发生在行政执法领域的突出问题，那么解决了有案不移和有案难移问题，将案件移送到司法机关之后，司法机关的立案率和处理率较低又成了行刑衔接的障碍。相关数据显示：2008年以来，湖南省各级行政机关向公安机关移送涉嫌犯罪案件共4179件，但公安机关立案的案件数为2070件，立案率为49.5%。[1]2008—2010年四川省公安机关对行政执法机关移送的案件共立案1388件，在公安机关立案侦查的1388件1937人中，提起公诉737件1182人，占立案数的53.1%和61.2%，即近40%的犯罪嫌疑人在立案后没有进入公诉和审判环节。[2]从以上数据我们可以发现，不管是在立案阶段还是在公诉阶段，有近一半移送的案件不会被处理。此外，还有的公安机关或检察机关在收到案件之后不及时审查并作出决定。这些都会打击移送机构的积极性，也会使得移送的案件不能得到及时处置，造成行刑衔接障碍。2021年修订的《行政处罚法》第27条进一步完善了行政处罚案件行刑衔接制度。在旧法的规定下，行政处罚案件由于很难达到刑事案件的证明标准，客观上造成了有案不移、有案难移的情况，新法将"违法行为构成犯罪"改为"违法行为涉嫌犯罪"，有利于减少案件移送在证据证明标准上的阻碍。同时，旧法仅对行政机关向司法机关移送案件作出规定但对司法机关向行政机关移送案件未作规定，新法规定了行刑衔接案件的双向移送制度，对于司法机关移送的、依法不需要追究刑事责任或者免予刑事处罚但应当给予行政处罚的案件，行政机关应当依法及时作出处理。对建立双向衔接程序的内容提出要求，行政机关应当与司法机关加强协调配合，建立健全案件移送制度，加强证据材料移交、接收工作衔接，完善案件处理信息通报机制。

---

〔1〕　数据来源：湖南省人民检察院侦查监督部门2011年6月《关于开展"对行政执法机关移送涉嫌犯罪案件专项监督活动"情况报告》，转引自刘福谦：《行政执法与刑事司法衔接工作的几个问题》，载《国家检察官学院学报》2012年第1期。

〔2〕　数据来源：四川省人民检察院侦查监督处《四川省检察机关2008—2011年5月"两法衔接"工作情况调研报告》，转引自刘福谦：《行政执法与刑事司法衔接工作的几个问题》，载《国家检察官学院学报》2012年第1期。

五、证据标准不一致

行政执法和刑事司法衔接的一个重要方面就是证据的移送、证据规则及证明效力的认可。行政执法收集的证据和刑事司法收集的证据分属于两个诉讼法体系，行政执法和刑事司法在证据认定、证据效力等层面要求不一样。普遍认为，行政执法中的证据认定要求低于刑事司法标准，在证据收集、采纳、运用等层面相较于刑事证据并不是很严格。由于行政执法机关与公安机关对案件性质的认定、证据的收集、鉴定及保全等方面在认识上存在着差异，在案件的处理过程中，部分在行政执法人员对于罪与非罪的界限掌握不好，对此罪与彼罪的区别把握不准，造成在证据收集上不全面或不充分。这使得不少案件经常错过取证的最佳时机，使一些本应被立为刑事案件的案件无法立案，或是部分案件进入刑事诉讼程序后因无法形成应有的刑事证据链条而无法定罪量刑。同时，在证据转化上也存在一定障碍，根据法律规定，行政执法机关收集证据必须经过取证主体的转化才能被作为刑事案件的有效证据，而行政机关缺乏相关的强制措施，导致犯罪嫌疑人在接受行政执法机关调查后逃逸的情况时有发生，公安机关无法及时对证据情况进行核实。[1]另一方面，公安机关、检察机关的办案人员由于对行政执法机关相关知识的了解不够，对一些案件证据把握不准，加之一些行政法规与行业规定相互矛盾，相关司法解释滞后，增加了执法实践中的困惑。尤其是在涉及案件物品的鉴定问题时，案件移送单位与受案公安机关互相推诿扯皮、久拖不决，在一定程度上影响了对违法犯罪的打击力度。[2]

六、检察机关监督不到位

检察机关作为专门的法律监督机关，宪法和法律赋予了其对国家工作人员职务犯罪进行侦查，对执行国家法律的行政执法部门是否严格执法实施监督的权力。《行政执法机关移送涉嫌犯罪案件的规定》第 14 条第 1 款明确规

---

[1] 元明：《行政执法与刑事司法衔接工作回顾与展望》，载《人民检察》2007 年第 3S 期。

[2] 元明：《行政执法与刑事司法衔接工作回顾与展望》，载《人民检察》2007 年第 3S 期。

定："行政执法机关移送涉嫌犯罪案件，应当接受人民检察院和监察机关依法实施的监督。"然而，在实践中，检察机关的监督作用并未得到充分发挥。一方面，检察机关的信息来源受限，对行政执法机关查处的案件知情不多，难以做到对行政执法各个环节进行有效监督和协助。"我国从中央到地方拥有行政执法权和行政处罚权的部门众多，每年办理的案件更是难以计量。对于这些做出行政处罚的案件，依据现有规定，行政执法机关既不向检察机关通报也不向检察机关备案，检察机关如何能够发现哪些属于该移未移？这显然就出了问题。由于知情权的缺失，检察机关难以有效实施监督。"[1]行政执法机关发现违法案件的移送更多地依赖行政机关的自觉性，但现实情况是，行政机关对这些严重行政违法行为的移送权更多地掌握在行政机关负责人手中，没有外在的监督，这些行政执法机关的负责人往往对移与不移、移多移少、移此案还是移彼案有唯一的决定权，而这些都决定着不法行为人是否能得到相应的刑事责任追究。若相关行政执法部门不主动公开信息，检察机关并无良好的途径得知其执法情况，更谈不上履行好监督职责了。

七、行刑衔接工作机制不健全

党的十八届四中全会出台的《中共中央关于全面推进依法治国若干重大问题的决定》明确提出：健全行政执法和刑事司法衔接机制，完善案件移送标准和程序，建立行政执法机关、公安机关、检察机关、审判机关的信息共享、案情通报、案件移送制度。建立信息共享平台、进行案情通报以及完善案件移送标准和程序是行刑衔接工作的主要机制。但是，在实践中，案件移送机制、信息共享机制和联席会议制度不健全现象依然存在。

1. 案件移送机制不健全

有案不移和有案难移的原因之一在于案件移送机制不健全。对于移送的程序和移送的对应机关没有作出详细规定，移送机构和被移送机构的具体职责不清，对于移送的步骤以及移送的材料也无详细的规定，这些都是案件移

---

[1]　刘福谦：《行政执法与刑事司法衔接工作的几个问题》，载《国家检察官学院学报》2012年第1期。

送机制不健全的表现。缺乏移送程序等详细规定，行政执法人员对于应该移送的严重行政违法行为即使有移送的主动性，但移送无门，或者移送的材料不符合刑事司法机关的要求，移送程序就会出现阻碍，继而挫伤行政执法机关的移送积极性，导致有案不能移、有案难移等行刑衔接问题。因此，建立行政机关和司法机关移送的畅通渠道才可以实现对涉罪案件移送的不疏漏、不遗漏。

2. 信息共享机制不健全

信息共享机制是行政机关将其查获的有可能涉嫌犯罪的信息，通过信息共享平台及时发布，便于司法机关及时掌握信息并进行处置。我国虽然建立了信息平台共享机制，但是还存在以下缺陷：一方面，按规定输入信息共享平台的信息不统一、不及时和不规范，尤其是不及时造成共享信息过时，不利于司法机关及时发现线索及时查处。另一方面，信息共享平台运用没有得到充分重视。信息共享平台应是由承担执法部门的人员和检察院、法院和公安参与，实际上并不是所有应参与的部门都能够充分参与，这些因素造成了信息共享机制不能充分发挥其作用。

3. 联席会议制度不健全

联席会议制度是指行政执法机关、公安机关、人民检察院、人民法院为加强联系、配合，针对面临的新问题、阶段性工作，定期召开工作会议。会上主要由行政执法机关通报当前受理和调查的案件线索情况，检察和公安机关通报对行政机关移送的涉嫌犯罪案件的查处情况，并共同对执法中出现的新问题、新情况进行协调和沟通。同时，将通过建立情况信息通报备案、联络员和检察机关立案监督等制度，确保行政机关查处的违纪案件中的涉嫌犯罪案件被及时移送司法机关。[1]目前，不少地方的联席会议制度仅仅由监督、侦查部门参加，具体的深层次的交流合作还有待落实。联席会议的举办日期、召集人等也无详细规定。联席会议制度缺乏会议内容、活动规制和制度保障。

---

〔1〕 吴卫：《昆明市保障行政与刑事执法衔接：开始实施（暂行规定）每季度举行联席会议》，载《云南日报》2004年10月29日。

第四节　行刑衔接的四大基础关系

行政执法和刑事司法分别是对行政违法和刑事犯罪处罚结果的执行过程，对行政违法和刑事犯罪的判定分别又要以行政法和刑法相关规定为主，行政执法和刑事司法本身属于行政权和司法权的范畴。因此，讨论行政执法和刑事司法的衔接有必要分析行政法和刑法的关系、行政权和司法权的关系、行政违法和刑事犯罪的关系、行政处罚和刑事处罚的关系。

一、行政权与司法权

在我国，行政权和司法权在理论上界限分明，它们在性质、功能、活动的原则和程序等方面都有着显著的不同。

（一）行政权与司法权属性和功能不同

一般来讲，司法权特指依法居中裁判的权力，其裁判是终局性的。法院本身并不偏袒任何一方，不涉双方利益，仅仅居中裁判，定纷止争，这就决定了司法的最高价值是公正，同时兼顾效率、效益等其他价值目标。行政机关的主要活动是行政管理，"这决定了行政法的优位价值是效率与秩序，在追求行政效率、行政秩序之同时，兼顾公正等其他价值准则"。[1]行政权的设定与运行服务于行政机关对各项社会事务实施及时、高效的管理。"行政权的功能则在于，通过行政主体的行政管理行为，维护既定的行政管理秩序。虽然行政权的行使也会涉及公民个人的权利保护问题，但行政主体在进行行政活动时，俨然是以国家利益或社会利益的代表和化身出现的，行政活动所产生的直接的、主要的法律功能是国家利益和社会利益得以维护，使国家的行政管理秩序不至于因个人的行为而受到破坏。"[2]由此可以看出，行政权和司法权在价值属性和功能方面存在明显不同。

---

〔1〕　刘学在、胡振玲：《论司法权与行政权的十大区别》，载《培训与研究（湖北教育学院学报）》2002 年第 4 期。

〔2〕　刘学在、胡振玲：《论司法权与行政权的十大区别》，载《培训与研究（湖北教育学院学报）》2002 年第 4 期。

（二）行政权与司法权启动方式不同

在诉讼活动中，法院不应当偏向任何一方，其启动方式遵循"不告不理"原则，所以被动性成了司法权的一个重要属性。"从性质上来说，司法权自身不是主动的，要想它行动，就得推动它，向它告发一个犯罪案件，它就惩罚犯罪的人；请它纠正一个非法行为，它就加以纠正；让它审查一项法案，它就予以解释。但是，它不自己去追捕罪犯、调查非法行为和纠察事实。"[1]司法权的被动性是确保裁判过程和结论获得普遍认同、确保裁判者的公正形象得到社会公众信赖的重要基础。与此相对应，行政权则表现出了主动性的特征。行政权是主动执行法律、将法律规定运用于现在和未来事项的权力。"通常情况下，行政机构依靠其对社会生活的主动干预、管理、控制，来实现其维护国家和社会的利益的目的。"[2]行政权所要解决的事项是针对行政相对人的各种行政事务。

（三）行政权与司法权在程序层面公开程度不同

司法权和行政权在具体运作过程中公开程度不同。在司法活动中，除了一些涉及个人隐私、商业秘密和国家安全的案件之外，审理过程、裁判结论的论证过程都应该公开，正是基于司法程序的公开性、透明性特征，公众才会对司法程序和裁判结果给予充分的信赖。进而相信判决的公正、公平，从而认可和接受判决。司法公开可以有效地防止暗箱操作等司法腐败行为。在司法程序中，从对法庭组成、法官行为的规范可以看出来，规定司法人员的回避制度禁止法官私下会见当事人，所有的证据都必须在法庭上公开举证质证，以及公开宣告判决制度，这些措施都体现了司法权的公开性。与司法活动的公开性不同，行政活动虽然也公开，但只是在公布行政处理决定方面公开。其对行政处理作出的过程并不是公开的，正是这种不公开性使得行政权力经常被滥用。

（四）行政权与司法权在裁决依据方面的差异

司法裁判相对于行政裁决在程序上更趋于严谨。"司法裁判要严格依照法律进行。而不能依照某个领导人的讲话、指示或者其他机关的指示、命令来

---

〔1〕［法］托克维尔：《论美国的民主》（上卷），董果良译，商务印书馆1993年版，第110页。

〔2〕刘学在、胡振玲：《论司法权与行政权的十大区别》，载《培训与研究（湖北教育学院学报）》2002年第4期。

作出，也不应当依据具有易变性的政策作出，这就是所谓的依法裁判原则，它是现代法治国家的一项基本要求，也是一项具有公理性的司法原则。对此主要可以从司法独立性的角度予以说明，故这里应特别强调政策不应作为司法裁判的依据。"[1]是否把政策纳入裁决依据的范围是两者的主要差异，基于政策的不稳定性和易变性，政策一般不会被作为司法裁判的依据。而在行政机关进行行政裁决的时候，则可以把政策作为其依据进行裁决。

（五）行政权与司法权对权力行使人的职业化要求不同

司法权由检察机关和审判机关来行使，行政权则是由行政官员来具体行使的。对于行政官员和法官、检察官，虽然都是行使权力的主体，但是两者在职业化或者是专业化方面要求截然不同。司法权的行使相对而言要求比较严谨，因此，对法官或检察官的职业素养和专业知识要求不一样。法官和检察官应当是具备专业知识、法律实践经验技能较高的群体，一般都要求具备国家法律职业资格，从助理审判员到审判员也有严格的晋升制度。而行政官员在职业化要求方面，虽然也要求具备一定的资格证，但远没有司法人员要求得那么严格。作为司法人员的法官和检察官除了有必备的职业资格之外，其对职业素养和职业信仰同样要求较高，这个群体以公平、公正为职业准则，裁判以证据和法律为依据。司法人员的另一个不同之处在于其需具备专业的思维方式和推理方法。"即以已知法律规定为大前提，法律上确定之事实为小前提，裁判结果为结论，力图通过缜密的思维把规范与事实、特殊与普遍、过去与未来织补得天衣无缝，以保证裁判结论言之成理、持之有据，富于说服力。"[2]而行政执法主体则没有这么高的要求。法官只服从法律，单个法院内部也不存在上下级关系，法官和检察官办案不受任何其他机构、个人影响。行政权则有严格的上下级关系，行政权更多地强调上下级之间的依附关系和上令下达，作出的行政行为更多地要经过上级的指令和批准才能完成。

（六）行政权受司法权监督

司法裁判的终局性决定了在现代法治社会中，行政权本身也应被纳入对

---

[1] 刘学在、胡振玲：《论司法权与行政权的十大区别》，载《培训与研究（湖北教育学院学报）》2002年第4期。

[2] 季卫东：《法治秩序的建构》，中国政法大学出版社1999年版，第199~201页。

司法权的审查和控制，成为被裁判的一方。司法权对行政权的制约是权力制衡的关键。行政权自身的强制性、善变性，以及权力扩张性等特征决定了其如果不受到制约必然会肆无忌惮地侵害个人权益。当行政机关超越职权或者滥用权力的时候，最好的方法就是设置一个机构对其严加限制，司法权的独立性、专业性以及其裁决的终局性和权威性使得司法权是各种监督行政手段中最有效的监督方式。

二、行政法与刑法

按照法律所调整的社会关系的属性分类，行政法和刑法同属公法范畴，两者的调整对象都是国家与社会、国家与个人的关系。因而，两者在调整对象上具有一定的重合性。可以说，与民法、商法、经济法等其他部门法相比，行政法和刑法的关系最为密切，两者互为依赖。具体的关系表现在以下几方面：

（一）行政法与刑法同属公法范畴

按照法律所调整的对象和利益保护的重心标准有公法和私法之分。公法所调整的是有国家和政府参与的社会关系，其利益保护着重的是公共利益。私法讲究私权神圣，保护个人利益。行政法和刑法都是调整国家和公民之间的关系，行政法奉行"政府或国家干预"的理念，刑法遵循罪刑法定的原则，对于不法行为，主要实行的是国家追诉。我国《刑法》开篇即表明了其公法属性。其在第2条规定，刑法的任务"是用刑罚同一切犯罪行为作斗争，以保卫国家安全，保卫人民民主专政的政权和社会主义制度，保护国有财产和劳动群众集体所有的财产，保护公民私人所有的财产，保护公民的人身权利、民主权利和其他权利，维护社会秩序、经济秩序，保障社会主义建设事业的顺利进行"。从这一条可以看出，刑法用国家刑罚手段来保护国家利益、政治制度以及各项财产利益。从其保护对象和保护手段来说都具有很强的公法属性。行政法调整的对象是行政关系和监督行政关系，即行政机关、法律法规授权的组织等行政主体在行使行政职权的过程中，与公民、法人和其他组织等行政相对人之间发生的各种关系、行政监督和内部关系，主张对政府各项行政事务的领导和管理，而政府和公民之间的关系是不平等关系。

（二）行政法与刑法的调整对象具有一定的重合

刑法所保护的对象从国家安全、社会秩序、国有和集体财产权利到个人的财产权利、人身权利和民主权利。其调整的对象几乎涵盖了社会关系的方方面面，行政法调整的是国家和个人、单位之间的关系。"行政法的内容从行政组织、行政管理到行政救济，从民政管理、卫生管理到教育文化管理，包罗万象。因为现代行政触及社会的每一个角落，是从摇篮到坟墓的全方位管理。"[1]行政法和刑法都触及了社会的每一个角度，不可避免会有一定的重合。这也体现在行政法规和刑事法规的衔接上。比如《食品安全法》第149条规定："违反本法规定，构成犯罪的，依法追究刑事责任。"对于具有一定社会危害性的严重的食品安全违法行为在行政处罚不足以制止的情况下需要刑法的干预，来追究其刑事责任。刑法有相关食品安全犯罪的罪名对其定罪量刑。行政法和刑法的重叠之处在于都可以对食品安全不法行为进行调整，只不过两者的区别在于不法行为"量和质"的差异。

（三）刑法的实现以行政法为基础

刑法和行政法同为公法体系，两者联系密切。表现在刑法的实现要以行政法为基础，由此衍生了一个新的研究方向——行政刑法，行政犯罪的可罚性取决于行政法的前置性规定，行政犯需要违反前置性的行政规定，造成了一定危害后果才被纳入刑法的评价范畴。因此，可以说刑法的实现是以行政法为基础的。具体表现在以下几方面：

1. 空白罪状认定依赖行政法规的规定

行政犯在刑法中多以空白罪状体现，空白罪状是指不直接在刑法法条中规定犯罪构成，而是指明其需参照其他法律法规的规定来认定其犯罪构成。一般供参照的法律法规即为行政法律法规。比如说，《刑法》第342条非法占用农用地罪的犯罪表述为："违反土地管理法规，非法占用耕地、林地等农用地，改变被占用土地用途，数量较大，造成耕地、林地等农用地大量毁坏的，处五年以下有期徒刑或者拘役，并处或者单处罚金。"其构成犯罪的前提是违反了土地管理法规。《刑法》在第三章破坏社会主义市场经济秩序罪和第六章

---

〔1〕罗豪才主编：《行政法学》（第3版），北京大学出版社2000年版，第10~25页。

妨害社会管理秩序罪中出现的空白罪状大多是行政犯，都需要依赖行政法的规定才能定罪量刑。

2. 刑法中某些概念和术语的界定依赖行政法规的明确规定

《刑法》中某些概念的确定往往需要依靠行政法规。最为典型的例子就是《刑法》第 130 条的非法携带枪支、弹药、管制刀具、危险物品危及公共安全罪："非法携带枪支、弹药、管制刀具或者爆炸性、易燃性、放射性、毒害性、腐蚀性物品，进入公共场所或者公共交通工具，危及公共安全，情节严重的，处三年以下有期徒刑、拘役或者管制。"关于管制刀具的认定，虽然最高人民检察院、公安部发布的《最高人民检察院、公安部关于公安机关管辖的刑事案件立案追诉标准的规定（一）》对非法携带枪支、管制刀具、弹药和危险物品的数量作了规定，但是并没有对何为管制刀具作出规定。随身携带菜刀、水果刀进入公共场所是否构成犯罪？这些都依赖于对"管制刀具"的范围作出具体界定。公安部于 2007 年出台的《管制刀具认定标准》明确了管制刀具的范围认定，从刀柄、刀格（挡手）、刀身、血槽、刀尖角度、刀刃（刃口）几个方面认定构成管制刀具的标准，只有持有这些刀具进入公共场所才构成犯罪。相类似的例子还有《刑法》第 141 条"生产、销售、提供假药罪"中"假药"的范围，第 142 条"生产、销售、提供劣药罪"中"劣药"的范围，第 186 条"违法发放贷款罪"中"关系人"的范围都有赖于行政法规的明确。

3. 刑法中的某些情节是否构成犯罪或者犯罪情节加重，需要经过行政处罚为前提条件

比如，《刑法》第 201 条"逃税罪"第 4 款规定："有第一款行为，经税务机关依法下达追缴通知后，补缴应纳税款，缴纳滞纳金，已受行政处罚的，不予追究刑事责任；但是，五年内因逃避缴纳税款受过刑事处罚或者被税务机关给予二次以上行政处罚的除外。"也就是说，如果纳税人采取欺骗、隐瞒手段进行虚假纳税申报或者不申报，逃避缴纳税款数额较大并且占应纳税额 10%以上的，经过税务机关下达追缴通知的具体行政行为后，补缴应纳税款，缴纳滞纳金的，且税务机关已对其进行行政处罚的，可以不追究刑事责任。如果因偷逃税被税务机关给予过 2 次以上行政处罚的要进行定罪。由此可以看出，在一定情况下，已经被处以 2 次行政处罚是逃税罪成立的前提，行政

处罚是刑事犯罪成立的前置程序，类似的例子还有很多，比如《刑法》第153条"走私普通货物、物品罪"、第276条之一"拒不支付劳动报酬罪"以及第288条"扰乱无线电通讯管理秩序罪"等。

4. 将行政许可的缺失作为犯罪的构成要件

行政法规定的行政许可，是指在法律一般禁止的情况下，行政主体根据行政相对人的申请，通过颁发许可证或证照的形式，依法赋予特定相对人从事某种活动或者实施某种行为的权利或资格的行政行为。[1] 在刑事立法中，欠缺某些特定的行政许可、资格往往是某些犯罪成立的必要条件。比如，《刑法》第174条规定了"擅自设立金融机构罪"："未经国家有关主管部门批准，擅自设立商业银行、证券交易所、期货交易所、证券公司、期货经纪公司、保险公司或者其他金融机构的，处三年以下有期徒刑或者拘役，并处或者单处二万元以上二十万元以下罚金；情节严重的，处三年以上十年以下有期徒刑，并处五万元以上五十万元以下罚金。"该条构成犯罪的前提就是缺少行政许可，对于设立金融机构，需要国务院银行监督管理部门和证券监督管理部门审批许可之后，才可以成立。如果审批机构没有许可，擅自设立则构成犯罪。从这里可以看出未获得行政许可是消极的构成要件，《刑法》第336条规定的"非法行医罪"和"非法进行节育手术罪"的构成要件也是犯罪主体未取得国家许可的医生执业资格。

5. 行政确认是认定罪行的依据

行政确认是"指行政机关和法定授权的组织依照法定权限和程序对有关法律事实进行甄别，通过确定、证明等方式决定管理相对人某种法律地位的行政行为"。[2] 典型的行政确认有，医疗事故的认定、伤残等级的认定以及交通事故的认定等。这些行政确认对于犯罪的成立及刑罚的轻重具有决定意义。在"故意伤害罪"的认定里面，故意伤害致人轻伤或者重伤的会有不同的量刑幅度。那么，对于轻伤和重伤的鉴定标准，法律有详细的规定。对于刑法及其他法律法规所涉及的人体损伤程度鉴定，最高人民法院、最高人民检察

---

[1] 姜明安主编：《行政法与行政诉讼法》（2002年版），高等教育出版社2002年版，第182页。
[2] 姜明安主编：《行政法与行政诉讼法》（2002年版），高等教育出版社2002年版，第182页。

院、公安部、国家安全部、司法部共同发布了《人体损伤程度鉴定标准》。但是，对于轻伤和重伤的鉴定则需要当事人或者司法机关提出申请，由具有一定资格的鉴定机构进行鉴定，这个鉴定即是行政确认。在交通事故犯罪中，交通执法机构对当事人交通事故责任的认定对于"交通肇事罪"的成立与否及刑罚轻重具有决定性意义。根据 2000 年《最高人民法院关于审理交通肇事刑事案件具体应用法律若干问题的解释》第 2 条规定："交通肇事具有下列情形之一的，处三年以下有期徒刑或者拘役：（一）死亡一人或者重伤三人以上，负事故全部或者主要责任的；（二）死亡三人以上，负事故同等责任的；……"事故责任的认定则以交通执法部门开具的事故责任书为准，这也是通过行政确认来认定罪行的典型案例。

（四）刑法是行政法的最后保障法

在整个法律体系中，刑法是最后的保障法，最后保障法意指刑法是抗制社会不法行为的最后一道防线，当穷尽了道德、习惯等非正式的社会手段和民事、行政等其他法律手段仍然不能规制不法行为时，才需要刑法出面予以干预，反之就没有必要发动刑法。当然，刑法既是最后保障法也是遵循刑法谦抑性的原则。也即国家不能随便发动刑法，要保持刑法的谦抑性和谨慎。从另外一层含义来说，刑法既是所有法律的保障法，行政法也不例外，当行政法不能调整时，就会有刑法出现，所以基于刑法是行政法的最后保障法，才会有行刑衔接的必要。

三、行政不法与刑事不法

违法行为发展到何种程度才会演变为犯罪行为而由刑法介入进行制裁？这就是所谓违法与犯罪的区分问题，这也是学者们争论已久的"刑事不法"与"行政不法"的界限问题。我国有不少学者对刑事不法和行政不法的概念进行了界定。陈兴良认为："在司法实践中，区分行政不法与刑事不法实际上是一个区分罪与非罪的问题。"[1]林山田认为："刑事不法与行政不法的区别问题，也即是刑事不法行为（即犯罪行为）与行政不法行为（即秩序违反行

---

〔1〕 陈兴良：《论行政处罚与刑罚处罚的关系》，载《中国法学》1992 年第 4 期。

为）如何界分的问题。"对于刑事不法，林山田认为，不论是主刑法中所制裁之不法行为或者刑法中以刑事刑罚所制裁之不法行为，皆为具有"刑事不法"本质的犯罪行为，或称为可罚行为。对于行政不法的定义，行政法学者和刑事法学者有不同的意见。梁根林认为，行政不法是指违反行政服从义务、破坏行政秩序的不法行为。[1]行政法学者胡锦光认为，行政不法是指"应受行政处罚的违法行为具有独立性，其前提是尚未构成犯罪的违法行为。就我国目前的法律制度而言，行政违法行为与犯罪行为之间既存在联系又有一定的区别，但行政违法行为具有独立的意义是无疑的"。因而，其所称行政不法仅指违反行政法规而不构成犯罪的行政违法行为。[2]应当说，这种界定是准确的。但是，有的学者又在另外的意义上界定行政不法。如有学者指出："一个行政不法行为如果具备严重的社会危害性并且反映出行为人严重的人身危险性，就应当赋予刑事罚，从而转化为刑事不法行为，这种具有刑罚后果的行政不法行为就是行政犯罪。"[3]此所谓的行政不法似乎是从广义界定，即包括具有刑事处罚后果的行政不法行为和具有行政处罚后果的行政不法行为。本书认为，刑事不法与行政不法的区别即指犯罪与行政违法行为的区别，其有理论上的区别和立法上的区别。

（一）行政不法与刑事不法的理论区分

1. 质的差异理论

刑事不法与行政不法存在质的差异是质的差异理论的主要观点，质的差异理论认为，两者存在根本性差异，也即行政犯与刑事犯本质不同，行政犯本质上属于与刑事犯不同类属的不法行为。关于质的差异理论标准，有以下几种不同见解：

（1）自体恶与禁止恶区别说。学术界最早对刑事不法与行政不法的区别的观点主要是接受罗马法观念，认为"刑事不法系一种自体恶，而行政不法则为一种禁止恶。换言之，即刑事不法行为本身即具有恶性，此性系与生俱来的，而不待法律之规定，即已存在于行为之本质中，相对的，不法行为之

---

〔1〕　梁根林：《刑事法网：扩张与限缩》，法律出版社 2005 年版，第 60 页。

〔2〕　胡锦光：《行政处罚研究》，法律出版社 1998 年版，第 6 页。

〔3〕　黄河：《行政刑法比较研究》，中国方正出版社 2001 年版，第 33 页。

恶性系源自法律的禁止规定，而非行为与生俱来的或行为本身在本质上所具有。因此，有些不法行为，尽管法律对它不加规定，但自伦理道德的观点，依然是应加非难的行为，则此等行为即为刑事不法。相对的，有些不法行为在伦理道德上是无关紧要的，它之所以成为禁止的不法行为，纯系因法律或行政命令的规定，则此等不法行为即为行政不法"。

（2）社会伦理的价值判断不同说。该种学说"以不法行为是否具有社会伦理的价值内容，作为区别刑事不法与行政不法的依据。犯罪行为，尤其是传统形态的犯罪，例如杀人、强奸、纵火与窃盗等，很显然地可以看出是一种自然法与宗教以及伦理与道德相悖的禁止规范。这种禁止规范在法律规范尚未订立之前，早已存在。因此，刑事不法可以说是一种伦理上的不法。换言之，即刑事不法是具有社会伦理的非价内容的不法行为。因此，刑法是具有社会伦理特性的法律规范。相对应的行政不法在社会伦理上是无足轻重的，而且也是价值中立的，它只是触犯行政规章或是秩序规章而已，其在实质上并不是针对社会伦理的基本价值所为的不法，它不含有社会伦理的非价内容，也即不具社会伦理道德的非难性"。

（3）文化规范理论。此系刑法学者麦耶的主张，麦氏依据其所创的文化规范理论而区别刑事不法与行政不法。麦氏认为，法律规范在通常情况下与文化规范是一致的。"所谓的文化规范是指个人在宗教、道德与日常生活规范中的禁止与诫命的总称，没有任何一个国家所禁止的行为是文化规范上不加以禁止的。此外，法律规范尚存有所谓义务的问题，此不存在于文化规范，因其实质内容与文化无关，此即行政刑法的规范，其在文化规范中是无足轻重或无关紧要的。从而其仅是一种法律规范，而非文化规范。刑事犯是同时违反法律规范与文化规范，而行政犯只是违反法律规范而已。因此，刑事不法与行政不法的区别，在于前者是由于法律的效力，并同时基于文化的受损性的不法，而后者只是由于法律规定的不法。"

（4）行政刑法理论。此说认为："刑事不法包含直接对于法益与法规的破坏，即是同时含有一个实质与形式的要素；相对的，行政不法并不是一种结果的侵害，而是对于行政机关促进福利、目标的疏忽，它本身并没有造成损害，只是使行政机关本来所确定的行政目标不能达到预期的良好效果。因此，这种行政违法只具有形式要素，它只是违反行政规章所揭示的意思，而应加以处罚的行为。"[1]

（5）法律保护客体区别说。该种学说以法律保护客体不同来区分刑事不法与行政不法。该学说认为："刑事不法是指破坏法益或对法益构成危险的行为；相对的，行政不法则欠缺刑事不法的实质要素，它只是对于国家所颁行政法规的一种单纯的不服从。换言之，刑事犯为具实质内容的法益破坏；而行政犯则只是形式上的不法，它是一种不服从犯。"

（6）法益保护程度不同。主张此说者认为："刑事不法与行政不法的区别不在于两者所保护之客体的差异，而是在于同样保护客体所发生作用的不同：刑事不法与行政不法行为所侵害的或其攻击目的，均为法益，所不同者仅是两者所攻击或侵害的种类与方式的差异而已。一般而论，法益可以加以侵害，并且具体地甚至于抽象地加以危害（即对之构成危险）。刑事不法即是破坏法益或具体地危害法益的不法行为，而行政不法则只是抽象地危害法益。刑事不法是法益侵害或具体危险之犯罪，行政不法是法益抽象危险之犯罪。后者之所以处罚，考虑其行为极易造成危险，换言之，即此种不法行为对于法益只有构成抽象的危险。"

2. 量的差异理论

此派理论认为，两者之间的区别在于量的差异，而非质的差异。主张该理论的学者认为："违反秩序行为的危险程度要明显小于犯罪行为的危险程度。它对受保护的行为客体的影响程度，大多数情况下也是较小的。如果说违反秩序的行为与犯罪行为还有什么不同的话，那就是缺少行为人思想上的严重的可指责性……在现代福利国家，绝不能允许将有秩序的行政行为或一般的交通安全从受保护的法益中剔除出去，也绝不能认为，居民相对于行政部门或其他交通参与人的义务，不是真正的法律义务。"[2]我国亦有学者主张量的差异，认为行政不法与刑事不法的根本区别在于两者的法益侵害、行为

---

〔1〕　李晓明：《行政犯罪的确立基础：行政不法与刑事不法》，载《法学杂志》2005 年第 2 期。

〔2〕　参见 ［德］汉斯·海因里希·耶赛克、托马斯·魏根特：《德国刑法教科书》，徐久生译，中国法制出版社 2017 年版，第 76~77 页。

危险和伦理可责难性的程度不同决定了可罚性的不同。[1]

3. 质量的差异的综合理论

质量的差异理论认为刑事不法和行政不法不仅存在质上的区别，也存在量上的差异，因此主张质和量差异理论的综合说，该说基本上持"量变之极质变"之观点，但对于量变的"质的要素"则各有不同见解，或认为虽然价值关系上是量变，但在行政和刑事法益上却不可能互变，即法益价值再低，也还是法益，行政利益价值再高，也仍是行政利益；或认为行政利益亦为真正的法益，行政刑法和刑法就此点而言仅是量的差别，就"社会伦理非价之本质"亦即行为的不法内涵以及行为人的可责难程度而言，二者仍存在质上的差别。林山田认为："对于一个不法行为的评价，当然应该质与量兼顾，否则可能顾此失彼，而无法明确而妥善地区分刑事不法与行政不法。在质与量兼顾之情形下，从事不法行为的评价工作时，应依据下述四个标准而决定：不法行为的社会危险性，不法行为伦理上的应受谴责性，不法行为所损害法益的严重程度以及刑罚的不可避免性。"

质量差异理论的论争已持续了一百多年，至今仍争论不休。但是，"每一种理论都没有包含立法者所规定的所有犯罪行为和所有行政违法行为，或许这正是两种理论对立的根源所在。"[2]量的差异理论符合现今的主流意见，不能否认的事实是量变可以转变为质变。对于杀人、抢劫这类行为，在定性上绝对是犯罪行为，而对于提供虚假名字、造成不被允许的噪声这类行为，在定性上绝对是秩序违法行为。它们之间的区别已不限于仅是程度大小的量的区别。因此，区分犯罪与行政违法行为，应当综合考虑质的差异和量的差异。正如德国学者海尔曼（Herrmann）所主张的："属于刑法核心领域的所有重要不法构成要件，皆具相当的社会伦理不法内涵。与此相反，秩序违反的核心领域仅为不法构成要件，其侵害并非违反伦理基本价值，而是有助于行政机关顺利完成任务的利益。"第十四届国际刑事法学大会指出，对一具体行为究竟是以刑法还是以行政刑法制裁，无法概括而论，此就大部分情形而言，决

---

〔1〕 梁根林：《刑事法网：扩张与限缩》，法律出版社 2005 年版，第 60 页。
〔2〕 冯江菊：《行政违法与犯罪的界限——兼谈行政权与司法权的纠葛》，载《行政法学研究》2009 年第 1 期。

定制裁方式属于立法的任务。立法者在执行此一任务时，应考虑各种标准，尤其是特别考虑受损害法益的重要性、法益受侵害或受危害程度以及行为人罪责的种类和轻重。该表述虽回避了质的差别与量的差别之争，但明显有折中的意味，意即质量综合说。

本书认为，质是某一事物和其他事物相区别的根本属性，量是表示某一事物数的多少或限度。"在评价一个不法行为时，应当质量兼顾，否则可能顾此失彼，不能明确而妥善地区分行政不法与刑事不法的界限。因此，质量的差异理论是一种较为理想而可采行的区分行政不法与刑事不法的理论。"[1]此种理论不仅为我国的刑事立法所反映，而且体现在司法实践中。如我国的刑法犯罪概念不仅包含定性因素，还包含定量因素，只有质与量的统一才能表明行为的性质，达不到条文规定的行为的质和量的要求，行为就不能被认定为犯罪。[2]对不法行为作出具体评判时，则须重点把握以下四个标准：不法行为的社会危险性，不法行为伦理上的应受谴责性，不法行为所损害的法益的严重程度以及刑罚的不可避免性。对于某种危害社会行为，只有在穷尽了民事、行政法律手段和措施都不足以制止时，刑法才可以介入进行干涉。

（二）行政不法与刑事不法的规范界限

质量的差异理论为行政不法与刑事不法的理论区分提供了标准，在实际立法中，标准则没那么模糊，相当清晰。除了《刑法》中的"但书"规定，犯罪情节、后果、数额等犯罪构成中的定量因素以及行为主体的身份有无都为行政不法与刑事不法提供了明确的区分界限。

1. 通过犯罪概念中的"但书"规定区分行政不法与刑事不法

我国《刑法》第13条明确规定："一切危害国家主权、领土完整和安全，分裂国家、颠覆人民民主专政的政权和推翻社会主义制度，破坏社会秩序和经济秩序，侵犯国有财产或者劳动群众集体所有的财产，侵犯公民私人所有的财产，侵犯公民的人身权利、民主权利和其他权利，以及其他危害社会的行为，依照法律应当受到刑罚处罚的，都是犯罪，但是情节显著轻微危害不

---

〔1〕 冯江菊：《行政违法与犯罪的界限——兼谈行政权与司法权的纠葛》，载《行政法研究》2009年第1期。

〔2〕 刘艳红：《开放的犯罪构成要件理论研究》，中国政法大学出版社2002年版，第215页。

大的，不认为是犯罪。"这就是典型的但书规定，"情节显著轻微危害不大的，不认为是犯罪"，但书立法旨在将仅具有轻微社会危害性的不法行为排除在刑法所确定的犯罪之外，构成但书中的"情节显著轻微危害不大"的则是定量，"轻微"明显属于"定量"的标准。但书规定也在刑法分则中得到了很好的体现。刑法分则规定了大量不构成"一定量"的标准，也即属于"情节显著轻微危害不大"的情形，因其社会危害性不大而不构成犯罪。最为典型的就是刑法分则规定了大量数额犯、情节犯，如果没有达到一定数额和法定情节，则应适用"情节显著轻微危害不大"《刑法》第 13 条中的但书规定。因此，犯罪概念中的但书规定为区分刑事不法与行政不法提供了原则标准。

2. 通过犯罪构成中的"定量因素"区分刑事不法与行政不法

在我国的刑法分则中，有不少犯罪对构成要件的描述采取的是定性描述与定量描述相结合的方式。"这些犯罪的基本罪状不仅对具体犯罪构成要件的事实作出了类型化表述，起着奠基具体犯罪'轮廓'与'模型'的功能，同时还承担着体现社会危害性的价值评判，区分罪与非罪具体标准的功能。而社会危害性的价值评判，罪与非罪区分具体标准功能的发挥则主要是通过数额、情节、后果等定量因素体现的。据粗略统计，现行刑法中的数额犯共有 36 个，情节犯共有 73 个，以严重后果为构成要件的犯罪共有 87 个。"[1]因此，在行为类型相同的情况下，"情节轻重""后果大小""数额多少"等定量因素就成了该类行为罪与非罪的分水岭。

（1）情节轻重。罪与非罪的判定标准是由社会危害性及其程度也即量的因素决定，而情节往往是反映行为的社会危害性及其程度的重要指标，所以它对区分行政不法与刑事不法的界限具有重要意义。《刑法》分则的许多条文均明确将情节作为区分罪与非罪的重要标准。如《刑法》第 225 条"非法经营罪"规定："违反国家规定，有下列非法经营行为之一，扰乱市场秩序，情节严重的，处五年以下有期徒刑或者拘役，并处或者单处违法所得一倍以上五倍以下罚金；……"第 226 条"强迫交易罪"规定，以暴力、威胁手段强买强卖商品、强迫他人提供或者接受服务，情节严重的，处三年以下有期徒

---

[1] 储槐植、张永红：《刑法第 13 条但书的价值蕴涵》，载《江苏警官学院学报》2003 年第 2 期。

刑或者拘役，并处或者单处罚金。由此可见，虽然实施同一行为，根据情节轻重，可分为违法与犯罪。情节较轻的，构成行政不法，依法应予行政制裁；情节严重的，构成刑事不法，依法应予刑事制裁，由于情节是指行为过程中影响行为的法益侵犯性与非难可能性的各种情况。如法益的性质，行为的方法，行为的结果，行为人的故意、过失、动机与目的等。[1]因此，判断某一不法行为是否属于情节严重，需要通过分析案件的全部情况进行综合判断。值得注意的是，除法律、法规明文将"情节轻重"作为区分罪与非罪的标准之外，不少刑法条文或行政法规并未明确刑事不法与行政不法的"数量"界限。在这种情况下，情节轻重同样是判断某一不法行为是犯罪行为还是一般违法行为的重要尺度。

（2）后果大小。《刑法》就某些刑事不法行为规定以"造成严重后果"或"致使国家利益遭受重大损失"为要件。例如《刑法》第134条"重大责任事故罪"规定："在生产、作业中违反有关安全管理的规定，因而发生重大伤亡事故或者造成其他严重后果的，处三年以下有期徒刑或者拘役……"第290条"聚众扰乱社会秩序罪"规定："聚众扰乱社会秩序，情节严重，致使工作、生产、营业和教学、科研、医疗无法进行，造成严重损失的，对首要分子，处三年以上七年以下有期徒刑；……"第397条"滥用职权罪""玩忽职守罪"规定："国家机关工作人员滥用职权或者玩忽职守，致使公共财产、国家和人民利益遭受重大损失的，处三年以下有期徒刑或者拘役；……"在这里，损失是否重大、后果是否严重是划分行政不法与刑事不法的界限。损失不大或后果轻微的，属于行政不法，损失重大或后果严重的，则构成刑事不法。

（3）数额多少。数额是衡量社会危害性及其程度的一个典型定量标准。在我国刑法分则中，对于一些经济犯罪或者侵害财产权益的犯罪，规定了大量的数额犯，"是否达到一定数额"往往可以直接判断行政不法和刑事不法。我国《刑法》分则有36个罪名将"数额较大"规定为基本犯的构成要素，如根据《刑法》第264条、第266条、第267条的规定，盗窃、诈骗、抢夺公

---

〔1〕　张明楷：《刑法学》（第3版），法律出版社2007年版，第83页。

私财物，数额较大的，处三年以下有期徒刑、拘役或者管制，并处或者单处罚金。根据有关司法解释：盗窃、诈骗、抢夺"数额较大"的标准分别为"500 元至 2000 元以上""2000 元以上"和"500 元至 2000 元"以上。《刑法》第 348 条规定："……非法持有鸦片二百克以上不满一千克、海洛因或者甲基苯丙胺十克以上不满五十克或者其他毒品数量较大，处三年以下有期徒刑、拘役或者管制，并处罚金；……"第 351 条第 1 项规定，非法种植罂粟500 株以上不满 3000 株或者其他毒品原植物数量较大的，处五年以下有期徒刑，并处罚金或者没收财产。

3. 通过行为主体的"身份状况"区分刑事不法与行政不法

犯罪人的身份在刑法对部分犯罪的定罪中发挥着重要作用，身份是犯罪主体和犯罪构成的必备要件，身份的有无构成刑法中的消极和积极要件。不具备这种身份，便不具备犯罪主体要件，即不能构成这些犯罪。有的身份虽然不能决定刑事责任的有无，但却影响着刑事责任的程度，被称为影响刑罚轻重的身份或量刑身份。这种身份不是犯罪构成要件，而是影响量刑的情节。此处所指的身份是定罪身份。通过"身份状况"区分刑事不法与行政不法的界限主要有以下几种情形：

（1）行为人是否达到刑事责任年龄。《刑法》第 17 条第 1 款、第 2 款规定："已满十六周岁的人犯罪，应当负刑事责任。已满十四周岁不满十六周岁的人，犯故意杀人、故意伤害致人重伤或者死亡、强奸、抢劫、贩卖毒品、放火、爆炸、投放危险物质罪的，应当负刑事责任。"该条规定严格限定了负刑事责任的主体范围和罪行范围。据此规定，已满 14 周岁不满 16 周岁的人，实施其他不法行为，不构成刑事犯罪。

（2）是否属于未成年人。在世界上的大多数国家，是否成年往往会成为判定行政不法和刑事犯罪的标准，因此许多国家均有针对未成年人犯罪的刑事立法。根据该国家所确定的成年年龄标准来确定所应承担的刑事责任。我国《最高人民法院关于审理未成年人刑事案件具体应用法律若干问题的解释》（以下简称《未成年刑事案件解释》）就对未成年人实施违反刑法规定的行为不认定为犯罪或免予刑事处罚的几种情形作出了具体的规定。《未成年刑事案件解释》第 6 条规定："已满十四周岁不满十六周岁的人偶尔与幼女发生性行为，情节轻微、未造成严重后果的，不认为是犯罪。"第7条第1款规定："已满十四周岁不满十六周岁的人使用轻微暴力或者威胁，强行索要其他未成年人随身携带的生活、学习用品或者钱财数量不大，且未造成被害人轻微伤以上或者不敢正常到校学习、生活等危害后果的，不认为是犯罪。"第9条第1、2款规定："已满十六周岁不满十八周岁的人实施盗窃行为未超过三次，盗窃数额虽已达到'数额较大'标准，但案发后能如实供述全部盗窃事实并积极退赃，且具有下列情形之一的，可以认定为'情节显著轻微危害不大'，不认为是犯罪：（一）系又聋又哑的人或者盲人；（二）在共同盗窃中起次要或者辅助作用，或者被胁迫；（三）具有其他轻微情节的。已满十六周岁不满十八周岁的人盗窃未遂或者中止的，可不认为是犯罪。"根据上述规定，未成年人实施违反刑法规定的某些行为，在具备特定的情形下不负刑事责任，但可能要受到行政处罚。

（3）是否具有亲属关系。亲属身份的有无也会成为判定行政不法和刑事犯罪的判定标准。如《未成年刑事案件解释》第9条第3款也规定："已满十六周岁不满十八周岁的人盗窃自己家庭或者近亲属财物，或者盗窃其他亲属财物但其他亲属要求不予追究的，可不按犯罪处理。"

（4）是否冒用特定身份。在"冒用身份"类案件中，行为人冒用的身份不同，行为性质也会有所差异。例如，在招摇撞骗行为中，冒充国家机关工作人员、人民警察或者军人进行招摇撞骗的，根据其情节的不同，可能构成"招摇撞骗罪"或者"冒充军人招摇撞骗罪"，也可能只构成一般的行政违法行为。但如果"以其他虚假身份招摇撞骗"，则只能认定为一般违法行为，而不构成犯罪。

应当引起注意的是，我国立法在区分行政不法与刑事不法时，虽然常以情节、后果、数额、身份为标志，但并没有将它们对立看待，更没有绝对化，而是根据不同的具体行为进行规定，这说明行政不法与刑事不法界限的划分，有时简单明了、有时复杂模糊。实务中，应当在坚持罪刑法定原则、刑罚谦抑原则，把握"但书"规定的基本精神和"宽严相济"刑事政策的实质内涵的基础上，对具体案件进行具体分析，不可教条或公式化地对待，防止强调一点、不及其余。

四、行政处罚与刑事处罚

行政处罚，是指行政机关或者其他行政主体依照法定权限和程序，对违反行政法规范尚未构成犯罪的相对方给予行政制裁的具体行为。[1]根据以上定义可以归纳出我国行政处罚的构成要素：①实施行政处罚的是特定的行政机关或者行政主体，这是从"形式意义"上对行政处罚的界定；②被处罚行为是违反行政法律规范的行为，这是从"实质意义"上对行政处罚进行的界定；③行政处罚属于行政制裁的范畴。所谓刑事处罚，是指国家最高权力机关在刑法中法定地赋予"刑罚"名称，用以惩罚实施犯罪行为的人，由法院依法判处，由特定机构执行的最严厉的强制方法。[2]我国刑事处罚的基本特征是：①由国家最高权力机关在刑法中规定；②用以惩治实施犯罪之人；③由法院依法裁判科处；④由特定机构执行；⑤是最严厉的制裁方法。鉴于此，可以把刑事处罚与其他各种强制方法区别开来。

（一）行政处罚与刑事处罚的共同点

行政处罚与刑事处罚都是行为人对其违法行为造成的法律后果所承担的责任，都是国家剥夺违法行为人某些权利的强制手段，都属于公法的范畴。两者具有以下共同点：第一，行政处罚和刑事处罚都是以行为人实施了违法行为为前提。第二，行政处罚和刑事处罚对自然人的处罚方式均包括财产罚和人身罚。第三，行政处罚和刑事处罚均以国家名义实施，实施主体均为国家权力代表。第四，行政处罚和刑事处罚遵循相同的处罚原则。诸如罪刑法定原则，罪责刑相适应原则，教育与惩处相结合原则，公正、公开原则，等等。[3]

（二）行政处罚与刑事处罚的不同点

行政法和刑法作为具有不同功用和目的的两个部门法，存在着诸多区别，相应的行政处罚与刑事处罚也有着明显的区别。

---

〔1〕 罗豪才主编：《行政法学（新编本）》（第2版），北京大学出版社1996年版，第201页。
〔2〕 马克昌主编：《刑罚通论》，武汉大学出版社1999年版，第13页。
〔3〕 田思源：《关于创制行政刑罚制度的探讨》，载《法制与社会发展》1997年第3期。

1. 行政处罚与刑事处罚适用前提不同

行政处罚是针对尚不构成犯罪的公民、法人或者其他组织违反国家有关法律、法规，应当依法承担行政法律责任的行为作出的否定性法律后果，是对行政违法行为的制裁；刑事处罚是针对刑法中规定的犯罪作出的，是对刑事违法行为的制裁。

2. 行政处罚与刑事处罚种类不同

根据《行政处罚法》的规定，行政处罚的种类要远远大于刑事处罚。行政处罚有人身罚、财产罚、申诫罚和能力罚四大类，其中行政拘留为人身罚，警告为申诫罚，责令停产停业、暂扣或者吊销许可证、暂扣或者吊销执照为能力罚，罚款、没收非法财物、没收违法所得则为财产罚。刑事处罚的范围则小很多，主要是人身罚和财产罚，刑事处罚包括主刑和附加刑，主刑有管制、拘役、有期徒刑、无期徒刑和死刑；附加刑有罚金、剥夺政治权利和没收财产。此外，还有适用于普通外国人犯罪的驱逐出境。

3. 行政处罚与刑事处罚严厉程度不同

很明显，作为人身罚的行政拘留仅仅是限制短期的人身自由，刑罚则是限制较长时间甚至终身的人身自由，且限制人身自由的程度较重。在财产罚层面，行政罚层面的罚款也要低于刑事处罚的罚金。总之，刑事处罚的严厉程度要远远大于行政处罚

4. 行政处罚与刑事处罚适用的依据不同

行政处罚适用的依据范围较广，其几乎包括了所有我国《立法法》确定的法律、行政法规、地方性法规、政府规章。处罚适用依据广泛，甚至连政策也是处罚适用依据。这种情况造成我国拥有行政处罚权限的行政执法机关众多。而相对严格的刑事处罚适用的依据只局限在法律这一层面，也即只有全国人民代表大会及其常委会制定和修改的法律才可以规定刑事处罚。

5. 行政处罚与刑事处罚实施主体不同

我国行政机关队伍庞大，有行政处罚权的主体比较多，根据《行政处罚法》的规定，拥有行政处罚权的行政主体包括三类：一类是具有行政处罚权的行政机关，包括国务院或者经国务院授权的省、自治区、直辖市人民政府决定的可以行使有关行政处罚权的行政机关；第二类是法律法规授权的组织，

对于经行政机关，法律、法规授权的具有管理公共事务职能的组织，可以在法定授权范围内实施行政处罚（但限制人身自由的行政处罚只能由公安机关行使）；第三类是受委托的组织，行政机关依照法律、法规或者规章的规定，将其法定权限委托给符合法律规定的条件的组织，这些受委托的组织在委托的权限范围内，可以实施行政处罚。刑事处罚的主体则具有唯一性，即能够依法判处犯罪人刑罚的只能是人民法院。

6. 行政处罚与刑事处罚承受人不同

行政处罚的对象是行政相对人，行政相对人包括公民、法人和其他组织，其承担的是包括人身罚、财产罚、申诫罚和能力罚等在内的多样化行政责任。刑事处罚的承受主体则是犯罪人，包括自然人和单位。自然人是具备刑事行为能力，能承担一定刑事责任的人。只有在《刑法》作出明文规定的情况下才可以处罚单位，视情形不同，采单罚制或双罚制。刑事责任又可被分为主刑和附加刑。

7. 行政处罚与刑事处罚对故意或过失的规定不同

在行政处罚中，对故意和过失在整个行为中的影响程度不作评价，只要主观有过错，客观实施了违法行为，就构成行政违法，要进行行政处罚。而故意和过失在刑事处罚中则具有重要的影响，分为过失犯和故意犯，故意分为直接故意和间接故意，过失又分为疏忽大意的过失和过于自信的过失。故意犯所承担的刑事责任和刑罚要比过失犯严重得多，故意犯之间和过失犯之间承担的刑事责任也是不一样的。在有的情况下，故意和过失也是判断罪与非罪、此罪与彼罪的重要标准。比如说，刑法中的疏忽大意的过失和意外事件。

8. 行政处罚与刑事处罚救济途径不同

行政处罚除了上诉、申诉外，还可以通过行政复议、请求行政赔偿等方式实现权利救济。对行政处罚结果不服的，既可以向人民法院提起诉讼，也可选择行政复议。公民、法人或者其他组织不服行政处罚，可以向有权的行政机关申请复议，当合法权益受到不法侵犯造成损害时，可以向赔偿义务机关请求行政赔偿。刑事处罚的救济途径则较为单一，被告人不服一审刑事判决，则只可以通过上诉实现权利救济，对于已经生效的判决可以通过申诉启动审判监督程序而获得救济。当然，对于刑事处罚中的错误现象，也可以申请国家赔偿。

9. 行政处罚与刑事处罚作用不同

行政处罚注重的是对违法行为的矫正，使失范的社会秩序得到纠正，行政处罚具有教育目的。刑事处罚的作用则是惩罚犯罪，保障人权、保障社会秩序，不仅有惩戒和制裁犯罪人的特殊预防功能，也有一般预防威慑作用。

综上所述，刑事处罚在处罚作用、处罚主体、处罚手段上都比行政处罚要严厉和严格。其更多的是对不法行为人人身自由甚至生命的剥夺，其除了使失范的社会秩序和规则得到修复之外，更多的是保障人权，安抚被害人，警告危险分子和潜在犯罪人。行政处罚则是更多地维持基本的社会秩序和社会规则。行政处罚是以更简便的程序、更单一的主体来追求便捷和效率。在现代社会，行政处罚和刑事处罚也有竞合之处，比如罚款和罚金、行政拘留和短期自由刑之间的竞合。在这种情况下，研究行政处罚与刑事处罚在适用上的衔接问题就显得更加重要了。

第二章

我国食品安全行刑衔接问题的提出

第一节　我国食品安全违法犯罪的现状和特征

一、我国食品安全违法犯罪的现状

改革开放以来，我国的食品工业发展持续增长，食品工业成了我国国民经济的重要支柱产业。有数据显示（如图 2-1）：2009 年，我国粮食总产量比 1990 年增长了 22.03%，肉类、水产品、糖料等产量比 1990 年分别增长了 205.19%、320.36%、69.92%。2010 年，全国食品工业规模以上企业达 41 286 家，实现食品工业总产值 6.1 万亿元，占工业总产值比重的 8.8%。2011 年，全国规模以上食品企业 31 735 家，实现现价食品工业总产值 78 078.32 亿元，同比增长 31.6%，高出全国工业总产值增速 3.7%，占全国工业总产值比重的 9.1%。2012 年 1 月至 9 月，在全国工业增速下滑的情况下，食品工业仍然取得了 21.6% 的增长，实现工业总产值 6.44 万亿元，已成为名副其实的第一产业。[1]2023 年，规模以上食品工业企业实现营业收入 9 万亿元，同比增长 2.5%，增速较上年放缓 3.1%，高出全部工业 1.4%。至此，食品收入突破 9 万亿元大关。食品工业基数的增加也带来了相对比较多的食品安全问题。进入 21 世纪以来，信息技术、生物技术、纳米技术、新材料等高新技术发展

---

〔1〕 石秀诗：《我国食品工业已成为名副其实的第一产业》，2012 年 11 月 17 日全国人民代表大会财政经济委员会主任委员、中国食品工业协会会长石秀诗在第十届中国食品安全年会开幕式上作《贯彻党的十八大精神开创食品安全新局面》主题讲话，载 http://211.100.28.236/Article/10nianhui/14144738536904.htm，最后访问时间：2024 年 1 月 19 日。

迅速，新的生物科技、食品科学的应用带来新的食品安全风险。食品添加剂被广泛地应用到食品原料中，转基因食品的风险不确定，在让我们享受到食品的便利和美味的同时，也带来了不确定的风险。这种不确定的风险和人为的风险造成了近年来我国食品安全犯罪的不断攀高，呈总体上升趋势。

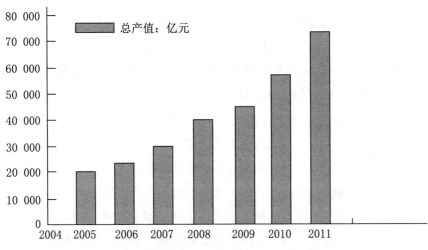

图2-1　2005—2011年间食品工业总产值情况

（一）食品安全违法犯罪贯穿从农田到餐桌整个食品产业链

我国近三十年大力发展劳动密集型产业、高耗能行业带来的后果是资源的消耗和生态的破坏，这种状况也危及了食品行业。首先，食品的原材料受到污染，作为食品主要原料的农产品受到污染的例子层出不穷，例如"镉大米"污染事件。[1]其次，食品在生产加工环节则更易受污染，食品生产经营者滥用食品添加剂和非食品原料的案例层出不穷，三聚氰胺不仅使中国的上万婴儿遭受结石之苦，更令中国奶业遭受了严重打击。在曾轰动全国的"苏丹红案"[2]

---

〔1〕我国湖南、江西等南方地区稻米镉超标，主要是由于土壤被当地矿山废水污染，有的是受当地化工厂污水排放影响。与此同时，镉污染具有相当大的不可逆性，土壤一旦被污染，即便经过多年，对农作物的影响也可能延续很长一段时间。"生菜是吸收镉最厉害的作物，而水稻是对镉吸收最强的谷类作物，仅次于生菜。"潘根兴说："生菜一般都生长在大棚里，相比之下，生长在野外的水稻更容易被重金属污染。"

〔2〕"苏丹红"学名苏丹，共分为4种型号，是一种禁止作为食品添加剂使用的工业染料。

中，30 家企业的 88 个食品样品先后被检出含有被用于为剂、油、蜡、汽油增色以及为鞋、地板等增光并被国际癌症研究机构归为第三类致癌物质，且不允许以任何数量添加到任何食品之中的"苏丹红一号"。[1]而使用苏丹红的食品企业竟然包括大名鼎鼎的婴儿食品制造商"亨氏"和快餐巨头"肯德基"。如此的贪利悖德行为实在是让人深恶痛绝。最后，食品流通行业经营秩序不规范。流通行业的企业多为规模较小的企业，为数众多的食品经营企业均为作坊式的经营，无法形成规模效应，食品标准和检验设备落后，也是造成食品安全事故的客观原因。此外，为了使商品便于储存和运输，过量使用防腐剂、保鲜剂等也是食品安全违法犯罪的原因之一。

（二）农村及城乡接合部食品安全违法犯罪严重

我国的食品工业虽然近年来得到了飞速发展，但是食品产业发展不均衡的局面依然存在。在广大农村和城乡接合部地带形成"多、小、散、低"的食品产业现状。这些"多、小、散、低"的食品生产经营者大多是小作坊生产方式，生产技术工艺设备简陋落后，加工场地缺少最基本的卫生条件，食品安全意识差。而这些区域的食品安全监管多属于县以下的行政区域，这些区域一般没有专职的食品安全机构（食品安全监管职能部门只在县级以上设置），仅靠当地的市场监督管理等部门的人实施不定期的监督，且缺乏食品安全检验的基本技术和设备，难以应对食品生产经营小摊贩众多、流动性强的特点。而且这些食品售价低廉，在并不富裕的农村和城乡接合部有广阔市场。"农民的收入相对较低，他们受科技、文化水平的限制，对假冒伪劣食品的鉴别能力不高，不少农民购买食品时很少注意商品的生产日期、保质期等标识，很容易上当受骗。"[2]这些因素造成这些区域食品安全事故发生率比较高，食品安全犯罪率也较高。为此，公安部 2011 年下发通知特意提出加强对农村和城乡接合部食品安全犯罪的惩治。[3]卫生部和国家食品药品监督管理局下发

---

〔1〕 王辉霞：《食品安全多元治理法律机制研究》，知识产权出版社 2012 年版，第 18 页。

〔2〕《九三学社成员呼吁加大农村地区"问题食品"的监管力度》，载《人民政协报》2011 年11 月 7 日。

〔3〕《公安部将督办食品安全重大案件》，载凤凰网：http://news.ifeng.com/mainland/special/shipinanquan/content-2/detail_2011_05/10/6271876_0.shtml，最后访问时间：2024 年 1 月 20 日。

了《关于进一步加强食品安全专项整治工作的实施意见》，提出近期集中组织开展农村和城乡接合部食品安全专项整治行动。[1]

（三）假冒伪劣和过期变质食品充斥市场

假冒伪劣食品包括两种：假冒食品指的是未经权利人授权的食品，冒用、伪造他人商标、地理标志的商品。变质食品是指变质过期的不能再食用的食品。假冒伪劣食品并不一定是不安全商品，但其潜在的不安全风险系数较高，是食品安全事件的主要诱因。过期变质的食品则是已经失去它的食用效用，一旦食用则会给人体健康和生命权利造成侵害。假冒伪劣食品和变质食品由于监管不力而流入市场，尤其是在农村、偏远山区，假冒伪劣食品严重泛滥。与"冰红茶"包装酷似的"冰红爽"，与"旺仔"牛奶相似的是"旺子"牛奶，冒充"脉动"饮料的"脉劫"，"雪碧"变"雷碧"，这些假冒伪劣食品由于无生产许可，更无食品检疫检验证明，极易引发食品安全事件。此外，在一些落后地区，由于食品销售渠道不畅，为了保住成本或者赚取不当利润，一些保质期时限较短的商品往往过完保质期还继续销售，有的甚至会篡改商品的保质期。有的消费者缺乏食品安全意识，认为过了保质期的商品食用无伤大碍，因此造成的食品安全事件层出不穷。比较典型的就是"福喜案"。上海福喜食品有限公司使用过期原料生产加工食品事件，涉及麦当劳、肯德基等著名洋快餐，成了2014年轰动一时的食品安全事故。

（四）小作坊式的餐饮摊贩食品安全问题多发

我国食品工业的基数大，在食品工业这一个大的基数里面，食品生产和流通环节的经营主体多为个体工商户和小规模的小作坊式企业。以食品生产加工和流通环节为例：在生产环节，2007年8月国务院新闻办公室发布的《中国的食品质量安全状况》白皮书对食品生产经营主体做了统计，2011年12月国家发展和改革委员会、工业和信息化部发布的《食品工业"十二五"发展规划》（发改产业〔2011〕3229号）也做了统计。根据数据统计：2006年全国共有食品生产加工企业44.8万家。其中，规模以上企业有2.6万家，

---

〔1〕《中国将开展农村和城乡接合部食品安全专项整治》，载腾讯网：http://news.qq.com/a/20070831/002651.htm，最后访问时间：2024年1月20日。

规模以下且 10 人以上企业有 6.9 万家，而 10 人以下小作坊式企业有 35.3 万家。2006 年，在全国 44.8 万家食品生产加工企业中，94.2% 的食品生产加工企业为非规模以上企业，78.8% 的则为 10 人以下小作坊式企业。2011 年，全国规模以上食品生产加工企业虽然已上升到 3.1 万家，比 2006 年增加了 5000 家左右，但食品生产加工企业以"小、散、低"为主的格局没有得到根本改变，小、微型和小作坊式的食品生产加工企业仍然占 90% 左右。[1]在食品流通环节，中小食品经营单位是主体。2011 年底，在全国从事食品流通的单位中，企业为 51.6 万家、个体工商户 469.9 万户、农民专业合作社 0.3 万个，比例分别为 9.89%、90.05%、0.06%。从以上数据可以看出，在流通环节，个体工商户占了绝大多数是绝对主体。特别是广大农村地区和偏远山区，在生产和流通环节都是以个体工商户、小作坊、小微企业为绝对主体。这些个体工商户、小作坊和小微企业虽然可以在一定程度上吸纳劳动力就业、满足多样化的食品市场需求、活跃食品经济，促进食品行业的发展。但是这种小、散、低的经营方式不仅难以满足现代食品工业大型化、现代化、标准化、集约化的管理模式要求，而且自身食品卫生状况较差，操作不规范，质量安全管理水平差、违规行为普遍，诚信自律意识差。全国人大教科文卫委员会主任委员白克明表示："食品小作坊和小摊贩在全国范围内普遍存在，遍及城乡。规模小、分布散、条件差等问题是其共同的特点。这些特点，导致食品小作坊和小摊贩安全隐患多，对其监管难度大。"[2]因此，小作坊式的食品小摊贩和小餐饮成了食品安全违法犯罪的多发地带。这类犯罪由于更多的是游走摊贩，可以随时转移，给行政执法和刑事司法带来一定的难度。

（五）食品安全领域渎职犯罪形势严峻

我国在短短的十几年的时间数次修改《食品安全法》就是为了建立完善的食品安全监管制度。2015 年《食品安全法》在出台时被称为"史上最严厉的《食品安全法》"，更是加强了对食品安全的监管。好的制度需要得到良好

---

〔1〕《全国食品工业十二五发展交流会资料》，载网易新闻：http://news. 163. Com/12/0614/14/ 83 VGPMV400014JB5 .html，最后访问时间：2024 年 1 月 21 日。

〔2〕《食品小作坊小摊贩：食品安全事故"高发区"》，载中国人大网：http://www. npc. gov. cn/ npc/zgrdzz/2012-02/15/content_ 1688546. htm，最后访问时间：2024 年 1 月 21 日。

的贯彻实施。如果制度的实施人也就是食品安全监管执法人员因私情、私利、贪污受贿而弄虚作假，对违法行为视而不见，不履行监管职责或者不认真履行监管职责，或者明知违法而不予以处罚，将会导致食品企业和不法之徒因疏于监管或者不监管而造成重大食品安全事故或者其他严重后果。据介绍，2014年1月至2015年6月，全国检察机关共立案查办食品安全领域贪污贿赂犯罪案件405件48人，渎职犯罪案件429件652人。打击这方面的渎职犯罪也存在"三难"，案件线索发现难、案件侦查取证难、个别案件查办和处理周期长。"食品领域渎职犯罪主体本身属于食品监管执法人员，其渎职行为隐蔽在日常监管工作之中。检察机关进行相关检验和鉴定时还要借助监管部门的力量，如果个别监管部门不愿配合甚至相互推诿，会给侦查工作造成一定阻力。"[1]

二、我国食品安全违法犯罪的特征

自从我国1997年《刑法》确立食品安全罪名以来，2008年至2011年4年间（如图2-2所示）食品安全案件的案件数量、判决人数每年呈现递增之势，说明犯罪分子受利益驱动，危害食品安全犯罪活动依然猖獗。[2]根据最高人民检察院2012年工作报告统计的数字："2011年全国检察机关依法批准逮捕生产销售假药劣药、有毒有害食品等犯罪嫌疑人2012人，提起公诉1562人。如果再细化，其中，受理生产、销售不符合安全标准的食品犯罪案件155件396人，同比分别增加252.27%和344.94%；受理生产、销售有毒、有害食品犯罪案件544件944人，同比分别增加497.80%和442.53%。"[3]2014年1月至2015年6月，全国检察机关共批捕生产、销售有毒、有害食品，不符合安全标准的食品犯罪嫌疑人5212人，起诉12 871人。食品安全犯罪率飞速增长，虽然一方面说明了检察机关的打击力度加大，也说明了我国食品安全犯

---

〔1〕《食品安全领域渎职犯罪形势严峻，600多人被检察机关查办》，载新华网：http://news.xinhuanet.com/fortune/2015-08/05/c_ 1116158298.htm，最后访问时间2024年1月23日

〔2〕《最高法：食品安全案件从重定罪处罚》，载新华网：http://news.xinhuanet.com/yuqing/2011-11/25/c_ 122337198.htm，最后访问时间：2024年1月23日，图亦来源于此。

〔3〕《最高检督办食品安全案件 让犯罪分子无处可逃》，载正义网：http://news.jcrb.com/jxsw/201203/t20120314_ 824813.html，最后访问时间：2024年1月23日。

罪近年来急剧攀升。具体来说，食品安全犯罪有如下特征。

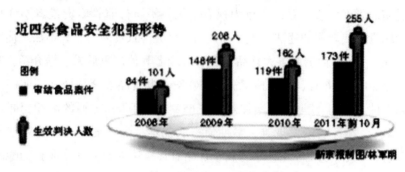

图2-2　2008—2011年食品安全犯罪形势图

（一）食品违法犯罪组织呈现出长链条、集团化特征

当前的食品安全违法犯罪窝点多，很多个窝点连接起来涉及的链条就比较长。通过查处的一些案件可以看出，从原料的生产、销售，到有毒有害食品，特别是假劣食品的生产、加工、运输、销售各个环节都是分散存在的。过去可能只有一个生产点，只有一个小的作坊，现在比较大，多个窝点全链条甚至向集团化的方向发展。可以说，制售问题食品的网络遍及城乡各地，查处的成本非常高。以"福喜案"为例，上海福喜食品有限公司过期肉的销售网络遍及22家下游食品流通和快餐连锁企业，麦当劳、必胜客、汉堡王、德克士等知名连锁企业也牵涉其中。该案最后共检查有581家食品生产经营企业经营、使用上海福喜食品有限公司的产品。这些企业与上海福喜食品有限公司一起构成整个销售链条和网络。同样，在"三鹿案"中，从三聚氰胺的生产、销售再到奶农的购买添加、销售，已形成了一个个窝点，这些窝点串联起来变成了一条长产业链，在整个链条中，各司其职，负责上下游采购原材料和供货。此外，在山东狐狸肉冒充羊肉的案件中，山东某县提供剥了皮的狐狸肉，然后送到紧邻的江苏掺杂羊油后，加工厂合成冻羊肉，然后再销往长三角地区的火锅店，这些犯罪的窝点互相串联才能使得假羊肉的加工销售成为可能。这种长链条、跨区域的窝点作案方式为犯罪的查处侦破带来了极大的难度，因为涉及不同省份和不同地区的监管，往往需要多地配合才能将其绳之以法。在食品生产加工领域，一般的食品生产经营者很难完成批

量化的食品生产，因此在这个领域的食品生产都是以组织为单位来实施的。如果发生食品安全事故，则构成食品安全的共同犯罪。据统计："在江苏省高级人民法院办理的食品安全犯罪案件中的 66 件案件中，共同犯罪案件达 31 件，占该类案件总数的 47%，共同犯罪比例较高，犯罪涉及面不断扩大。"[1]

（二）食品安全犯罪方式呈现网络化特征

近年来，我国互联网快速发展，尤其是电子商务和网络购物蓬勃发展，互联网购物的比重在零售商品销售中的比重逐年增加。据统计，全球的互联网网站数量超过 10 亿，网民数量 30 亿，中国的网站总量已经达到 350 亿万个，网民的比例为总人口的 44%，也达到 5.9 亿人，单是在 QQ 空间活跃的用户就达到 6.23 亿。目前，中国人已经有 12 亿人拥有手机。美国的网上药店的销售规模占到整体销售规模的 30% 左右，占到整体销售额的 1/3，日本达到 17%，欧盟达到 23%，2013 年中国在网上的药品销售总额也达到 39 亿元。在将来，随着中国网上药店市场的逐步放开，可能达到 3000 亿元的规模，还有着巨大的发展潜力和空间。网络购物的便捷、快速和种类齐全使之成了老百姓尤其是年轻人的购物首选。从电子产品、百货到食品，网络购物无所不有。网络购物快速发展的同时，因为不是面对面的交易，网络欺诈和假冒伪劣产品充斥网络市场。食品的销售更是严重，在网络环境下，食品生产、销售以网络交易和支付平台为依托，通过物流等方式销售问题食品。尤其是当前互联网、微信、APP 等一些新型网络的广泛应用，可以说给食品药品的违法犯罪提供了新的便利渠道和平台。在问题食品里面，以网售假冒伪劣的保健品为主，保健品基于其不同于普通食品的特殊功效而备受民众青睐，其价格当然也贵于一般食品。利润高、市场大，网络为其提供了比较好的宣传方式。所以，保健品在网络销售极为普遍，不法厂商往往会夸大产品功效，销售假冒伪劣食品。此外，在互联网上销售一些过期商品也是网络销售问题食品的一个方面，基于网络的虚拟性，不是面对面交易，仅仅凭借网络上的图片和文字下单购物，实际上到货则会发现商品已过期等。还有的不法厂商通过修改生产日期，销售过期商品。不法厂商会利用互联网销售和第三方购物平台

---

〔1〕《涉食药案件共同犯罪比例较高》，载《法制日报》2011 年 12 月 29 日。

可以隐蔽身份、交易便捷的优势而进行违法犯罪活动。据统计，2009—2013年，网络销售食品违法犯罪案件增长了11倍多。（见图2-3）[1]

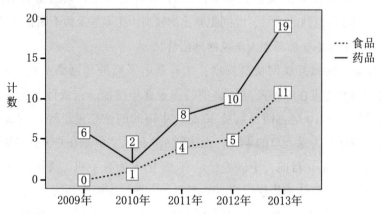

图2-3 2009—2013年网络销售食品药品违法犯罪变化趋势图

（三）食品安全违法犯罪范围呈现区域性集中特征

食品是人类赖以生存的必需品，所以有人类存在的地方都会关注食品安全。尤其是进入21世纪以来，食品安全事件在我国大范围蔓延开来。各地食品安全事件报道层出不穷。本书从近年来我国发生的重大食品案件统计分析得出，食品安全事件覆盖全国，尤其是经济活跃的沿海地区和中部省份，食品安全事故频发。第一，食品安全犯罪涉及区域广、密度大。据统计，以2011年度为例，这一年里只有西藏、新疆、内蒙古、宁夏、青海几乎没有食品安全事故报道。甘肃、山西、广西、江西、吉林、海南等区域的食品安全事故报道较少，除此之外占国土面积的1/3以上的其他20个省、自治区、直辖市的食品安全事故发生则相对频繁。第二，犯罪的重灾区相对集中，最高人民检察院2012年工作报告在提到食品安全犯罪的特征时专门指出："食品安全犯罪的重灾区相对集中。去年全国共有28个省区受理危害食品安全犯罪案件，

---

〔1〕 李春雷、任韧：《我国互联网食品药品经营违法犯罪问题研究》，载《中国人民公安大学学报（社会科学版）》2014年第4期。

河南、辽宁、重庆、广东、浙江、四川六省市占全国受案总数的60.94%。"[1]经济发达地区食品安全事故频发的原因除了有当地食品生产和流通企业较多，且对食品的消费比较多等因素外，还与经济发达地区对食品的监管严格和当地新闻媒体较为发达有一定关系。此外，个别中西部省份的食品安全犯罪比较集中的原因在于这些省份基本上都是人口大省，且是食品集中供应地，因此发生食品安全犯罪的概率比较高。

（四）食品安全违法犯罪手段呈现出专业化特征

近年来，食品安全犯罪逐渐向专业化发展，一些问题食品的制造往往需要懂得专业的食品安全技术。"2013年在上海查获的假冒'拉摩力拉牌玛卡片'案件中，两名主要犯罪嫌疑人均为计算机专业博士，其合伙人中更有专业的医生和药师，构成了专业化水平较高的犯罪组织团伙。犯罪分子利用其所学数据库及网络知识开设店铺、架设网站，再招聘专业的医药、食品领域人员对受害者进行宣传蛊惑，达到'请君入瓮'的目的，让普通网民难以防范。"[2]这种专业化的犯罪手段较为隐蔽和高明，一般的监管人员无法检测出来。由于各个环节分散，信息的发布、赃款的收集等环节往往会跨多个监管领域，使一些违法犯罪打击的难度加大，靠食品药品监管这种传统的打击手段往往只能打掉其中一个环节，一个窝点后又死灰复燃，难以从根上来打击。这样就会造成对一些违法犯罪活动打不准、打不狠、打不到根，一打就跑，往往是专项整治秩序能够规范一段时间，但是过后食品安全犯罪很容易死灰复燃。

第二节　我国食品安全行刑衔接困境

食品安全行刑衔接困境，不仅包括程序法层面的衔接不畅，还包括实体法层面的衔接不到位。程序层面的食品安全行刑衔接机制的形成前提是实体

---

[1]《最高检督办食品安全案件 让犯罪分子无处可逃》，载正义网：http://news.jcrb.com/jxsw/201203/t20120314_824813.html，最后访问时间：2024年1月25日。

[2] 李春雷、任韧：《我国互联网食品药品经营违法犯罪问题研究》，载《中国人民公安大学学报（社会科学版）》2014年第4期。

法层面的《刑法》和《食品安全法》的衔接。刑事层面，我国于 2011 年出台了《刑法修正案（八）》，最高人民法院、最高人民检察院又根据《刑法修正案（八）》制定了《最高人民法院、最高人民检察院关于办理危害食品安全刑事案件适用法律若干问题的解释》。行政法层面，我国分别于 2009 年、2015 年、2018 年、2021 年修改了《食品安全法》。最新出台的《食品安全法》和《刑法》之间有诸多不衔接之处。同样，在程序层面，移送机制、信息平台、联席会议制度以及证据转换等也存在衔接障碍，因此，本节讨论的食品安全行刑衔接困境，分别从实体法和程序法两个层面来进行。

一、食品安全行刑衔接实体法层面的衔接不畅

食品安全行刑衔接的实体法层面衔接不畅即《食品安全法》和《刑法》的衔接不畅。主要包括两个方面：一方面，《刑法》中食品安全犯罪的概念模糊，对于是否援引《食品安全法》相关定义并无相关规定。另一方面，《食品安全法》第 149 条仅仅规定"违反本法规定，构成犯罪的，依法追究刑事责任"，却并没有指向运用刑法典中的哪一个具体罪刑条款追究刑事责任，也没有直接规定罪状和法定刑。而在刑法中找不到相应的罪名和制裁条款，这就使得在实务中难以将《刑法》条款和《食品安全法》的条款一一对应，造成行政责任和刑事责任的脱节，无法罚当其罪，实体立法的衔接不到位，造成行刑衔接中的"以罚代刑""有案不移""有案难移"。因此，加强食品安全行政执法和刑事司法衔接的首要任务是明晰食品安全治理行政责任和刑事责任的立法衔接，严密食品安全犯罪的刑事法网。

（一）《刑法》中的"食品""食品添加剂"与《食品安全法》规定的
　　　"食品""食品添加剂"是否一致

《食品安全法》在附则中专门对食品，食品添加剂，食品安全，预包装食品，用于食品生产经营的工具、设备，用于食品的洗涤剂、消毒剂等作了明确说明。而《刑法》对于三个罪名中的"食品"是否涵盖这些范围并无明确规定。行政法和刑法虽然同属公法体系，但毕竟属于两个部门法。且行刑在惩治措施、严厉程度、法律依据上截然不同，其涵盖范围当然不能同时适用。这为司法实践中的适用带来了疑问。

（二）现有的刑事法网对食品生产链的过程、环节的规制有遗漏

《食品安全法》已经形成了完整的食品安全链条体系。《刑法修正案（十二）》还是以生产、销售不符合安全标准的食品和生产、销售有毒、有害食品作为罪名和罪状描述。显然只涉及生产和销售环节。

（三）食品安全行政责任和刑事责任在立法体例上并未妥善协调

《食品安全法》则在第九章"法律责任"第122～149条，用28个条款规定了食品安全违法行为的行政责任，不仅涵盖食品所指范围、食品安全标准界定，还包括生产、销售病死畜禽等生产经营食品安全违法行为。《食品安全法》第149条规定："违反本法规定，构成犯罪的，依法追究刑事责任。"用了总结性条款，意指只要违反了《食品安全法》的规定，都会构成犯罪，从而适用刑法。但刑法只规定了"生产、销售不符合安全标准的食品罪""生产、销售有毒、有害食品罪"和"食品、药品监管渎职罪"三个罪名。《刑法》在行政责任和刑事责任衔接上出现了严重的滞后性。尤其是对于食品安全召回、进口不符合安全标准的食品以及持有型食品安全犯罪依然在《刑法》中无相应的罪名追究刑事责任。

二、食品安全行刑衔接程序法层面的衔接不畅

（一）执法机关监管不到位，造成有案不移、以罚代刑

在食品安全领域，行刑衔接不畅造成了执法领域有案不移、以罚代刑的乱象。据统计：2014年，全国食药监系统全年各地共检查食品经营者1389.3万户次，检查批发市场、集贸市场等各类市场37.98万个次，捣毁售假窝点949个，查处不符合食品安全标准的食品案件8.45万件，查处不符合食品安全标准的食品146.16万公斤，查处违法添加或销售非食用物质及滥用食品添加剂案件1531件，查处非食用物质和食品添加剂1.38万公斤，吊销许可证658户，移送司法机关738件。[1]案件移送率不到0.8‰。对于可能涉嫌犯罪的严重的食品安全违法行为，食品安全监督执法机构查处后该移送而不移送，

---

〔1〕《全国食品经营监管工作会议在京召开》，载中国政府网：http://www.gov.cn/xinwen/2015-01/29/content_ 2811845. htm，最后访问时间：2024年1月25日。

使得一般的食品安全违法行为演变成严重的恶性食品安全犯罪，引发大规模的食品安全恶性事件。

（二）移送机制不顺畅

有案不移和有案难移的原因之一在于案件移送机制不健全。对移送的程序和移送的对应机关没有作出详细规定，移送机构和被移送机构的具体职责不清，对移送的步骤以及移送的材料也无详细规定。这些都是案件移送机制不健全的表现。如果从细化移送程序、提高执法办案人员的专业素质入手，能为涉罪案件移送工作的落实提供保障。

（三）信息共享机制不健全

食品安全信息共享机制应当由食品安全监管机构和公安机关以及检察机关作为信息共享主体。行政机关将其查获的有可能涉嫌犯罪的信息通过信息共享平台及时发布，便于司法机关及时掌握信息。信息共享平台是信息共享的载体，但该平台仅被用于各联网单位内部的信息交换和工作联系，不对社会公众开放。近年来，各地都建立了适用于本行政区域的信息共享平台。一方面，信息共享平台输入的信息不标准、不规范和不及时，尤其是不及时造成共享信息过时，不利于司法机关及时发现线索及时查处。另一方面，信息共享平台的运用没有得到充分重视。信息共享平台应是由执法部门、检察院、法院和公安参与，但并不是所有应参与的部门都充分参与。这些因素导致信息共享机制不能充分发挥其作用。

（四）食品安全行刑衔接证据转化不顺畅

目前，我国唯一规定行政证据可以在刑事诉讼中被使用的就是《刑事诉讼法》第54条第2款的规定："行政机关在行政执法和查办案件过程中收集到的物证、书证、视听资料、电子数据等证据材料，在刑事诉讼中可以作为证据使用。"其他位阶较低的行政法规或者规范性文件也有规定，然而规定得较为笼统，造成实践中的做法不一。虽然《刑事诉讼法》第54条第2款首次用法律规范的形式确立在刑事诉讼中可以使用行政证据，但是该规定仅有一款条文，相对比较模糊，在一些关键问题上仍需进一步明确。首先，在取证主体的范围上，是否仅限于"行政机关"，是否包括被授权和接受委托的行政机关并没有得到明确解释。其次，在刑事诉讼中，"可以作为证据使用"是直接可以作为定案依据，还是仅仅是证据材料或者是证据来源并不明确。最后，证据范围中"等证据材料"的"等"是否作扩大解释，是否包括除了物证、书证、视听资料、电子数据的其他证据也亟须明确。对于食品安全案件，检验食品是否安全的标准，"有毒有害"或者"不安全"需要通过食品专业机构的检验报告进行确定，检验报告是食品安全案件中非常关键的证据。行政执法中的食品安全检验报告是否可以直接转化为刑事司法中的定案根据，也是在证据层面亟须明确的问题。

（五）食品安全联席会议制度不健全

食品安全联席会议制度是由食品安全监管机构、公安机关以及检察机关组成，定期召开的工作会议。会上主要由行政执法机关通报当前受理和调查的案件线索情况，由检察机关和公安机关通报对行政机关移送的涉嫌犯罪案件的查处情况，具体的深层次交流合作还有待落实。联席会议的举办日期、召集人等也无详细规定。此外，联席会议制度缺乏内容、活动和制度保障，只是流于形式。

（六）检察机关监督不到位

检察机关的监督作用是食品安全行刑衔接顺畅的根本保障。然而，在实践中，检察机关的监督作用并未得到充分发挥。检察机关行使监督权的先决条件是知晓食品安全行政执法案件的信息。我国从中央到地方拥有行政执法权和行政处罚权的部门众多，每年办理的案件更是难以计量，而检察机关行使监督权的人手有限。如果没有合理的渠道获取监督信息，则无法做到有效的监管。此外，即使获得了执法案件信息，可以进行监管，更多也属于发生问题之后的事后监督、部分监督。

（七）行政处罚结果和刑事处罚结果不衔接

《刑法修正案（八）》出台之前，销售金额是罚金刑适用的唯一基准，出台之后最高人民法院、最高人民检察院于2013年和2021年公布了《最高人民法院、最高人民检察院关于办理危害食品安全刑事案件适用法律若干问题的解释》（以下简称《危害食品安全刑事案件解释》）。2021年《危害食品安全刑事案件解释》第3条和第7条将生产和销售金额作为罚金刑的适用基准。虽然有了进步，但是将生产、销售金额作为罚金刑的适用基准与《食品安全法》的规定衔接不上。在罚款数额和标准层面，《危害食品安全刑事案件解释》第 21 条规定："犯生产、销售不符合安全标准的食品罪，生产、销售有毒、有害食品罪，一般应当依法判处生产、销售金额二倍以上的罚金。"而《食品安全法》则规定，行政处罚的罚款起点为"十倍以上"，明显高于《危害食品安全刑事案件解释》确定的"二倍"的起算额。刑事处罚以其本身要比行政处罚严厉为其属性，也是两者区分的标准。在打击食品安全违法犯罪过程中，罚金刑远没有判处罚款重更为"以罚代刑"创造了条件。

第三节　我国食品安全行刑衔接的实践价值

前文已有所述，行刑衔接的提出有助于依法行政、严密惩治违法犯罪的法网、发挥检察机关的监督职能、顺应权力制衡的运作需要。在具体的食品安全违法犯罪领域加强行刑衔接无疑具有更大的实践意义，食品安全行刑衔接机制的完善，有助于严密食品安全的刑事法网，实现对食品安全犯罪的"零容忍"，进而护卫"食品安全"这个最大的民生。

一、有助于织密食品安全犯罪的刑事法网

党的十八届三中、四中全会决定都提出了"完善行政执法与刑事司法衔接机制"，但是在实际操作中，"以罚代刑""有案不移""有案难移""有案不立""有罪不究"现象严重，这些问题在食品安全领域比较突出。2014 年，全国食药监系统共查处不符合食品安全标准的案件 8.45 万件，查处食品 146.16 万公斤，移送司法机关违法案件 738 件，案件移送率不到 0.8‰。[1]"三鹿案""苏丹红案"最终发展成刑事大案就是因为初期涉及行政违法时没有及时移送查处。这点跟"破窗理论"非常相似，"不符合道德规范的行为、轻微犯罪与重大犯罪一样，都会造成社会大众对受到犯罪侵害的恐惧感。重大犯罪固然不容忽视，但是社会大众平时最为关心和感受最深的是轻微的违

---

〔1〕《2014 年全国查处 8.45 万件食品安全事件》，载新华网：http://news.xinhuanet.com/food/2015-01/29/c_ 127436791.htm，最后访问时间：2024 年 1 月 26 日。

法犯罪行为。如果容忍这些容易使人产生恐惧感的轻微违法犯罪行为，就会形成一种社会治安失控的混乱氛围"。[1]行刑衔接的基础是立法衔接。食品安全问题首先作为一种行政违法存在，承担行政责任，严重到构成犯罪才承担刑事责任。在立法体例上，行政法规定相应的行政责任，构成犯罪的，依法追究刑事责任。具体到食品安全治理层面，也就是《食品安全法》和《刑法》的有效衔接，《食品安全法》第149条仅仅规定"违反本法规定，构成犯罪的，依法追究刑事责任"，却并没有指出依据《刑法》中的哪个具体罪刑条款追究刑事责任，也没有直接规定罪状和法定刑，这就使得在实务中难以将《刑法》和《食品安全法》的条款一一对应，造成行政责任和刑事责任脱节，无法罚当其罪。因此，加强食品安全行政执法和刑事司法衔接，首要的任务是明晰食品安全治理行政责任和刑事责任的立法衔接，严密食品安全犯罪的刑事法网，这也是实现食品安全犯罪"零容忍"的必要路径之一。

二、有助于实现食品安全犯罪"零容忍"的刑事政策

1. 零容忍的引入

"零容忍"来源于美国纽约治理城市犯罪的成功经验，之后被世界各国争相学习和引进，并运用到治安之外的其他领域。一般认为："零容忍政策的核心是对各种反社会的行为和犯罪采取严厉打击的态度，哪怕轻微的犯罪行为，也要毫不犹豫，决不妥协的进行彻底斗争。通过贯彻'零容忍'政策，能够明显增加社区民众与犯罪作斗争的信心，减少人民对犯罪的恐惧感和忧虑感，使得更严重的犯罪得以有效预防，最终导致犯罪率明显下降。"[2]从对"零容忍"的分析中我们可以看出两层含义：一方面，对于轻微的犯罪行为也要严厉打击；另一方面，强调打击的彻底性和即时性。普遍认为，"零容忍"的理论基础是由美国政治学家詹姆斯·威尔逊和犯罪学家乔治·凯琳所提出的

---

〔1〕　王世洲、刘淑珺：《零容忍政策探析》，载《中国人民公安大学学报（社会科学版）》2005年第4期。

〔2〕　王世洲、刘淑珺：《零容忍政策探析》，载《中国人民公安大学学报（社会科学版）》2005年第4期。

"破窗理论"。其基本思想是："如果社区中有一栋建筑的一扇窗户遭到破坏而无人修理，那么，肇事者就会误认为整栋建筑都无人管理，从而就得到了自己可以任意进行破坏的某种暗示，久而久之，这些破窗户就会给人造成一种社会无秩序的感觉，结果，在社会公众麻木不仁的氛围中，犯罪就会滋生和繁荣起来。"[1]此外，"破窗理论"还举例指出："公共场所或邻里街区中的乱扔垃圾、乱涂乱画、打架斗殴、聚众酗酒、强行乞讨等这些较小的无序和破窗一样，如果得不到及时整治，就会增加那里的人们对犯罪的恐惧、导致社会控制力的削弱，从而引发更加严重的无序甚至犯罪。"[2]"破窗理论"的重要贡献在于以下几点：第一，被忽视的无序与犯罪之间存在关联性，无序的环境忽视对轻微的失范行为进行规制，进而导致该环境的社会控制力减弱，从而引发违法犯罪行为。第二，轻微的违法犯罪行为正是由于得不到及时的惩治才会发展成严重的犯罪。第三，前置性规则的确立，是治理无序进而杜绝违法犯罪的关键。"破窗理论"也提出了修补"破窗"的应对之策：既然破窗产生的原因是社会无序，那么修补破窗最有效的方法就是确立规则，前置性规则的确立可以为人们提供行为预测的可能性，使无序的失范状态归为有序、社会控制力增强，从而减低和避免违法犯罪行为的发生。"破窗理论"以上几点应有之义刚好支持了"零容忍"政策。"零容忍"政策的出现，恰巧可以及时修补"破窗"。以"破窗理论"为基础的"零容忍"政策被提出后，被西方社会广泛传播。尤其是在 20 世纪防控比较混乱的纽约收获了很好的效果，致使犯罪率大幅度下降。之后，美国将这个经验推广到全国。"据美国司法部的统计，1993—1998 年，全国财产类犯罪率下降了 32%，暴力犯罪率下降了 27%。而且，此后整个美国的犯罪率一直在走低。"[3]美国还将"零容忍"政策适用于酒驾领域，也取得了比较好的效果。鉴于"零容忍"政策的实践效果，"零容忍"政策在犯罪学领域和社会学领域成了多个国家关注的热点。德国、英国、法国等发达国家纷纷效仿，应用在家庭暴力、社会

---

〔1〕　王世洲、刘淑珺：《零容忍政策探析》，载《中国人民公安大学学报（社会科学版）》2005年第 4 期。

〔2〕　李本森：《破窗理论与美国的犯罪控制》，载《中国社会科学》2010 年第 5 期。

〔3〕　李本森：《破窗理论与美国的犯罪控制》，载《中国社会科学》2010 年第 5 期。

治安、环境安全等多个领域。

"零容忍"同样传播到了中国，起初是一些城市社区警务引进了"零容忍"政策，近年来，"零容忍"在一些领导人的讲话中频频出现。比如，习近平主席就曾多次强调对腐败犯罪"零容忍"，对恐怖主义犯罪"零容忍"。时任总理李克强也提出对食品安全违法犯罪"零容忍"。学界也把"零容忍"引入了研究领域，一些学者在环境安全、腐败犯罪、恐怖主义犯罪、黑社会性质犯罪等领域的研究中引入了"零容忍"政策。

2. 食品安全领域"零容忍"刑事政策的运用

如本书开篇所指，鉴于食品安全关乎国计民生，领导人提出了对食品安全违法犯罪"零容忍"。不仅是国家领导人，国家立法机关和负责食品安全监管及食品安全案件的司法部门也都在不同场合提出过对食品安全的"零容忍"。一是2014年3月，第十二届全国人民代表大会第二次会议期间，全国人民代表大会常务委员会法制工作委员会就"人大立法和监督工作"问题的新闻发布会指出："食品安全必须是'零容忍'，要监管和法制双管齐下。"[1]二是最高人民检察院在下发的《关于依法严惩危害食品安全犯罪和相关职务犯罪活动的通知》中提出，对危害食品安全犯罪和相关职务犯罪零容忍，始终保持高压态势也是一种特殊的预防手段。[2]三是公安部副部长在全国食品安全宣传周上的表态同样是：各级公安机关将对食品安全犯罪"零容忍"，在破大案、打团伙、端窝点、捣网络的同时，也要迅速破获工作中发现和群众举报的小案件。[3]四是各地政府领导人对食品安全治理的批示，上海市委书记针对"福喜案"作出批示：食品安全关系群众的健康与安全，必须"零容忍"。[4]北

---

〔1〕 全国人大农业与农村委员会副主任刘振伟在十二届全国人大二次会议就"人大立法和监督工作"答记者问。《食品安全问题必须"零容忍"》，载新华网：http://news.xinhuanet.com/politics/2014-03/09/c_ 133172667. htm，最后访问时间：2024年1月27日。

〔2〕《查防结合对食品安全监管职务犯罪零容忍》，载最高人民检察院网站：http://www.spp. gov.cn/site2006/2012-08-29/0005541830.html，最后访问时间：2024年1月27日。

〔3〕《来自于公安部副部长在10部门主办的食品安全宣传周上的讲话，见公开报道：中国各级公安机关将对食品安全犯罪"零容忍"》，载新华网：http://news.xinhuanet.com/politics/2015-01/25/c_ 114505564. htm，最后访问时间：2024年1月28日。

〔4〕《食品安全必须"零容忍"》，载中国政府网：http://www.gov.cn/xinwen/2014-07/22/content_ 2722191. htm，最后访问时间：2024年1月28日。

京市市长同样明确提出"食品安全监管要零容忍"。[1]

以"破窗理论"为理论基础,"零容忍"政策适用的前提是该领域的无序现象以及由此造成轻微的违法犯罪行为得不到及时惩治。当今的食品安全犯罪问题可以被比喻为"破窗",这扇严重危及民生、违反社会规范和秩序的"破窗"如果得不到及时、严格的规制,就会在"容忍"与漠视的环境中潜滋暗长,轻微的食品安全违法犯罪行为就会演变为严重的食品安全犯罪。"零容忍"要求对各种反社会的行为和犯罪都采取严厉打击的态度,哪怕是对轻微的违法犯罪行为,也坚决进行打击。这恰恰也是目前我国对待食品安全犯罪的态度。我国对一切食品安全违法犯罪行为实行"零容忍",动用一切手段全力保障"舌尖上的安全"。"零容忍"的内在之意和要求都符合我国目前对食品安全犯罪的规制需求,因此对食品安全犯罪采取"零容忍"的政策不仅理论契合,也符合实际需求。

刑事政策是由犯罪这一社会现象引发的国家和社会的整体反应体系,旨在对犯罪进行预防和控制,从而维持社会秩序,保证社会生产和生活正常进行,它包括立法、司法及行政方面的对策。[2]刑事政策属于公共政策的一种,著名的刑法学家李斯特也认为:"最好的社会政策就是最好的刑事政策。"代表政府的国家领导人和其他监管机关提出对食品安全犯罪"零容忍"的讲话,是政府食品安全公共政策的表达方式之一。同时,在我国刑事政策来源层面,一些领导人的讲话和批示可以作为刑事政策来源,比如我国的宽严相济刑事政策,先是由时任政法委书记罗干提出,[3]后来被最高人民法院的司法文件确立为基本刑事政策。刑事政策分为基本的刑事政策和具体的刑事政策。因此,"零容忍"政策可以成为食品安全犯罪治理的具体刑事政策,与总的宽严相济的刑事政策相辅相成。"零容忍"被国家领导人、司法机关及食品安全监管部门多次提及,一方面可以说明我国食品安全违法犯罪的严重性,另一方面也可以表明国家对惩治食品安全违法犯罪的态度。实现对食品安全犯罪的

---

〔1〕《北京市长:食品安全监管要"零容忍"》,载新华网:http://news.xinhuanet.com/food/2015-05/22/c_127829207.htm,最后访问时间:2024年1月28日。

〔2〕[日]大谷实:《刑事政策学》,黎宏译,法律出版社2000年版,第3页。

〔3〕马克昌:《论宽严相济刑事政策的定位》,载《中国法学》2007年第4期。

"零容忍"，首要任务就是完善《食品安全法》和《刑法》的实体和程序衔接。

三、有助于保障"食品安全"这个最大民生的实现

安全是保障人类在社会中维持基本生存以及追求自身发展所需的最主要、最重要条件。人的本能使人对自身生命健康、财产所有和享有自由等方面的保护具有强烈的内在需求。边沁认为："在法律力图达致的目标中，安全是主要的和基本的目标。"同时，饮食安全与公众健康是公众消费者的基本人权。"民以食为天、食以安为先"，食品是人类赖以生存和发展的、必须具备的最基本的物质条件。食品安全关乎民生福祉、经济发展、社会和谐。中央领导人多次强调食品安全是最大的民生问题，是检验执政党执政能力的问题。然而，"阜阳劣质奶粉案""苏丹红案""三鹿案""瘦肉精案"等食品安全事件不仅重创了相关食品行业的发展，而且极大地刺激了民众对食品安全的紧张神经。食品安全犯罪率也急剧攀升，一直居高不下。从最高人民法院和最高人民检察院公布的数据来看，2008年至2011年，"食品安全案件的案件数量、判决人数每年呈现递增之势，说明犯罪分子受利益驱动，危害食品安全犯罪活动依然猖獗"。[1] 2010年6月，《小康》杂志社联合清华大学媒介调查实验室，对全国12个城市开展公众安全感调查，在最担心的五大安全问题中，食品安全以72%的比例拔得头筹。在食品安全犯罪治理中，民生为本，民众健康是食品安全治理的起点和依归。人是最根本、最重要的，坚持把保障公众身体健康和生命安全作为食品安全犯罪治理的首要前提，不能舍本逐末，更不能本末倒置。贯彻"民生为本"的理念，树立民众健康至高无上的理念需要加强食品安全违法犯罪中的行刑衔接，彻底避免由有案难移、有案不移、以罚代刑等现象造成的哪怕轻微的食品安全违法犯罪行为危害民生。

---

〔1〕《最高法：食品安全案件从重定罪处罚》，载新华网：http://news.xinhuanet.com/yuqing/2011-11/25/c_ 122337198. htm，最后访问时间：2024年1月28日。

中　篇

实体篇

第三章

我国食品安全行刑实体法衔接的实然考察

第一节　我国食品安全的行政立法考察

一、食品安全行政法律体系介绍

食品安全问题需要通过完备的法律体系来进行规制。目前，我国已基本形成以《食品安全法》为核心的食品安全法律体系，涵盖了法律层面、行政法规层面、部委规章层面和地方性立法层面的形式多样的食品安全法律渊源。这也反映了食品安全立法主体多元化的特点。

（一）法律层面

主要包括《食品安全法》《农产品质量安全法》《计量法》《标准化法》《进出境动植物检疫法》《农业法》《消费者权益保护法》《产品质量法》《行政处罚法》《行政许可法》《农产品质量安全法》《突发事件应对法》《国境卫生检疫法》《行政复议法》等共 14 部法律与食品安全相关。其中《食品安全法》居于核心地位，属于最基础的法律。其他的法律则是针对食品安全的某个环节所涉及的立法，比如说《农产品质量安全法》规范农产品的质量安全；《产品质量法》调控食品相关产品，即用于食品的包装材料、容器、洗涤剂、消毒剂和用于食品生产经营的工具设备的生产经营活动；《进出口商品检验法》《动物防疫法》《进出境动植物检疫法》调控进出口食品的检验和动植物的防疫、检疫；《计量法》《标准化法》调整食品安全标准的实施和监督管理。食品安全领域，涉及行政处罚和行政许可以及行政强制的，适用《行政处罚法》《行政许可法》；食品消费者权益保护可以适用《消费者权益保护法》。

（二）行政法规和规范性文件

食品安全领域行政法规层面的立法指的是由国务院出台的对食品安全各环节进行规范的规范性文件，截至 2023 年，我国共出台了 32 个行政法规层面的食品安全规范性文件。执行性的立法包括《食品安全法实施条例》《标准化法实施条例》《进出口商品检验法实施条例》《进出境动植物检疫法实施条例》等。特殊食品领域的创制性立法主要包括：国务院制定的《乳品质量安全监督管理条例》《农业转基因生物安全管理条例》《生猪屠宰管理条例》，以及监管领域的《国务院关于加强食品等产品安全监督管理的特别规定》。这些行政层面的规范性文件有的已经上升为法律。

（三）部委规章和规范性文件

部委规章和规范性文件主要是食品安全管理和监督部门制定的针对其分管领域或者食品安全特殊事项的规范性文件。具体的规范性文件及适用范围如下表所示。

表 3-1　部分食品安全规范性文件

规章名称	颁布部门	颁布时间	实施时间	调整领域
《出入境检验检疫风险预警及快速反应管理规定》	国家质量监督检验检疫总局	2001 年 9 月 25 日	2001 年 11 月 15 日	以各种方式出入境（包括过境）的货物、物品的检验检疫风险预警及快速反应管理
《超市食品安全操作规范（试行）》	商务部	2006 年 12 月 8 日	2006 年 12 月 8 日	
《流通领域食品安全管理办法》	商务部	2007 年 1 月 19 日	2007 年 5 月 1 日	在中华人民共和国境内从事食品流通活动
《新资源食品管理办法》	卫生部	2007 年 7 月 2 日	2007 年 12 月 1 日	新资源食品的监督管理
《食品安全企业标准备案办法》	卫生部	2009 年 6 月 10 日	2009 年 6 月 10 日	食品安全企业标准备案
《流通环节食品安全监督管理办法》	国家工商行政管理总局	2009 年 7 月 30 日	2009 年 7 月 30 日	中华人民共和国境内从事流通环节食品经营

规章名称	颁布部门	颁布时间	实施时间	调整领域
《进口无食品安全国家标准食品许可管理规定》	卫生部	2010 年 8 月 9 日	2010 年 8 月 9 日	进口无食品安全国家标准食品的安全性评估和许可工作
《食品安全风险评估管理规定（试行）》	卫生部	2010 年 1 月 21 日	2010 年 1 月 21 日	食品安全风险评估工作
《食品安全国家标准制（修）订项目管理规定》	卫生部	2010 年 9 月 16 日	2010 年 9 月 16 日	食品安全国家标准制（修）订计划项目
《铁路运营食品安全管理办法》	卫生部、铁道部、国家工商总局、国家质监总局、国家食品药品监督管理局	2010 年 9 月 3 日	2010 年 9 月 3 日	铁路运营食品安全管理
《餐饮服务食品安全监督管理办法》	卫生部	2010 年 3 月 4 日	2010 年 5 月 1 日	餐饮服务食品安全监督管理
《餐饮服务许可管理办法》	卫生部	2010 年 3 月 4 日	2010 年 5 月 1 日	餐饮服务许可管理
《食品安全国家标准管理办法》	卫生部	2010 年 10 月 20 日	2010 年 12 月 1 日	食品安全国家标准制（修）订工作
《餐饮服务单位食品安全管理人员培训管理办法》	国家食品药品监督管理局	2011 年 5 月 17 日	2011 年 7 月 1 日	餐饮服务单位食品安全管理人员管理
《食品安全地方标准管理办法》	卫生部	2011 年 3 月 2 日	2011 年 3 月 2 日	食品安全地方标准的制定、公布、备案等工作
《餐饮服务食品安全快速检测方法认定管理办法》	国家食品药品监督管理局	2011 年 6 月 30 日	2011 年 6 月 30 日	餐饮服务食品安全快速检测方法认定

续表

规章名称	颁布部门	颁布时间	实施时间	调整领域
《餐饮服务食品安全专家管理办法》	国家食品药品监督管理局	2011 年 6 月 30 日	2011 年 6 月 30 日	餐饮安全专家的遴选、管理和服务
《进出口食品安全管理办法》	国家质量监督检验检疫总局	2011 年 9 月 13 日	2012 年 3 月 1 日	进出口食品安全管理
《重大活动餐饮服务食品安全监督管理规范》	国家食品药品监督管理局	2011 年 2 月 15 日	2011 年 2 月 15 日	重大活动餐饮服务食品安全管理

（四）地方立法层面

在地方性法规层面，多是根据《食品安全法》制定的适用于本行政区域的地方立法。目前，多数地区进行了相关立法，例如上海、浙江、广东、北京等多个省市。上海市和浙江省的立法名称是《〈中华人民共和国食品安全法〉实施办法》。北京市、广东省在《食品安全法》颁布后制定了各自的《食品安全条例》。宁夏回族自治区根据《食品安全法》第 29 条的授权，制定了对小作坊、小摊贩的管理办法。

二、《食品安全法》的历次修订

（一）1982 年《食品卫生法（试行）》

20 世纪 70 年代至 80 年代，随着改革开放政策的实施，大量私营经济和个体经济进入到餐饮行业和食品加工行业。在利益驱使等多种原因的作用下，食物中毒的数量也在不断上升，严重威胁人民健康甚至生命安全的中毒事故不断发生。1979 年，国务院正式颁发《食品卫生管理条例》，将食品卫生管理重点从预防肠道传染病发展到防治一切食源性疾患，并对食品卫生标准、食品卫生要求及进出口食品卫生管理等作出了较为详细的规定。《食品卫生法》的起草工作也于 1981 年开始着手进行。在广泛征求意见的基础上，经过十多次的修改，第五届全国人民代表大会常务委员会于 1982 年 11 月 19 日审议通过了《食品卫生法（试行）》。这是新中国成立以来我国在食品卫生方面颁布的第一部法律，也是一部内容比较完整、比较系统的法律，该法对食品、食品添加剂、食品容器、包装材料和食品用工具、设备等方面的卫生要求以及食品卫生标准和管理办法的制定、食品卫生管理和监督、法律责任等都作出了详细规定。内容主要包括：①提出了食品的卫生要求，列出了禁止生产经营的不卫生食品的种类；②规定了食品添加剂生产经营实行国家管制；③提出了食品容器、包装材料和食用工具、设备的卫生要求及生产经营的国家管制方法；④实行食品卫生标准制度；⑤食品生产经营企业的主办部门和食品生产经营企业对食品安全承担管理义务和责任；⑥初步确立以食品卫生监督机构为核心的包括工商行政机关和农牧渔业主管部门在内的分段监管体制；⑦明确了违反食品卫生法律法规的法律责任，增设了相关刑事责任的规定。

自《食品卫生法（试行）》于1983年7月1日实施之后，全社会的食品卫生法律意识有所提高。"食品卫生知识逐步得到普及，我国的食品卫生状况有了明显改善，食品卫生的监测合格率从试行法实施前的61.5%提高到1994年的82.3%。各类食品污染、食源性疾病和食物中毒事件大为减少。"[1]

（二）1995年《食品卫生法》

1993年国务院机构改革决定撤销轻工业部，食品制造行业的诸多企业在体制上与轻工业主管部门分离，食品工业领域政企合一的模式基本被打破。食品工业企业单位的数量也迅速增加，一些新型食品、保健食品不断出现。"随着经济体制改革的深入发展，在食品卫生方面出现了一些新情况、新问题，试行法的有些规定已经不能完全适应，人民群众对食品卫生的状况还不满意。突出的问题是：对食品生产经营过程中不符合卫生要求的现象和生产经营禁止生产经营的食品的违法行为，尚缺乏必要的行政执法手段，对违法行为的处罚力度不够；对人民群众普遍关心的进口食品的卫生检验问题和近于泛滥的所谓保健食品问题，试行法中没有规定或者规定不够完善。"[2]

在这种背景下，1995年全国人民代表大会常务委员会总结了《食品卫生

---

〔1〕 陈敏章：《关于〈中华人民共和国食品卫生法（修订草案）〉的说明——1995年8月23日在第八届全国人民代表大会常务委员会第十五次会议》，载《中华人民共和国全国人民代表大会常务委员会公报》1995年7月15日。

〔2〕 陈敏章：《关于〈中华人民共和国食品卫生法（修订草案）〉的说明——1995年8月23日在第八届全国人民代表大会常务委员会第十五次会议》，载《中华人民共和国全国人民代表大会常务委员会公报》1995年7月15日。

法（试行）》12年的实践经验，经第八届全国人民代表大会常务委员会第十六次会议审议通过了《食品卫生法》，将原来的试行法变成正式法律，成为我国食品卫生法制建设的"里程碑"，掀开了食品卫生工作的新篇章，标志着我国食品卫生管理工作进入了法制化管理新阶段。与《食品卫生法（试行）》相比，《食品卫生法》在以下四个方面作出了修改：

1. 进一步理顺国家食品卫生监督体制，加强食品卫生行政执法

改变由非行政部门直接行使行政权的方式，将食品卫生监督权的实施主体由原来的卫生防疫站或食品卫生监督检验所改为各级卫生行政管理部门。《食品卫生法》第3条规定："国务院卫生行政部门主管全国食品卫生监督管理工作。国务院有关部门在各自的职责范围内负责食品卫生管理工作。"

2. 加强进口食品的监管力度，增加了对尚无国家标准的进口产品的监管

第30条增加一款："进口第一款所列产品，依照国家卫生标准进行检验，尚无国家卫生标准的，进口单位必须提供输出国（地区）的卫生部门或者组织出具的卫生评价资料，经口岸进口食品卫生监督检验机构审查检验并报国务院卫生行政部门批准。"

3. 加强了食品生产经营企业责任和对街头食品及各类食品市场的管理

为了防止不合格的产品出厂、保证消费者的食用安全、促进企业提高管理水平，法律增加了对食品生产经营者的责任规定。第24条规定："食品、食品添加剂和专用于食品的容器、包装材料及其他用具，其生产者必须按照卫生标准和卫生管理办法实施检验合格后，方可出厂或者销售。"此外，考虑到街头食品、各类食品摊群市场无证经营和卫生状况较差的情况，将第26条改为第27条，并在第1款规定"食品生产经营企业和食品商贩，必须先取得卫生许可证方可向工商行政管理部门申请登记……"后面增加了"食品生产经营者不得伪造、涂改、出借卫生许可证"，原来的第2款变成第3款。增加了食品市场举办者的法律义务。第28条规定："各类食品市场的举办者应当负责市场内的食品卫生管理工作，并在市场内设置必要的公共卫生设施，保持良好的环境卫生状况。"

4. 完善行政执法手段和加大执法力度

在执法实践中，卫生行政部门为了对导致或可能导致食物中毒及产生危

害的事故进行调查、分析和检验，需要对食品、食品生产经营活动或者现场采取临时控制措施。试行法缺少这方面的明确规定。为了完善行政执法手段，《食品卫生法》第 37 条规定："县级以上地方人民政府卫生行政部门对已造成食物中毒事故或者有证据证明可能导致食物中毒事故的，可以对该食品生产经营者采取下列临时控制措施：（一）封存造成食物中毒或者可能导致食物中毒的食品及其原料；（二）封存被污染的食品用工具及用具，并责令进行清洗消毒。经检验，属于被污染的食品，予以销毁；未被污染的食品，予以解封。"在《食品卫生法》实施后，部分地方的人大常委会和政府又进行了执行性立法，丰富了食品卫生的法律法规体系。

（三）2009 年《食品安全法》

1995 年颁布实施的《食品卫生法》对保证食品安全、保障人民群众身体健康发挥了积极作用，我国食品安全的总体状况不断改善。[1]进入 21 世纪，随着经济的发展，食品工业和科学技术日益发达，我国的食品供应和食品种类也越来越丰富。但是相伴而来的是，食品安全事故频发，有一些更是恶性的食品安全犯罪。比如说 2003 年的"金华火腿事件"，2004 年的"阜阳大头娃娃事件"，2005 年的"苏丹红事件"，2008 年的"三鹿婴幼儿奶粉事件"。这些重大的食品安全事故严重侵害了民众的生命和健康权利。人民群众普遍对食品缺乏安全感，对此反应强烈。此外，一些重大的食品安全事故（比如三聚氰胺）严重影响了我国食品的国际声誉。产生这些问题的一个主要原因是目前的食品卫生安全制度和监管体制不够完善。主要有："一是食品标准不完善、不统一，标准中一些指标不够科学。对有关食品安全性评价的科学性有待进一步提高。二是食品生产经营者作为食品安全第一责任人的责任不明确、不严格，对生产经营不安全食品的违法行为处罚力度不够。三是食品检验机构不够规范，责任不够明确。食品检验方法、规程不统一，检验结果不够公正，重复检验还时常发生。四是食品安全信息公布不规范、不统一，导致消费者无所适从，甚至造成消费者不必要的恐慌。五是有的监管部门监管

---

〔1〕曹康泰：《关于〈中华人民共和国食品安全法（草案）〉的说明——2007 年 12 月 26 日在第十届全国人民代表大会常务委员会第三十一次会议上》，载《中华人民共和国全国人民代表大会常务委员会公报》2009 年第 2 期。

不到位、执法不严格，部门间存在职责交叉、权责不明的现象。"[1]《食品卫生法》已经不能适应新的食品安全形势，为了更好地保证食品安全，国务院法制办于 2004 年成立食品卫生法修改领导小组，历时 5 年的考察调研，先后 6 次通过意见稿征求公众和相关部门的意见。终于，2009 年 2 月 28 日，第十一届全国人民代表大会常务委员会第七次会议通过了《食品安全法》，该法自 2009 年 6 月 1 日起施行。

2009 年《食品安全法》集中体现了全社会的智慧和力量。该法从我国的基本国情出发，充分借鉴了国际社会的成功经验，与《食品卫生法》相比，在食品安全治理理念、治理制度、治理体制、治理机制等许多方面作出了许多重大创新，使我国食品安全工作的法治化水平提高到了一个崭新的水平。[2]

1. 立法理念更加先进

《食品安全法》第 1 条开宗明义地将保证食品安全、保障公众身体健康和生命安全作为立法宗旨，凸显了以人为本的食品安全治理理念。同时，《食品安全法》坚持对食品安全的全程治理，把从农田到餐桌的主要环节纳入治理，坚持了预防为主、风险治理、科学管理、明确责任、综合治理等食品安全工作思路，体现了现代食品安全治理理念。

2. 法律制度更加完备

《食品安全法》按照理念现代、价值和谐、体系完备、制度完善的总要求，贯彻了安全性原则、科学性原则、预防性原则、教育性原则、全面性原则和效益性原则，完善了食品安全监管体制、食品安全标准制度、食品安全风险监测制度、食品安全风险评估制度、食品生产经营基本准则、食品生产经营许可制度、食品添加剂生产许可制度、食品召回制度、食品检验制度、食品进出口制度、食品安全信息发布制度、食品安全事故处置制度、食品安

---

[1] 曹康泰：《关于〈中华人民共和国食品安全法（草案）〉的说明——2007 年 12 月 26 日在第十届全国人民代表大会常务委员会第三十一次会议上》，载《中华人民共和国全国人民代表大会常务委员会公报》2009 年第 2 期。

[2] 曹康泰：《关于〈中华人民共和国食品安全法（草案）〉的说明——2007 年 12 月 26 日在第十届全国人民代表大会常务委员会第三十一次会议上》，载《中华人民共和国全国人民代表大会常务委员会公报》2009 年第 2 期。

全责任追究制度等，使食品安全工作更加科学化、规范化、制度化。[1]

3. 食品安全责任更加清晰

食品安全责任包括安全问题责任和监管责任。首先，《食品安全法》按照"地方政府负总责、监管部门各负其责、企业是食品安全的第一责任人"的责任体系，确立了食品生产经营者食品安全第一责任人的责任。基于此，食品企业不仅要遵守《食品安全法》的各项制度，而且要强化食品安全生产经营者的社会责任，对违反者加大处罚力度。其次，针对食品安全监管责任，《食品安全法》进一步明确了地方各级政府、国务院各相关监管部门、食品生产经营企业、食品安全技术支撑机构等部门和机构的责任，使食品安全的责任体系更加健全、责任内容更加具体、责任追究更加严厉、责任能够落实到位，[2]并设立国家层面的国务院食品安全委员会，统一对食品安全工作进行协调、领导和监管。

2009年《食品安全法》的公布实施为规范食品生产经营活动、防范食品安全事故发生、提升科学监管能力、确保公众饮食安全、促进社会和谐进步提供了坚实的法律保障。它结束了我国长期以来没有一部综合性《食品安全法》的历史，开创了我国食品安全依法治理工作的新时代，着力解决食品安全问题，全力改善民生，体现了确保公众饮食安全的坚定决心和坚强意志。它的公布实施是全国人民生活中的一件大事，是我国食品安全事业发展的一座"里程碑"。[3]

（四）2015年《食品安全法》

在2009年《食品安全法》实施4年后，鉴于食品安全违法犯罪的严峻形势，一些恶性的食品安全案件相继发生，民众对食品安全状况日益担忧，现有《食品安全法》所确立的监管体制不适应当前食品安全监督管理的需要，法律责任相对较轻。食品安全监管的顶层设计完成，我国成立了新的国家食

---

〔1〕徐景和、张守文主编：《中华人民共和国食品安全法释义》，中国劳动社会保障出版社2009年版，序言第1页。

〔2〕徐景和、张守文主编：《中华人民共和国食品安全法释义》，中国劳动社会保障出版社2009年版，序言第2页。

〔3〕徐景和、张守文主编：《中华人民共和国食品安全法释义》，中国劳动社会保障出版社2009年版，序言第1页。

品药品监督管理局来统领新的食品安全工作。在此形势下，2013 年 10 月启动了修法历程："本次修法的目的是贯彻党的十八大以来，党中央、国务院进一步改革完善我国食品安全监管体制基本精神，注重建立最严格的食品安全监管制度，积极推进食品安全社会共治格局。为了以法律形式固定监管体制改革成果、完善监管制度机制，解决当前食品安全领域存在的突出问题，以法治方式维护食品安全，为最严格的食品安全监管提供体制制度保障。"〔1〕修法历经 2 年，数易其稿，终于在 2015 年 4 月 24 日由第十二届全国人民代表大会常务委员会第十四次会议讨论通过了号称史上最严厉的《食品安全法》，新法于 2015 年 10 月 1 日实施。本次修法有如下特点：

1. 设立从农田到餐桌的最严格的全过程监管法律制度

本次修法的一个最大的特点就是建立了从农田到餐桌的全流程监管体系。具体表现在：一是在食品生产环节，增设投料、半成品及成品检验等关键事项的控制要求，婴幼儿配方食品的配方备案和出厂逐批检验等义务，并明确规定不得以委托、贴牌、分装等方式生产婴幼儿配方乳粉；二是在食品流通环节，增设批发企业的销售记录制度和网络食品交易相关主体的食品安全责任；三是在餐饮服务环节，增设餐饮服务提供者的原料控制义务以及学校等集中用餐单位的食品安全管理规范；四是完善食品追溯制度，细化生产经营者索证索票、进货查验记录等制度，增加规定食品和食用农产品全程追溯协作机制；五是补充规定保健食品的产品注册和备案制度以及广告审批制度，规范保健食品原料使用和功能声称，补充食品添加剂的经营规范和食品相关产品的生产管理制度；六是进一步明确进出口食品管理制度，重在把好进口食品的口岸管理关；七是完善食品安全监管体制，将现行的分段监管体制修改为由食品药品监管部门统一负责食品生产、流通和餐饮服务监管的相对集中的体制。〔2〕

---

〔1〕 冯洁美：《食品安全法（草案）交全国人大常委会审议》，载《中国食品报》2014 年 6 月 24 日。

〔2〕 2014 年 6 月 23 日在第十二届全国人民代表大会常务委员会第九次会议上国家食品药品监督管理总局局长对《中华人民共和国食品安全法（修订草案）》的说明。

2. 建立食品安全评估和风险防范的法律制度，强化以预防为主

风险监测评估制度可以提前发现食品安全的风险，建立预警机制，对食品安全风险进行提前防控。2015 年《食品安全法》第 17 条第 1、2、3 款规定了食品安全的风险监测和评估制度及运行方法："国家建立食品安全风险评估制度，运用科学方法，根据食品安全风险监测信息、科学数据以及有关信息，对食品、食品添加剂、食品相关产品中的生物性、化学性和物理性危害因素进行风险评估。国务院卫生行政部门负责组织食品安全风险评估工作，成立由医学、农业、食品、营养、生物、环境等方面的专家组成的食品安全风险评估专家委员会进行食品安全风险评估。食品安全风险评估结果由国务院卫生行政部门公布。对农药、肥料、兽药、饲料和饲料添加剂等的安全性评估，应当有食品安全风险评估专家委员会的专家参加。"

3. 建立最严格的法律责任制度

2015 年《食品安全法》号称史上最严厉的《食品安全法》，其建立了相比较于历届《食品安全法》最为严苛的惩罚体系。具体表现在：一是加大行政处罚力度。规定了行政拘留可以适用于《食品安全法》。2015 年《食品安全法》第 123 条规定，违反食品安全法规定，尚不构成犯罪，但情节严重的，可以由公安机关对其直接负责的主管人员和其他直接责任人员处 5 日以上 15 日以下拘留。这些情节严重的行为包括：用非食品原料生产食品、在食品中添加食品添加剂以外的化学物质；生产经营营养成分不符合食品安全标准的专供婴幼儿和其他特定人群的主辅食品；经营病死、毒死或者死因不明的禽、畜、兽、水产动物肉类；生产经营添加药品的食品；违法使用剧毒、高毒农药等。二是规定了严苛的资格罚。2015 年《食品安全法》第 135 条第 2 款规定："因食品安全犯罪被判处有期徒刑以上刑罚的，终身不得从事食品生产经营管理工作，也不得担任食品生产经营企业食品安全管理人员。"接受过刑事处罚的人，终身不得从事食品工作，从而剥夺了其再犯的机会。三是加重对食品安全监管渎职行为的惩罚，细化责任处置。对瞒报行为加重处罚，同时增设地方政府责任人的引咎辞职制度。四是加大了赔偿力度，规定了先行赔偿制度，县级以上人民政府食品药品监督管理部门没收违法所得和违法生产经营的食品，并可以没收用于违法生产经营的工具、设备、原料等物品；违

法生产经营的食品货值金额不足 1 万元的，并处 10 万元以上 15 万元以下罚款；货值金额 1 万元以上的，并处货值金额 15 倍以上 30 倍以下罚款。五是规定了行刑衔接制度，对于严重的食品安全违法行为，构成犯罪的，依法追究刑事责任。

4. 鼓励食品安全的多元化监督

鼓励行业协会、新闻媒体、公众的多元化监督。设立有奖举报制度，对查实的食品安全举报线索予以奖励。鼓励新闻媒体对食品安全问题进行舆论监督。同时规范食品安全信息发布渠道，对散布虚假食品安全信息的行为进行打击。

5. 大幅度提高了行政罚款的幅度

食品安全违法犯罪行为属于经济犯罪，杜绝其再犯的根本条件是剥夺其生产、加工、销售食品的生产条件。而且，2009 年《食品安全法》规定的罚款额度低，最高只能处罚货值金额 10 倍的罚款，但是 2015 年《食品安全法》规定最高可以处罚货值金额 30 倍的罚款，处罚的幅度有大幅度提高。

（五）2018 年《食品安全法》

2018 年 3 月，根据第十三届全国人民代表大会第一次会议批准的国务院机构改革方案提出，将国家工商行政管理总局的职责、国家质量监督检验检疫总局的职责、国家食品药品监督管理总局的职责、国家发展和改革委员会的价格监督检查与反垄断执法职责、商务部的经营者集中反垄断执法以及国务院反垄断委员会办公室等职责整合，组建国家市场监督管理总局，作为国务院的直属机构之一。食品安全监督管理的综合协调工作由新组建的国家市场监督管理总局负责，具体工作由食品安全协调司、食品生产安全监督管理司、食品经营安全监督管理司、特殊食品安全监督管理司及食品安全抽检监测司等内设机构负责。而药品安全的监督管理工作则由国家药品监督管理局承担，并由国家市场监督管理总局管理。将食品与药品的监督管理分割开来，从而明确区分了食品与药品的不同性质，使食品与药品的监督管理步入了科学的管理轨道，有助于实现食品安全的长治久安。

因此，2018 年《食品安全法》也为配合此次国务院机构改革应运而生。2018 年《食品安全法》最主要的修正内容有五项：一是将"食品药品监督管理部门"修改为"食品安全监督管理部门"。二是删去"质量监督部门"。三是将"质量监督部门"修改为"食品安全监督管理部门"。四是将"食品药品监督管理、质量监督部门履行各自食品安全监督管理职责"修改为"食品安全监督管理部门履行食品安全监督管理职责"。五是将"环境保护部门"修改为"生态环境部门"。

（六）2021 年《食品安全法》

2021 年 4 月 29 日，全国人民代表大会常务委员会发布了《全国人民代表大会常务委员会关于修改〈中华人民共和国道路交通安全法〉等八部法律的决定》，对《食品安全法》等八部法律进行了修改。2021 年《食品安全法》主要是对第 35 条第 1 款进行了修改，增加了"仅销售预包装食品的，不需要取得许可"的规定。仅销售预包装食品的，应当报所在地县级以上地方人民政府食品安全监督管理部门备案。

第二节　我国食品安全刑事立法梳理

一、食品安全刑事立法历程

如前所述，我国对食品安全问题是晚近三十年才开始动用刑法的手段进行规制的。针对每个时期对食品安全的刑法立法不同，我国的食品安全刑事立法历程可以归结为以下三个阶段。

（一）非犯罪化时期

1979 年之前，包括 1979 年《刑法》都没有任何食品安全犯罪的罪名和处罚，甚至连规范食品安全的行政法律数量都极少，因此这一时期我国刑事立法处于真空状态。

（二）犯罪化时期

"肇始于 20 世纪 70 年代末 80 年代初的改革开放，带动了商品经济的空前发展。随着各种经济主体的利益追求被激发出来，社会上不断出现一些不法之徒，置人民群众的健康于不顾，生产经营不符合卫生标准甚至是有毒有害的食品。"[1]因此，真正的食品安全犯罪刑法规制历程以 1982 年全国人民

---

[1]　刘仁文：《中国食品安全的刑法规制》，载《吉林大学社会科学学报》2012 年第 4 期。

代表大会常务委员会通过的《食品卫生法（试行）》为开端。该法第41条规定："违反本法，造成严重食物中毒事故或者其他严重食源性疾患，致人死亡或者致人残疾因而丧失劳动能力的，根据不同情节，对直接责任人员分别依照《中华人民共和国刑法》第一百八十七条、第一百一十四条或者第一百六十四条的规定，追究刑事责任。情节轻微，依照《中华人民共和国刑法》可以免予刑事处分的，由主管部门酌情给予行政处分。"这是我国第一次从真正意义上对食品安全犯罪进行罪状和刑罚规定，而且是以附属刑法的方式。依据附属立法所援引的刑法，也即1979年《刑法》第114条、第187条和第164条分别为"重大责任事故罪""玩忽职守罪"和"制造、贩卖假药罪"。1985年，食品安全犯罪开始有点发展的势头，1985年7月18日《最高人民法院、最高人民检察院关于当前办理经济犯罪案件中具体应用法律的若干问题的解答（试行）》公布，以应对当时的食品安全犯罪。其中规定"在生产、流通中，以次顶好、以少顶多、以假充真、掺杂使假"，情节严重的，按"投机倒把罪"定罪处罚。进入20世纪90年代以后，我国的商品经济得到进一步发展。经济发展过程中各种严重侵害市场秩序的事件频频出现，当然也包括食品安全案件。为了发挥对经济的保驾护航作用，打击食品安全犯罪，立法机关针对刑法没有变动的情况，出台实施了针对破坏社会主义市场经济秩序犯罪的单行法规。1993年7月2日第八届全国人民代表大会常务委员会第二次会议通过了《全国人民代表大会常务委员会关于惩治生产、销售伪劣商品犯罪的决定》。这是我国第一个规范市场经济的单行刑法。该决定第3条规定："生产、销售不符合卫生标准的食品，造成严重食物中毒事故或者其他严重食源性疾患，对人体健康造成严重危害的，处七年以下有期徒刑，并处罚金；后果特别严重的，处七年以上有期徒刑或者无期徒刑，并处罚金或者没收财产。在生产、销售的食品中掺入有毒、有害的非食品原料的，处五年以下有期徒刑或者拘役，可以并处或者单处罚金；造成严重食物中毒事故或者其他严重食源性疾患，对人体健康造成严重危害的，处五年以上十年以下有期徒刑，并处罚金；致人死亡或者对人体健康造成其他特别严重危害的，处十年以上有期徒刑、无期徒刑或者死刑，并处罚金或者没收财产。"最高人民法院、最高人民检察院将第3条涉及的罪名确定为："生产、销售不符合卫生标准的食品罪"和"生产、销售有毒、有害食品罪"。这也是我国第一次明确界定了食品安全犯罪的罪名。同时，这两个罪名也为以后的食品安全犯罪体系奠定了基础。之后，1995 年 10 月 30 日《食品卫生法》出台，该法第 39 条第 2 款规定："违反本法规定，生产经营不符合卫生标准的食品，造成严重食物中毒事故或者其他严重食源性疾患，对人体健康造成严重危害的，或者在生产经营的食品中掺入有毒、有害的非食品原料的，依法追究刑事责任。"这一条属于依附性的附属刑法立法，也是对 1982 年《食品卫生法（试行）》中附属刑事立法的修改和延续。

（三）相对完善期

20 世纪末，我国经济持续发展，市场经济的地位已基本确立，经济转型不可避免地会带来一定的行为失范，这一时期的犯罪尤其是经济犯罪的态势进一步加剧。为此，1997 年 3 月 14 日第八届全国人民代表大会第五次会议通过了新修订的《刑法》。1997 年《刑法》分则第三章"破坏社会主义市场经济秩序罪"第一节专门规定了食品安全犯罪的两个罪名："生产、销售不符合卫生标准的食品罪"和"生产、销售有毒、有害食品罪"，此条承继并修正了 1993 年颁布的《全国人民代表大会常务委员会关于惩治生产、销售伪劣商品犯罪的决定》的相关内容。1997 年《刑法》在食品安全犯罪中增加了危险犯的情形，对"生产、销售不符合卫生标准的食品罪"的表述为："生产、销售不符合卫生标准的食品，足以造成严重食物中毒事故或者其他严重食源性疾患的；……对人体健康造成严重危害的……"是明显的结果犯和结果加重犯，"新刑法增加了适用危险犯的情形：'足以造成严重食物中毒事故或者其他严重食源性疾患'。此外对生产、销售有毒、有害食品罪，增加了主观故意的因素"[1]对"销售明知掺有有毒、有害的非食品原料的食品的"也进行处罚。这一时期，最高人民法院、最高人民检察院还于 2002 年 8 月 16 日公布了《最高人民法院、最高人民检察院关于办理非法生产、销售、使用禁止在饲料和动物饮用水中使用的药品等刑事案件具体应用法律若干问题的解释》。该解释规定，对非法生产、销售此类药品，在饲料中添加或者销售添加饲料的，

---

〔1〕 刘仁文：《中国食品安全的刑法规制》，载《吉林大学社会科学学报》2012 年第 4 期。

以非法经营罪定罪处罚。可以说刑事立法和司法解释的并用有力地打击了食品安全犯罪。进入 21 世纪以后，食品安全犯罪案件日益增多，曝光的食品安全事件紧扣着民众的神经。民众对食品安全的担忧日益增加。在此背景下，2009 年 2 月 28 日第十一届全国人民代表大会常务委员会第七次会议通过了《食品安全法》，该法施行同时，1995 年的《食品卫生法》相应废止。从《食品卫生法》到《食品安全法》，修订中许多概念和法条的变化使得作为依附型附属立法的《食品安全法》和《刑法》的衔接出现了问题。一方面，《食品安全法》采纳了"安全标准"的概念并明显高于《食品卫生法》的"卫生标准"。另一方面，相比于《食品安全法》规定的食品安全违法行为，1997 年《刑法》的处罚偏轻。《食品安全法》第 84 条规定，违法生产经营的食品、食品添加剂货值金额不足 10 000 元的，并处 2000 元以上 50 000 元以下罚款；货值金额 10 000 元以上的，并处货值金额 5 倍以上 10 倍以下罚款。而 1997 年《刑法》中"生产、销售有毒、有害食品罪"的罚金刑却是并处或者单处销售金额 50%以上 2 倍以下罚金，刑法的罚金刑规定明显轻于行政处罚。因此，处理好 1997 年《刑法》和《食品安全法》的衔接关系，对于打击食品安全犯罪而言至关重要。而且，这一时期的食品安全案件层出不穷，从 2004 年的"阜阳劣质奶粉案"到 2008 年的"三鹿案"再到 2011 年的"瘦肉精案"，一起起触目惊心的食品安全事件严重危及民众的安全，不断动摇着民众对食品安全的信心。自 2008 年起，全国法院系统判决的危害食品安全犯罪数量明显增长，2008 年审结的生产、销售不符合卫生标准的食品案件和生产、销售有毒、有害食品案件有 84 件，生效判决人数 101 人；2009 年审结 148 件，生效判决人数 208 人。[1] 面临如此严峻的食品安全犯罪形势，也是为了更好地将新出台的《食品安全法》和《刑法》衔接，共同打击食品安全犯罪，2011 年 2 月 25 日第十一届全国人民代表大会常务委员会第十九次会议通过了《刑法修正案（八）》，其中对食品安全犯罪进行了重新修订，增加了"食品监管渎职罪"。这充分显示了国家惩治危害食品安全犯罪行为的信

---

〔1〕《五问危害食品安全之罪——专访最高人民法院副院长》，载中国政府网：http://www.gov.cn/jrzg/2011-05/25/content_ 1870841. htm，最后访问时间：2024 年 1 月 28 日。

心和决心。至此，我国已经基本确立了食品安全的刑事立法体系。

二、食品安全刑事立法和司法解释

《刑法修正案（八）》的出台很好地衔接了《食品安全法》和 1997 年《刑法》。该修正案降低了入罪门槛，提高了刑罚标准、扩大了罪状范围，增设了新的罪名，从刑法的角度严密法网，有力地回应了民众的关切和需要。其对食品安全犯罪的完善具体体现在以下几点。

（一）对"生产、销售不符合卫生标准的食品罪"的修改

2009 年《刑法》第 143 条规定："生产、销售不符合卫生标准的食品，足以造成严重食物中毒事故或者其他严重食源性疾患的，处三年以下有期徒刑或者拘役，并处或者单处销售金额百分之五十以上二倍以下罚金；对人体健康造成严重危害的，处三年以上七年以下有期徒刑，并处销售金额百分之五十以上二倍以下罚金；后果特别严重的，处七年以上有期徒刑或者无期徒刑，并处销售金额百分之五十以上二倍以下罚金或者没收财产。"

《刑法修正案（八）》第 24 条将《刑法》第 143 条修改为（如表 3-2 所示）："生产、销售不符合食品安全标准的食品，足以造成严重食物中毒事故或者其他严重食源性疾病的，处三年以下有期徒刑或者拘役，并处罚金；对人体健康造成严重危害或者有其他严重情节的，处三年以上七年以下有期徒刑，并处罚金；后果特别严重的，处七年以上有期徒刑或者无期徒刑，并处罚金或者没收财产。"

表 3-2

生产、销售不符合卫生标准的食品罪		生产、销售不符合安全标准的食品罪	
罪状	刑罚	罪状	刑罚
足以造成严重食物中毒事故或者其他严重食源性疾患的	三年以下有期徒刑或者拘役，并处或者单处销售金额 50% 以上 2 倍以下罚金	足以造成严重食物中毒事故或者其他严重食源性疾病的	三年以下有期徒刑或者拘役，并处罚金

续表

生产、销售不符合卫生标准的食品罪		生产、销售不符合安全标准的食品罪	
对人体健康造成严重危害的	三年以上七年以下有期徒刑，并处销售金额 50% 以上 2 倍以下罚金	对人体健康造成严重危害或者有其他严重情节的	三年以上七年以下有期徒刑，并处罚金
后果特别严重的	七年以上有期徒刑或者无期徒刑，并处销售金额 50% 以上 2 倍以下罚金或者没收财产	后果特别严重的	七年以上有期徒刑或者无期徒刑，并处罚金或者没收财产

《刑法修正案（八）》对本罪的修改主要在以下几方面：

1. 罪名的变化

以"生产、销售不符合安全标准的食品罪"取代了原来的"生产、销售不符合卫生标准的食品罪"。1997 年《刑法》第 143 条"生产、销售不符合卫生标准的食品罪"中的"卫生标准"，主要是指 1995 年 10 月 30 日公布实施的《食品卫生法》的相关规定。自 2009 年 6 月 1 日《食品安全法》施行以后，原来的《食品卫生法》便已废止。《食品安全法》第 25 条规定："食品安全标准是强制执行的标准。除食品安全标准外，不得制定其他食品强制性标准。"

2. 取消了对罚金数额的限定

1997 年《刑法》对"生产、销售不符合卫生标准的食品罪"的罚金数额是以销售金额为基数的，限定为销售额"百分之五十以上二倍以下"，《刑法修正案（八）》删除了销售额"百分之五十以上二倍以下"的限制，给予了法官更大的自由裁量权，以便按照案件的具体情况裁量刑罚的额度。

3. 加重了对第 1 款行为的处罚力度

对第 1 款规定的"足以造成严重食物中毒事故或者其他严重食源性疾患的"行为，也就是最轻的罪状，1997 年《刑法》规定可以单处罚金，《刑法修正案（八）》则是要求"处三年以下有期徒刑或者拘役，并处罚金"，因此这一条款的行为最轻的刑罚由罚金变为了自由刑，而且在判处主刑罚之时需要并处罚金。

4. 增加对"有其他严重情节的"行为的处罚

1997 年《刑法》第 143 条仅对"对人体健康造成严重危害的"行为进行了处罚，《刑法修正案（八）》在原来的基础上增加了"或者有其他严重情节的"这一行为，以便更有力地打击那些虽未造成严重后果但犯罪情节严重的犯罪分子。

（二）对"生产、销售有毒、有害食品罪"的修改

根据 1997 年《刑法》第 144 条的规定："在生产、销售的食品中掺入有毒、有害的非食品原料的，或者销售明知掺有有毒、有害的非食品原料的食品的，处五年以下有期徒刑或者拘役，并处或者单处销售金额百分之五十以上二倍以下罚金；造成严重食物中毒事故或者其他严重食源性疾患，对人体健康造成严重危害的，处五年以上十年以下有期徒刑，并处销售金额百分之五十以上二倍以下罚金；致人死亡或者对人体健康造成特别严重危害的，依照本法第一百四十一条的规定处罚。"

《刑法修正案（八）》第 25 条将《刑法》第 144 条修改为："在生产、销售的食品中掺入有毒、有害的非食品原料的，或者销售明知掺有有毒、有害的非食品原料的食品的，处五年以下有期徒刑，并处罚金；对人体健康造成严重危害或者有其他严重情节的，处五年以上十年以下有期徒刑，并处罚金；致人死亡或者有其他特别严重情节的，依照本法第一百四十一条的规定处罚。"

表 3-3

生产、销售有毒、有害食品罪（1997 年《刑法》的规定）		生产、销售有毒、有害食品罪（《刑法修正案（八）》的规定）	
罪状	刑罚	罪状	刑罚
在生产、销售的食品中掺入有毒、有害的非食品原料的，或者销售明知掺有有毒、有害的非食品原料的食品的	五年以下有期徒刑或者拘役，并处或者单处销售金额 50% 以上 2 倍以下罚金	相同	处五年以下有期徒刑，并处罚金

续表

生产、销售有毒、有害食品罪（1997年《刑法》的规定）		生产、销售有毒、有害食品罪（《刑法修正案（八）》的规定）	
造成严重食物中毒事故或者其他严重食源性疾患，对人体健康造成严重危害的	五年以上十年以下有期徒刑，并处销售金额50%以上2倍以下罚金	对人体健康造成严重危害或者有其他严重情节的	五年以上十年以下有期徒刑，并处罚金
致人死亡或者对人体健康造成特别严重危害的	依照本法第141条的规定处罚（判处十年以上有期徒刑、无期徒刑或者死刑）	致人死亡或者有其他特别严重情节的	相同

（三）增加了"食品监管渎职罪"的规定

《刑法修正案（八）》第49条规定，在《刑法》第408条后增加一条："负有食品安全监督管理职责的国家机关工作人员，滥用职权或者玩忽职守，导致发生重大食品安全事故或者造成其他严重后果的，处五年以下有期徒刑或者拘役；造成特别严重后果的，处五年以上十年以下有期徒刑。徇私舞弊犯前款罪的，从重处罚。" 2011年4月27日，《最高人民法院、最高人民检察院关于执行〈中华人民共和国刑法〉确定罪名的补充规定（五）》将第408条之一的罪名确定为"食品监管渎职罪"。在《刑法修正案（八）》增设"食品监管渎职罪"之前（如表3-4），对于负有食品安全监管职责的国家工作人员的渎职行为，可依据"滥用职权罪""玩忽职守罪"追究刑事责任。根据《刑法》第397条的规定："国家机关工作人员滥用职权或者玩忽职守，致使公共财产、国家和人民利益遭受重大损失的，处三年以下有期徒刑或者拘役；情节特别严重的，处三年以上七年以下有期徒刑。本法另有规定的，依照规定。国家机关工作人员徇私舞弊，犯前款罪的，处五年以下有期徒刑或者拘役；情节特别严重的，处五年以上十年以下有期徒刑。本法另有规定的，依照规定。"《刑法修正案（八）》将食品监管方面的渎职犯罪单列出来，并规定了比"滥用职权罪""玩忽职守罪"更重的法定刑，将最高法定刑从有期徒刑7年提高到有期徒刑10年，提升了对"食品监管渎职罪"的打击力度。

表 3-4

滥用职权罪		食品监管渎职罪	
罪状	法定刑	罪状	法定刑
国家机关工作人员滥用职权或者玩忽职守，致使公共财产、国家和人民利益遭受重大损失的	三年以下有期徒刑或者拘役	负有食品安全监督管理职责的国家机关工作人员，滥用职权或者玩忽职守，导致发生重大食品安全事故或者造成其他严重后果的	五年以下有期徒刑或者拘役
国家机关工作人员徇私舞弊，犯前款罪的	五年以下有期徒刑或者拘役	徇私舞弊犯前款罪的	从重处罚
情节特别严重的	三年以上七年以下有期徒刑	造成特别严重后果的	五年以上十年以下有期徒刑
国家机关工作人员徇私舞弊，情节特别严重的		徇私舞弊犯前款罪的	从重处罚

《刑法修正案（八）》将食品监管方面的渎职犯罪单列出来，具有重大意义：第一，强化规定对食品安全生产、销售、经营负有监督管理职责的有关国家机关及其工作人员的责任，有利于进一步保障人民群众的生命健康权；第二，解决了职责性质相同的渎职犯罪行为因其所处单位部门的不同而承担不同程度的刑事责任的问题，也就是通常所说的同质不同罚的问题，从而达到定罪与量刑的有机统一；第三，以往类似行为存在同质不同罪的问题，在《刑法修正案（八）》则确立了"食品安全监管渎职罪"的统一追诉标准。

（四）2013 年《危害食品安全刑事案件解释》

《刑法修正案（八）》出台后，虽然健全了食品安全犯罪的惩罚体系，但在司法实践中，却带来了一系列的适用问题。例如，对"生产、销售不符合安全标准的食品罪"中"食品安全标准"以及"生产、销售有毒、有害食品罪"中"有毒有害"的界定模糊。而且，从审判实践的情况来看，食品安全形势仍然十分严峻。一是危害食品安全刑事案件数量大幅攀升。近三年来，人民法院审结这类案件的数量呈逐年上升的趋势。2011 年、2012 年审结生产、销售不符合安全（卫生）标准的食品刑事案件和生产、销售有毒、有害食品刑事案件分别同比增长 179. 83%、224. 62%；生效判决人数分别同比增长 159. 88%、257. 48%。二是重大、恶性食品安全犯罪案件时有发生，一些不法犯罪分子顶风作案，例如相继出现的瘦肉精、毒奶粉、毒豆芽、地沟油、问题胶囊、病死猪肉等一系列案件，人民群众对此反映强烈。[1]因此，为了依法惩治危害食品安全犯罪，编织严密的刑事法网，解决危害食品安全相关犯罪司法实践中出现的定罪量刑标准问题以及司法认定标准问题，出台了该解释。

（1）将食品加工、销售、运输、贮存等过程纳入刑事惩罚范围。《刑法修正案（八）》规定对生产、销售环节的食品安全犯罪进行打击，但没有明确加工、运输等环节的刑事责任。2013 年《危害食品安全刑事案件解释》第 8 条规定了相应的责任："在食品加工、销售、运输、贮存等过程中，违反食品安全标准，超限量或者超范围滥用食品添加剂，足以造成严重食物中毒事故或者其他严重食源性疾病的，依照刑法第一百四十三条的规定，以生产、销售不符合安全标准的食品罪定罪处罚。在食用农产品的种植、养殖、销售、运输、贮存等过程中，违反食品安全标准，超限量或者超范围滥用添加剂、农药、兽药等，足以造成严重食物中毒事故或者其他严重食源性疾病的，适用前款的规定定罪处罚。"第 9 条第 1 款规定："在食品加工、销售、运输、贮存等过程中，掺入有毒、有害的非食品原料，或者使用有毒、有害的非食品原料加工食品的，依照刑法第一百四十四条的规定以生产、销售有毒、有害食品罪定罪处罚。"

（2）明确界定"生产、销售不符合安全标准的食品罪"中"食品安全标准"的界定以及对"有毒有害"食品的认定。2013 年《危害食品安全刑事案件解释》第 1 条至第 7 条具体规定了两个罪的定罪量刑情节。其中，在"生

---

〔1〕《最高院详细阐释〈关于办理危害食品安全刑事案件适用法律若干问题的解释〉》，载人民网：http://legal. people. com. cn/n/2015/0503/c42510-21360052. html，最后访问时间：2024 年 2 月 1 日。

产、销售不符合安全标准的食品罪"中，"足以造成严重食物中毒事故或者其他严重食源性疾病"这一构成犯罪的要件难以认定的问题。2013 年《危害食品安全刑事案件解释》第 1 条采取列举的方式：①含有严重超出标准限量的致病性微生物、农药残留、兽药残留、重金属、污染物质以及其他危害人体健康的物质的；②属于病死、死因不明或者检验检疫不合格的畜、禽、兽、水产动物及其肉类、肉类制品的；③属于国家为防控疾病等特殊需要明令禁止生产、销售的；④婴幼儿食品中生长发育所需营养成分严重不符合食品安全标准的；⑤其他足以造成严重食物中毒事故或者严重食源性疾病的情形。针对以往司法实践中仅从轻伤、重伤的角度对"人身危害后果"这一加重结果要件进行理解和认定存在的局限性，第 2 条规定了"严重危害"的标准：①造成轻伤以上伤害的；②造成轻度残疾或者中度残疾的；③造成器官组织损伤导致一般功能障碍或者严重功能障碍的；④造成 10 人以上严重食物中毒或者其他严重食源性疾病的；⑤其他对人体健康造成严重危害的情形。对"后果特别严重"的情节也作出了限定：①致人死亡或者重度残疾的；②造成 3 人以上重伤、中度残疾或者器官组织损伤导致严重功能障碍的；③造成 10 人以上轻伤、5 人以上轻度残疾或者器官组织损伤导致一般功能障碍的；④造成 30 人以上严重食物中毒或者其他严重食源性疾病的；⑤其他特别严重的后果。

（3）从严打击滥用和非法使用食品添加剂的行为，重点针对食品安全犯罪中食品添加剂的社会危害性。2013 年《危害食品安全刑事案件解释》第 8 条、第 9 条、第 10 条、第 11 条对食品添加剂滥用行为予以严厉打击。违反食品安全标准，超限量或者超范围滥用食品添加剂，足以造成严重食物中毒事故或者其他严重食源性疾病的，依照《刑法》第 143 条的规定以"生产、销售不符合安全标准的食品罪"定罪处罚。《危害食品安全刑事案件解释》第 15 条规定，生产、销售不符合安全标准的食品添加剂，用于食品的包装材料、容器、洗涤剂、消毒剂，或者用于食品生产经营的工具、设备等，构成犯罪的，依照《刑法》第 140 条的规定以"生产、销售伪劣产品罪"定罪处罚。第 16 条规定，以提供给他人生产、销售食品为目的，违反国家规定，生产、销售国家禁止用于食品生产、销售的非食品原料，情节严重的，依照《刑法》

第 225 条的规定以"非法经营罪"定罪处罚，同时对违反国家规定，生产、销售国家禁止生产、销售、使用的农药、兽药，饲料、饲料添加剂，或者饲料原料、饲料添加剂原料，情节严重的行为也以非法经营罪惩处。

（4）依法惩治"病死猪"等非法从事生猪屠宰、经营的行为。"病死猪"是当前涌现的一种新型食品安全犯罪，为了惩治此类犯罪，2013 年《危害食品安全刑事案件解释》第 12 条规定："违反国家规定，私设生猪屠宰厂（场），从事生猪屠宰、销售等经营活动，情节严重的，依照刑法第二百二十五条的规定以'非法经营罪'定罪处罚。实施前款行为，同时又构成生产、销售不符合安全标准的食品罪，生产、销售有毒、有害食品罪等其他犯罪的，依照处罚较重的规定定罪处罚。"

（5）明确食品安全犯罪的共同犯罪构成。针对当前食品安全犯罪长链条、跨区域、共同作案的犯罪特征，加强了对食品安全共同犯罪的打击力度。2013 年《危害食品安全刑事案件解释》第 14 条明确了食品安全犯罪的共同犯罪构成："明知他人生产、销售不符合食品安全标准的食品，有毒、有害食品，具有下列情形之一的，以生产、销售不符合安全标准的食品罪或者生产、销售有毒、有害食品罪的共犯论处：（一）提供资金、贷款、账号、发票、证明、许可证件的；（二）提供生产、经营场所或者运输、贮存、保管、邮寄、销售渠道等便利条件的；（三）提供生产技术或者食品原料、食品添加剂、食品相关产品的；（四）提供广告等宣传的。"

（6）明确了对"食品监管渎职罪"的司法适用。《刑法修正案（八）》首次规定了食品安全监管渎职罪。但在司法实践中，适用该罪名追究刑事责任的却少之又少。而食品监管环节渎职、不作为往往会放纵食品安全不法分子，为其提供作案机会。因此，2013 年《危害食品安全刑事案件解释》第 16 条对此作出了详细规定："负有食品安全监督管理职责的国家机关工作人员，滥用职权或者玩忽职守，导致发生重大食品安全事故或者造成其他严重后果，同时构成食品监管渎职罪和徇私舞弊不移交刑事案件罪、商检徇私舞弊罪、动植物检疫徇私舞弊罪、放纵制售伪劣商品犯罪行为罪等其他渎职犯罪的，依照处罚较重的规定定罪处罚。负有食品安全监督管理职责的国家机关工作人员滥用职权或者玩忽职守，不构成食品监管渎职罪，但构成前款规定的其他渎职犯罪的，依照该其他犯罪定罪处罚。负有食品安全监督管理职责的国家机关工作人员与他人共谋，利用其职务行为帮助他人实施危害食品安全犯罪行为，同时构成渎职犯罪和危害食品安全犯罪共犯的，依照处罚较重的规定定罪处罚。"

（7）首次在食品安全犯罪中规定了禁止令制度，从严惩处单位犯罪。《刑法修正案（八）》虽然加重了罚金刑，但并没有设置资格刑。剥夺其再生产、销售食品能力的关键是禁止其从事该行业的资格。为此，2013年《危害食品安全刑事案件解释》规定了禁止令制度。但只是禁止在缓刑考验期限内从事食品生产、销售及相关活动。此外，2013年《危害食品安全刑事案件解释》还从严惩处单位犯罪。

（8）对食品安全犯罪分子慎用缓刑、免予刑事处罚。针对当前食品安全犯罪的严峻形势，为增强对食品安全犯罪惩罚的威慑力，2013年《危害食品安全刑事案件解释》第18条规定："对实施本解释规定之犯罪的犯罪分子，应当依照刑法规定的条件严格适用缓刑、免予刑事处罚。根据犯罪事实、情节和悔罪表现，对于符合刑法规定的缓刑适用条件的犯罪分子，可以适用缓刑，……"

（五）《刑法修正案（十一）》

《刑法修正案（八）》增设了"食品监管渎职罪"，为惩治监管人员的渎职行为提供了专门的刑法处罚依据。然而，在药品监管领域，立法机关长期未设置专门的罪名和处罚条款，导致司法机关只能依据普通渎职罪条款来追究相关人员的刑事责任。这种处理方式存在查处难、追究责任难、处罚轻等问题，严重制约了药品监管体制的有效运行。为了解决这些问题，2019年修订的《药品管理法》提升了对药品监管渎职违法行为的惩治力度，但与之衔接的刑法却缺乏相应的药品监管渎职罪设置。为了与《药品管理法》等法律做好衔接，进一步强化对食品、药品安全风险的刑法规制，预防由负有安全监管职责的国家工作人员滥用职权或者玩忽职守导致的安全事故及其引发的后续损害，《刑法修正案（十一）》遂对"食品监管渎职罪"的条文内容作出了修改，增加了药品监管渎职犯罪，进一步细化了食品药品渎职犯罪的情形，增强了可操作性和可适用性。《刑法修正案（十一）》对《刑法》第408

条之一作了如下修改：其一，扩大了本罪的犯罪主体范围，将负有药品安全监督管理职责的国家机关工作人员也纳入进来，从而将本罪实际扩展为"食品、药品监管渎职罪"。自此之后，这类监管药品安全的国家机关工作人员滥用职权或玩忽职守的行为也将被定性为独立、特殊的渎职罪。其二，在本罪的构成要件中增加了除严重后果或者特别严重后果外的"其他严重情节"或者"其他特别严重情节"，从而将本罪由单纯的实害犯转变为"实害犯+情节犯"，降低了本罪入罪的门槛，扩展了本罪构成要件的射程。其三，以"列举+兜底条款"的方式对本罪可能的行为方式作了较为明确的描述：①瞒报、谎报食品安全事故、药品安全事件的；②对发现的严重食品药品安全违法行为未按规定查处的；③在药品和特殊食品审批审评过程中，对不符合条件的申请准予许可的；④依法应当移交司法机关追究刑事责任不移交的，涵盖了从事前监管到事中监管再到事后监管全过程的滥用职权或玩忽职守行为形态，增强了司法的可操作性。其四，删除了本罪第 2 款"徇私舞弊犯前款罪的，从重处罚"之规定。

（六）2021 年《危害食品安全刑事案件解释》

自 2013 年以来，我国在食品安全法律法规领域进行了多次修订和完善，以应对日益严峻的食品安全形势和不断变化的犯罪手段。特别是 2013 年《危害食品安全刑事案件解释》作为重要的司法解释文件，在依法惩治危害食品安全犯罪、保障人民群众饮食安全方面发挥着重要作用。然而，随着时间的推移和形势的变化，该解释亟须进行修订完善。一是自 2015 年以来，《食品安全法》经历了 3 次修改，《农产品质量安全法》《食品安全法实施条例》《农药管理条例》《兽药管理条例》《生猪屠宰管理条例》等法律法规的多次修订为食品安全监管提供了更加全面、严格的法律依据。为了适应这些变化，确保司法解释与法律法规的协调一致，需要对 2013 年《危害食品安全刑事案件解释》进行相应修订。二是犯罪手段的变化。随着科技的发展和犯罪手段的不断翻新，新型食品安全犯罪层出不穷。这些新型犯罪手段往往具有隐蔽性、复杂性和跨地域性等特点，给司法实践带来了诸多挑战。因此，需要修订 2013 年《危害食品安全刑事案件解释》，以应对这些新型犯罪手段。三是回应司法实践的需求。在司法实践中，对食品安全案件的定性和处罚标准存在较大争议。这既影响了司法公正和效率，也不利于维护人民群众的食品安全权益。因此，修订 2013 年《危害食品安全刑事案件解释》，明确案件定性和处罚标准对于提高司法实践水平具有重要意义。

2021 年 12 月颁布、2022 年 1 月实施的《危害食品安全刑事案件解释》的修订内容体现了对食品安全领域犯罪的严厉打击和对特殊群体的保护。修订的主要内容包括：一是加强对未成年人、老年人等群体食品安全的保护。专供婴幼儿的主辅食品及在特定场所（如学校、托幼机构、养老机构）销售给特定群体（如未成年人、老年人）的食品，如存在违法行为，将被作为加重处罚情节。二是依法惩治利用保健食品等骗取财物的行为。明确规定以非法占有为目的，利用保健食品诈骗财物的行为可按照"诈骗罪"定罪处罚，旨在遏制保健食品市场中的欺诈行为。三是依法惩治食品相关产品造成食品被污染的行为。对使用不符合食品安全标准的包装材料、容器等造成食品污染的行为，将依法定罪处罚，保障食品在生产、销售等各环节的安全。四是依法惩治用超过保质期的食品原料生产食品等行为。明确规定使用过期食品原料、销售过期食品等行为可按照"生产、销售伪劣产品罪"定罪处罚，维护市场秩序和消费者利益。五是依法惩治在农药、兽药、饲料中添加禁用药物等行为。此类行为会严重威胁食用农产品的质量安全，将按照"非法经营罪"定罪处罚，从源头上保障食品安全。六是依法惩治畜禽屠宰相关环节的注水注药行为。对畜禽屠宰中的注水、注药等违法行为，根据危害程度分别定罪处罚，严厉打击注水肉等食品安全问题。此外，2021 年《危害食品安全刑事案件解释》还对某些犯罪构成要件的具体认定作出了规定，如"有毒、有害的非食品原料"和"明知"的认定，以确保司法实践的准确性和公正性。2021 年《危害食品安全刑事案件解释》的施行将进一步强化食品安全领域的法律保障，有效维护人民群众的饮食安全和身体健康。同时，也为司法实践提供了更为明确、具体的指导，有助于提高司法公正和效率，确保法律的正确适用。

第三节　我国食品安全行政法和刑法的衔接不畅和立法完善

近年来，随着食品安全事故频发，国人对食品安全的关注更甚。中央领导多次重申："一饭膏粱，维系万家；柴米油盐，关系大局"，强调食品安全是餐桌上的民生，一定要动用一切手段力保"舌尖上的安全"，对食品安全犯罪"零容忍"，打赢这场食品安全的"保胃战"。在依法治国的背景下，食品安全的严峻形势迫使我们寄希望于法律的规制，而刑法作为最具威慑力和最为严厉的惩罚手段被公众寄予了厚望。此外，我国也出台了以《刑法修正案（八）》为核心的食品安全刑事法律体系。然而，现实中，食品安全问题并没有因刑法的强势干预而有所减少。党的十八届三中、四中全会决定均提出"完善行政执法与刑事司法衔接机制"，但是在实际操作中"以罚代刑""有案不移""有案难移""有案不立""有罪不究"等现象严重，这些问题在食品安全领域比较突出。2014 年，全国食药监系统共查处不符合食品安全标准的案件 8.45 万件，查处食品 146.16 万公斤，移送司法机关违法案件 738 件，案件移送率不到 0.8‰。[1]"三鹿案""苏丹红案"就是初期涉及行政违法没有及时移送查处而最后发展成震惊世界的刑事大案。行刑衔接的基础是立法衔接。食品安全问题首先作为一种行政违法存在，承担行政责任，只有在严重到一定程度构成犯罪时才承担刑事责任。在立法体例上，行政法规定相应的行政责任，构成犯罪的，依法追究刑事责任。具体到食品安全治理层面也就是《食品安全法》和《刑法》的有效衔接，包括两个方面：一方面，《刑法》食品安全犯罪规定的概念模糊，对是否援引《食品安全法》的相关定义并未作出规定。另一方面，《食品安全法》第 149 条仅仅规定了"违反本法规定，构成犯罪的，依法追究刑事责任"，却并没有指明依据刑法中哪一个具体罪刑条款追究刑事责任，也没有直接规定罪状和法定刑，而且在刑法中根本找不到相应的罪名和制裁条款。这就使得在实务中难以将《刑法》条款和

---

〔1〕《2014 年全国查处 8.45 万件食品安全事件》，载新华网：http://news.xinhuanet.com/food/2015-01/29/c_127436791.htm，最后访问时间：2024 年 2 月 3 日。

《食品安全法》的条款——对应，造成行政责任和刑事责任的脱节，无法罚当其罪，实体立法的衔接不到位，造成行刑衔接中的"以罚代刑""有案不移""有案难移"。因此，加强食品安全行政执法和刑事司法衔接的首要任务是确立明晰食品安全治理行政责任和刑事责任的立法衔接，严密食品安全犯罪的刑事法网。

一、《刑法》和《食品安全法》衔接不畅之处

（一）《刑法》中的"食品""食品添加剂"与《食品安全法》规定的"食品""食品添加剂"的范围是否一致

这里涉及两个方面：一方面是《刑法》规定的食品的范围。《刑法》规定的食品犯罪中的"食品"和《食品安全法》所指向的"食品"是否一致？新的《食品安全法》在第十章附则中专门对食品、食品添加剂、食品安全、预包装食品、用于食品生产经营的工具、设备、用于食品的洗涤剂、消毒剂等做了明确说明。《食品安全法》所保护的方面不仅指单纯功能意义上的可以食用的产品，还包括：预包装食品、食品添加剂及用于食品的包装材料容器及生产食品的工具设备等。此外，还包括乳品、转基因食品、生猪屠宰、酒类和食盐等。《食品安全法》中的食品规范范围非常广。其对食品的定义是指各种供人食用或者饮用的成品和原料以及按照传统既是食品又是中药材的物品，但是不包括以治疗为目的的物品。《刑法》对涉及食品安全的三个罪名中的"食品"是否涵盖这些范围并无明确规定。行政法和刑法虽然同属公法体系，但毕竟属于两个部门法。而且行刑在惩治措施、严厉程度、法律依据上截然不同，其涵盖范围当然不能同时适用。而2021年《危害食品安全刑事案件解释》则并没有明确上述概念的范围和怎么适用的问题，只是在第24条规定了有毒、有害的非食品原料的范围，而对于比较重要的"食品、食品添加剂、食品安全、预包装食品、用于食品生产经营的工具、设备、用于食品的洗涤剂、消毒剂"却没有作出解释。这也为其在司法实践中的适用带来了困难。一些比较特殊的如"毒胶囊"等食药同源产品是否属于食品仍存疑问。

（二）现有的刑事法网对食品生产链的过程环节规制有遗漏

食品安全生产贯穿于整个食品链，因此食品链上的每一个环节都不能出

现问题，一旦食品链的某个环节出问题，食品安全事故便会难以避免，我国食品安全事故频发与我国食品产业链的监管不尽健全有关。"所谓食品链是指食品从培育、生长、加工、储存、销售、运输、食用等一系列的环节。"[1] 体现在《食品安全法》中，就是该法第 2 条的规定："在中华人民共和国境内从事下列活动，应当遵守本法：（一）食品生产和加工（以下称食品生产），食品销售和餐饮服务（以下称食品经营）；（二）食品添加剂的生产经营；（三）用于食品的包装材料、容器、洗涤剂、消毒剂和用于食品生产经营的工具、设备（以下称食品相关产品）的生产经营；（四）食品生产经营者使用食品添加剂、食品相关产品；（五）食品的贮存和运输；（六）对食品、食品添加剂和食品相关产品的安全管理。供食用的源于农业的初级产品（以下称食用农产品）的质量安全管理，遵守《中华人民共和国农产品质量安全法》的规定。但是，食用农产品的市场销售、有关质量安全标准的制度、有关安全信息的公布和本法对农业投入品作出规定的，应当遵守本法的规定。"

我们从该条的规定可以看出，食品和食品添加剂以及相关用于食品的产品一直使用的概念是两个概念：食品生产和经营，包括从农田到餐桌的食品链规制的全过程。可以说，《食品安全法》已经规制了完整的食品链条体系。反观《刑法修正案（八）》还是以生产、销售不符合安全标准的食品和生产、销售有毒、有害食品作为罪名和罪状描述。显然只涉及生产和销售环节。虽然，2021 年《危害食品安全刑事案件解释》第 11 条第 1、2 款："在食品生产、销售、运输、贮存等过程中，掺入有毒、有害的非食品原料，或者使用有毒、有害的非食品原料生产食品的，依照刑法第一百四十四条的规定以生产、销售有毒、有害食品罪定罪处罚。在食用农产品种植、养殖、销售、运输、贮存等过程中，使用禁用农药、食品动物中禁止使用的药品及其他化合物等有毒、有害的非食品原料，适用前款的规定定罪处罚。"但这个表述只是针对特殊的三种行为：一是滥用添加剂；二是掺杂有毒、有害非食品原料；三是非法添加国家禁用药物等有毒、有害物质的行为，而对于除了这三种行

---

[1] 夏勇、江澍：《食品链的刑法规制》，载赵秉志、张军主编：《刑法与宪法之协调发展——全国刑法年会论文集（2012）》（下卷），中国人民公安大学出版社 2012 年版，第 929 页。

为的不滥用添加剂时不符合食品安全标准的运输、储存行为却没有作出司法解释。有的学者认为，"在本罪中，生产与销售连在一起，显然'销售'一词是对生产进行限制的。也就是说，并不是所有的生产活动都是构成本罪的行为，只有那些为了交换而进行的生产，即生产出的产品不是为了自己消费，而是要进入市场、进入流通领域，这样的行为才是本罪要追究的行为。"〔1〕笔者对此观点不敢苟同，对于现代社会来说，大工业时代早已到来，尤其是食品工业，发达的食品工业规模化、机械化早已深入食品生产的各个环节。在这种背景下，人们很难像原始社会那样能够自给自足，绝大多数生产都是为了交换和进入流通领域。大规模生产后不进行销售是难以想象的。假设有的不法厂商堆积大量未贴商标的添加有三聚氰胺的奶粉，按照上面的观点，被查获后，当事人可以仅仅生产而不是用来销售为理由摆脱食品安全犯罪的司法认定。很明显，这种说法是值得商榷的。此外，对于销售和经营环节的衔接问题，有的学者认为："如何理解生产和销售呢？是把它作为两个孤立、具体的行为来认识，还是将其看成是在生产、销售的过程中所包含的一系列活动。对此问题的回答要以《食品安全法》为依据。根据《食品安全法》第四章'食品生产经营'的规定，食品的生产、销售行为不仅仅是生产（即单纯地将原材料制作成成品）销售（即将产品有偿转让），而且包括食品生产经营过程的一系列环节，如原材料的采购、食品的加工、包装、贮存、运输和装卸等。因为，在食品从生产领域向流通领域的流转过程中，以上的环节是必不可少的，在这些环节中都有发生食品被污染、变质的可能，都是食品安全应当保护的环节。所以，我们认为本罪所指的生产、销售行为是涵盖上述环节的，与《食品安全法》上的'生产经营'是同义语。"〔2〕以上的说法值得商榷。根据《汉语词典》的解释：生产是"人们用工具创造生产资料和生活资料"，销售是"创造、沟通与传送价值给顾客，以及经营客户关系，以便让组织与其利益关系人受益的一种组织功能与程序"。这一规定无法涵盖运输、贮藏等流通环节。因此，"该学者对食品安全犯罪刑法规定中的'销售'做了

---

〔1〕　杜菊、刘红：《食品安全刑事保护研究》，法律出版社 2012 年版，第 69 页。

〔2〕　杜菊、刘红：《食品安全刑事保护研究》，法律出版社 2012 年版，第 69 页。

最广义显得有点夸张的解释。非体系解释，超出了国民的可预测范围，即以一般观点为判定标准"。[1]违背了刑法解释的基本原则，更何况，国家也没有出台任何针对"销售"的立法和司法解释。因此，在这里，销售仅仅是产品的有偿转让，显然不包括食品的储存、运输和装卸环节。但是，在从食品生产领域向流通领域流转的过程中，食品的包装、储存、运输和装卸等环节有时候却是必不可少的。比如说，我们都知道《合同法》里有一种在途买卖的合同，对于正在海上或者其他在路途上的货物，往往是以合同达成作为货物交付的生效时间。那么，如果合同未生效之前的货物已经装好还没有出售出去，而且货物所有人也不是货物的生产者，对于这部分货物该如何处置？由于现行《刑法》只规定了生产、销售，因此这部分行为是没法被刑法规制的。

（三）食品安全行政责任和刑事责任在立法体例上并未妥善协调

食品安全关乎国计民生，我国于 2009 年修订了《食品安全法》，2014 年又再次启动了《食品安全法》修订工作。新修订的《食品安全法》在食品安全法律责任追究方面并无实质性修改，依然规定了生产经营不符合安全标准的食品、违反《食品安全法》的行政责任。只在其第 149 条规定了"违反本法规定，构成犯罪的，依法追究刑事责任"。2021 年《食品安全法》则在第九章从第 122 条到第 149 条用 28 个条款规定了食品安全违法行为的行政责任，不仅涵盖食品所指范围、食品安全标准界定，还包括生产销售病死畜禽等生产经营食品安全违法行为。《食品安全法》第 149 条规定："违反本法规定，构成犯罪的，依法追究刑事责任。"第 149 条的总结性条款意指只要违反了《食品安全法》的规定，都会构成犯罪，进而适用刑法。但《刑法》只规定了"生产、销售不符合安全标准的食品罪""生产、销售有毒、有害食品罪"和"食品、药品监管渎职罪"三个罪名，并不能涵盖《食品安全法》第 122条至第 149 条 28 个条款所规定的食品安全违法行为严重到一定程度所需承担的刑事责任。《刑法》在行政责任和刑事责任衔接上呈现出了严重的滞后性。虽然最高人民检察院和最高人民法院在 2013 年和 2022 年通过司法解释的方

---

〔1〕 宋健强、许慧、朱晓丽：《生产、销售不符合安全标准的食品罪的适用解释》，载赵秉志、张军主编：《刑法与宪法之协调发展——全国刑法年会论文集（2012）》（下卷），中国人民公安大学出版社 2012 年版，第 1242 页。

式完善了相关刑事立法，但是对于食品安全召回、进口不符合安全标准食品以及持有型食品安全犯罪依然在《刑法》中并无相应的刑事责任规定，造成了衔接真空，有罪无法追究的情形。

1. 食品召回制度的刑事责任缺乏

我国《食品安全法》第63条明确规定了食品召回制度。其规定了4个条款：一是国家建立食品召回制度。食品生产者发现其生产的食品不符合食品安全标准或者有证据证明可能危害人体健康的，应当立即停止生产，召回已经上市销售的食品，通知相关生产经营者和消费者，并记录召回和通知情况。二是食品经营者发现其经营的食品有前款规定情形的，应当立即停止经营，通知相关生产经营者和消费者，并记录停止经营和通知情况。三是食品生产者认为应当召回的，应当立即召回。由于食品经营者的原因造成其经营的食品有前款规定情形的，食品经营者应当召回。四是食品生产经营者应当对召回的食品采取无害化处理、销毁等措施，防止其再次流入市场。但是，对于因标签、标志或者说明书不符合食品安全标准而被召回的食品，食品生产者在采取补救措施且能保证食品安全的情况下可以继续销售；销售时应当向消费者明示补救措施。食品生产经营者应当就食品召回和处理情况向所在地县级人民政府食品药品监督管理部门报告；需要对召回的食品进行无害化处理、销毁的，应当提前报告时间、地点。食品药品监督管理部门认为有必要的，可以实施现场监督。食品生产经营者在有关主管部门责令其召回或者停止经营不符合食品安全标准的食品后，仍拒不召回或者停止经营的，由有关主管部门按照各自职责分工没收违法所得、违法生产经营的食品和用于违法生产经营的工具、设备、原料等物品；违法生产经营的食品货值金额不足1万元的，并处2000元以上5万元以下罚款；货值金额1万元以上的，并处货值金额5倍以上10倍以下罚款；情节严重的，吊销许可证。食品生产经营者在食品药品监督管理部门责令其召回或者停止经营后，仍拒不召回或者停止经营，尚不构成犯罪的，由县级以上人民政府食品药品监督管理部门没收违法所得和违法生产经营的食品、食品添加剂，并可以没收用于违法生产经营的工具、设备、原料等物品；违法生产经营的食品、食品添加剂货值金额不足1万元的，并处5万元以上10万元以下罚款；货值金额1万元以上的，并处货值金额 10 倍以上 20 倍以下罚款；情节严重的，吊销许可证；构成犯罪的，依法追究刑事责任。我国于 2007 年发布《食品召回管理规定》。其第 40 条规定："从事食品召回管理的公务人员，以及受委托进行食品安全危害调查、食品安全危害评估的专家或工作人员捏造散布虚假信息、违反保密规定、伪造或者提供有关虚假结论或者意见的，依法给予行政处分；造成损失的，依法承担赔偿责任；构成犯罪的，依法追究刑事责任。"《食品召回管理规定》和《食品安全法》都规定了拒不召回食品的刑事责任。可是，《食品安全法》所依附的《刑法》并无相应的罪名对拒不召回食品行为进行处罚，导致无法确定拒不召回的生产和经营者的刑事责任。

2. 进口不符合我国食品安全标准的食品的刑事责任缺乏

近些年来，随着中国加入世界贸易组织，国际贸易得到了极大的发展，国际商品交易日益丰富，食品的进出口得到了长足发展，基本上不出国门，在我国就可以品尝来自世界各地的美食和特产。进口商品在极大地满足国民对食品多样化的需求时，也带来了一系列食品安全问题。为此，我国的《食品安全法》专门用一章的篇幅规范了食品安全进出口。同时，第 129 条规定了相应的法律责任。该条规定：违反《食品安全法》的规定，有下列情形之一的，依照《食品安全法》第 124 条的规定给予处罚：①进口不符合我国食品安全国家标准的食品；②进口尚无食品安全国家标准的食品，或者首次进口食品添加剂新品种、食品相关产品新品种，未经过安全性评估。该条明确了我国对进口食品的监管，并以《食品安全法》第 149 条作为该条法律责任的处罚依据：违反本法规定，构成犯罪的，要追究刑事责任。但是对于进口不符合食品安全标准的食品要处以什么样的刑事责任，我国《刑法》并没有作出明文规定。在惩治进口食品安全的严重危害行为方面，《刑法》和《食品安全法》的衔接不畅。

3. 没有规定持有型食品安全犯罪

《食品安全法》第 2 条将食品从培育、生长、加工、储存、销售、运输、食用等一系列的环节都纳入了规制范围。但是，《刑法修正案（八）》规定的"生产、销售不符合安全标准的食品罪"和"生产、销售有毒、有害食品罪"只涉及生产和销售环节。虽然《危害食品安全刑事案件解释》以司法解释的方式把生产、销售延展解释到食品加工、销售、运输、贮存等过程，等于认可了食品的生产、经营环节都是《刑法》应该规范的行为。但是，对于处于储存环节的不符合安全标准的食品和有毒、有害食品该如何规制，能否直接以"生产、销售不符合安全标准的食品罪"和"生产、销售有毒、有害食品罪"进行处罚，还是独立成罪，以"持有不安全食品罪"来进行处置，也即广大学者所热议的在食品安全领域是否应当规定持有型犯罪，我们的刑法没有作出规定。

二、《刑法》与《食品安全法》立法衔接完善

（一）明确《刑法》中"食品"等概念的范围与《食品安全法》相关定义的衔接

刑法中，食品安全犯罪的对象"食品"的范围十分模糊。食品犯罪中的食品和《食品安全法》所指向的食品是否一致？刑法的犯罪对象是不是应该做扩大的解释而涵盖这些范围？以上这些概念的范围对认定食品安全犯罪的概念至关重要，亟须明确界定。

1. 关于刑事立法中的"食品"范围

刑法理论通说认为，犯罪对象就是犯罪行为作用的对象，只是不同学者在表述具体的外延范围时有所不同。[1]何秉松教授认为，行为对象是主体的犯罪行为所侵犯或直接指向的具体人、物或信息。[2]可见，犯罪对象都是犯罪所侵犯的直接指向。对于我国《刑法》中的食品安全犯罪，第143条规定的犯罪构成为："生产、销售不符合食品安全标准的食品，足以造成严重食物中毒事故或者其他严重食源性疾病的，处三年以下有期徒刑或者拘役，并处罚金；对人体健康造成严重危害或者有其他严重情节的，处三年以上七年以下有期徒刑，并处罚金；后果特别严重的，处七年以上有期徒刑或者无期徒刑，并处罚金或者没收财产。"第144条规定的犯罪构成为："在生产、销售的食品中掺入有毒、有害的非食品原料的，或者销售明知掺有有毒、有害的

---

〔1〕 赵秉志主编：《刑法学总论研究述评（1978—2008）》，北京师范大学出版社2009年版，第313页。

〔2〕 何秉松主编：《刑法教科书》（据1997年刑法修订），中国法制出版社1997年版，第295页。

非食品原料的食品的，处五年以下有期徒刑，并处罚金；对人体健康造成严重危害或者有其他严重情节的，处五年以上十年以下有期徒刑，并处罚金；致人死亡或者有其他特别严重情节的，依照本法第一百四十一条的规定处罚。"这里面的直接指向对象，第 143 条是食品，第 144 条也是食品，不过出现了"非食品原料"这一词汇。而我国《食品安全法》第 150 条规定的"食品"的定义是："指各种供人食用或者饮用的成品和原料以及按照传统既是食品又是中药材的物品，但是不包括以治疗为目的的物品。"该法还将预包装食品，食品添加剂、食用农产品及用于食品的包装材料容器及生产食品的工具设备是否安全纳入了自己的调整范围。《食品工业基本术语》对食品的定义为：可供人类食用或饮用的物质，包括加工食品、半成品和未加工食品，不包括烟草或只作药品用的物质。由上大家可以看到三种关于"食品"的概念。《刑法》中的食品究竟是否可以等同于《食品安全法》和《食品工业基本术语》中的食品？还是应由最高人民法院和最高人民检察院或者全国人民代表大会作出解释？首先，我们国家没有出台任何关于《刑法》中的"食品"的司法和立法解释。只有《最高人民法院、最高人民检察院关于办理非法生产、销售、使用禁止在饲料和动物饮用水中使用的药品等刑事案件具体应用法律若干问题的解释》作出过关于"盐酸克仑特罗"也即"瘦肉精"等物质不能用于饲料的解释。其次，按照我们通常的理解，行政法规和《刑法》中的解释不能等同。因为两者基于不同的法律体系，除非有司法和立法解释确立了具体的指向，否则《刑法》中的食品等同于《食品安全法》中的食品。很明显，我国也没有类似的司法解释和立法解释。那么，在这种情况下，我国《刑法》对食品之外的"食品添加剂、食品相关产品、食用农产品以及非食品原料"是不是具有规制作用？反过来说，如果《刑法》的规范范围仅仅局限于"食品"和"盐酸克仑特罗"等物质，而将"食品添加剂、食品相关产品、食用农产品以及非食品原料"排除在外，并且基于食品添加剂和非食品原料以及食用农产品所产生的食品安全犯罪在我国食品安全犯罪中所占比例较大，且这些原料的生产销售是食品安全犯罪的上游和源头行为，将无异于纵容此类犯罪，非常不利于打击食品安全犯罪。我国应采用哪种方式来对此作出补充？是采用前面提到的刑法扩大打击范围而增加罪名的方式还是出台司法解释和立法解释对《刑法》中的食品犯罪范围作出合理解释？有的学者提出，可以参考国外的立法经验，依据不同的食品而规定不同的罪名。比如，借鉴德国的《食品和日用品法》，在肉末、肉片和其他牛碎肉条例，营养品条例，蛋制品的健康性要求及其标志条例，以及牛奶、黄油、奶酪、冰激凌等单行条例中规定各自的犯罪和处罚。本书不主张后者，德国的这种立法模式是基于其附属立法非常多。更何况，食品种类这么多，不可能针对每个食品都制定相应的刑事责任立法，否则就是对刑法资源的严重浪费。因此，本书主张采用我国目前使用得比较多的做法，即由司法机关或者立法机关出台相应的对《刑法》中"食品"包含范围的司法解释。这样既能明晰食品安全犯罪打击的对象，也能保证《刑法》的稳定性。

2. 对几种具有特殊意义食品的解释

（1）食品添加剂。《食品安全法》将食品添加剂解释为：为改善食品品质和色、香、味以及基于防腐、保鲜和加工工艺的需要而加入食品中的人工合成或者天然物质，包括营养强化剂。食品添加剂不规范添加在我国食品安全犯罪中非常普遍。在司法实践中，如果系针对食品的犯罪，就以"生产、销售不符合安全标准的食品罪"和"生产、销售有毒、有害食品罪"论处；如果系针对食品添加剂的犯罪，就以"生产、销售伪劣产品罪""非法经营罪"或者"以危险方法危害公共安全罪"论处。[1]因此，在判定基于食品添加剂的犯罪时，要准确判定食品添加剂掺杂到食品中引起的食品安全事故，以食品安全的两个罪名来处罚。如果是纯粹的生产食品添加剂犯罪，那就不是纯粹意义上的食品安全犯罪，而是食品安全关联犯罪。

（2）食用农产品。《食品安全法》规定，供食用的源于农业的初级产品（以下称"食用农产品"）的质量安全管理，遵守《农产品质量安全法》的规定。但是，制定有关食用农产品的质量安全标准、公布食用农产品安全有关信息，应当遵守本法的有关规定。对于食用农产品有两部法律分别作出调整。在实际生活中，初级的食用农产品往往是食品消费中比较重要的一部分，而涉及种植业和养殖业的农业初级产品是农贸市场主要销售的食品，这类食

---

〔1〕　杜菊、刘红：《食品安全刑事保护研究》，法律出版社2012年版，第72页。

品消费需求量大、消费频率快。后者往往更容易引发食品安全事故，南京的"小龙虾事件"就是典型的例证。因此，《刑法》应针对食用农产品的犯罪作出严格的规定。

（3）食药同源的食品。根据《食品安全法》的规定，食品指各种供人食用或者饮用的成品和原料以及按照传统既是食品又是药品的物品，但是不包括以治疗为目的的物品。所谓的药食同源类食品，指的是有的食品本身也可以药用，中国中医里面就有"医食同源，食药同用"的说法。比如山楂、八角茴香、姜、枣、蜂蜜等，这些被用在食品里是使饭菜更为可口的佐料，用在药里面则是中药成分。现在的食药同源食品大多是一些保健品和补品。《食品安全法》将其归入了自己的调整范围。那么《刑法》是否也要以食品安全犯罪来规范对此类食品的生产？我们可以以比较著名的"毒胶囊案"[1]为例来做简单分析。毒胶囊是不法商贩用工业明胶代替或掺杂到食用明胶中生产的药物胶囊。用工业明胶制作的胶囊重金属铬严重超标，会对人体健康造成严重侵害。我们知道食用明胶应该属于食品的原料之一，应该受《食品安全法》调整。因此如果是单纯用工业明胶掺杂食用明胶生产胶囊壳，则构成食品安全方面的犯罪；而药品企业生产药的时候用工业胶囊壳制作胶囊的行为则构成"生产劣药罪"。所以目前国家药监局将此类行为都定性为生产劣药犯罪。[2]但如果生产胶囊壳的厂家和药厂同谋，则认定为共同犯罪，对生产胶囊壳的厂家和药厂应分别定罪。其罪名分别为"生产、销售不符合安全标准的食品罪"和"生产、销售有毒、有害食品罪"。

综合上述分析可知，我国《刑法》对"食品"的适用范围规定得比较模糊，与《食品安全法》不相统一。本书认为，应该对《刑法》中"食品"的

---

〔1〕 河北一些企业，用生石灰处理皮革废料，熬制成工业明胶，卖给绍兴新昌一些企业制成药用胶囊，最终流入药品企业，进入患者腹中。由于皮革在工业加工时，要使用含铬的鞣制剂，因此这样制成的胶囊，往往重金属铬超标。经检测，修正药业等9家药厂13个批次药品，所用胶囊重金属铬含量超标。针对此事件，2012年4月21日，卫生部要求毒胶囊企业所有胶囊药停用，药用胶囊接受审批检验。2012年4月22日，公安部通报，经调查，公安机关已立案7起，依法逮捕犯罪嫌疑人9名，刑事拘留45人。转引自百度百科：http://baike.baidu.com/view/8374187.htm，最后访问时间：2024年2月4日。

〔2〕《药监局将毒胶囊定性为生产劣药案》，载腾讯新闻：http://news.qq.com/a/20120421/000098.htm，最后访问时间：2024年2月5日。

适用范围做扩大解释，而且这一解释也没有超过国民的可预测范围。援引《食品安全法》对食品的界定，也便于行刑衔接，有利于实现无缝化打击食品安全犯罪的目的。

（二）加强食品安全治理的行政责任和刑事责任衔接，适度严密刑事法网

1. 完善食品召回制度的刑事责任

前文已有所述，《食品召回管理规定》和《食品安全法》都规定了对拒不召回食品的刑事责任。可是，《食品安全法》所依附的《刑法》并无相应的罪名对拒不召回食品行为进行处罚。针对这种情况，学者们有两种意见：第一种意见认为，拒不召回食品的行为应直接被归入"生产、销售不符合安全标准的食品罪"。另一种意见认为，应单独设立"拒不召回食品罪"。持第一种意见的学者的理由是："解决这一问题首先需要明确的是食品召回是否是属于生产经营的行为。所谓食品生产经营，是指一切食品的生产（不包括种植业和养殖业）采集、收购、加工、运输、陈列、供应、销售等活动。虽然刑法将食品安全犯罪的客观行为方式表述为生产和销售，但一般认为，食品的经营就是对加工好的产品进行销售，两者的含义基本相同。与食品的生产经营相关的问题被规定在了《食品安全法》第四章当中，包括对食品生产经营的要求、禁止生产经营的食品以及与食品生产经营相关的法律制度等内容，其中第63条规定了食品召回制度。因此，如果从广义上理解食品生产经营的概念，是应当包括食品召回义务的。"[1]基于此，该学者认为，既然生产经营的概念本身即包括食品召回义务环节，那么便没必要单列罪名，直接可将此行为归入《刑法》第143条规定的"生产、销售不符合安全标准的食品罪"。

持单独成罪观点的学者认为："根据《食品安全法》第124条和第149条的规定，食品生产者、经营者违反不安全食品召回义务规定的行为本身构成犯罪的，应当依法追究刑事责任。因为，根据不作为犯罪的刑法理论，食品生产者、经营者违反缺陷食品召回义务规定的行为本身就已构成犯罪，采取相应的有效措施排除危险或防止危害结果的发生（扩大），是生产者、经营者

---

〔1〕　李森、陈烨：《不履行食品召回义务行为的刑事问题研究》，载《天水师范学院学报》2012年第1期。

应履行的义务，不应属从宽处罚的情节，若不履行该项义务应追究其不作为犯罪的刑事责任。"[1]

本书同意后一种观点，也即单独成罪说，主要基于以下理由：首先，为了加强食品安全监管，防患于未然，避免和减少不安全食品的危害，世界上许多发达国家都建立了食品召回制度。国家质量监督检验检疫总局于2007年发布《食品召回管理规定》，建立了我国的食品召回制度。2009年颁布施行的《食品安全法》正式确立了食品召回制度。《食品召回管理规定》和《食品安全法》所确立的食品召回概念是指，食品生产者按照规定程序，对由其生产原因造成的某一批次或类别的不安全食品，通过换货、退货、补充或修正消费说明等方式，及时消除或减少食品安全危害的活动。[2]《食品召回管理规定》根据食品安全危害的严重程度将食品召回级别分为三级：①一级召回。已经或可能诱发食品污染、食源性疾病等对人体健康造成严重危害甚至死亡的，或者流通范围广、社会影响大的不安全食品的召回。②二级召回。已经或可能引发食品污染、食源性疾病等对人体健康造成危害，危害程度一般或流通范围较小、社会影响较小的不安全食品的召回。③三级召回。已经或可能引发食品污染、食源性疾病等对人体健康造成危害，危害程度轻微的，或者属于本规定第3条第3项规定的不安全食品的召回。由此可见，对于不符合食品安全标准的食品，及时召回是生产者的义务。如果不履行义务，就是一种典型的不作为。那么，这里的不作为是不是我国刑法中的不作为？要想回答这一问题，我们需要先对不作为制度做简要分析。"不作为构成犯罪的前提条件是不作为人具有作为义务，刑法通说关于作为义务的来源，一般认为包括法律明文规定的义务、职务或者业务上的要求、法律行为引起的义务以及先前行为（危险前行为）引起的义务等。"[3]食品生产者的生产召回食品的行为属于我们所讲的先前行为，有的学者认为食品生产者本身生产不符合食品

---

[1] 杨秀英：《完善食品安全刑事责任立法的思考》，载《河南省政法管理干部学院学报》2007年第5期。

[2] 国家质检总局《食品召回条例》第4条。

[3] 李森、陈烨：《不履行食品召回义务行为的刑事问题研究》，载《天水师范学院学报》2012年第1期。

安全标准的食品的行为本身就属于犯罪，对于犯罪行为能否作为先前行为，目前的刑法通说是否定的。但是食品生产者生产不符合安全标准的食品是否一定是犯罪行为？答案是否定的。通说认为，食品生产者应对生产不符合安全标准的食品是明知的。如果说，明知是不符合安全标准的食品还继续生产并投入市场，毫无疑问，这个行为直接可以被归类为"生产、销售不符合安全标准的食品罪"。但是，食品召回的食品，生产者在其生产销售投入市场前并不知晓该食品存在问题，而是发现存在安全隐患后才会产生召回问题。《食品召回管理规定》规定了食品召回的程序，在发现食品安全隐患后，要对安全隐患进行危害调查和评估。确认食品属于应当召回的不安全食品的时候才会启动食品召回程序。食品召回又分为主动召回和责令召回。主动召回的情形：一般食品问题都是后发现，也就是说，当事人在生产和销售的时候对食品安全隐患并不知晓。只有在责令召回的情况下，才会涉及生产者故意隐瞒食品安全隐患问题。[1]故意隐瞒安全隐患的，肯定属于明知，不属于不作为犯罪的先前行为。但是，主动召回的，可能由于其他不可预测的原因造成食品安全隐患，此类行为明显不属于犯罪行为。美国曾经发生过著名的"杰克盒子汉堡事件"。1992 年，杰克盒子（Jack in the Box）连锁快餐店首次售卖被大肠杆菌感染了的汉堡包，导致数百人病倒和 4 名儿童死亡。尤其悲剧的是，这次事件本来是可以避免发生的。即使生肉被大肠杆菌污染，但只要经过高温烹饪（即达到 155℉或者 68.3℃），这些病菌就会被杀死，并不影响安全食用。然而，食品和药物管理局规定（Food and Drug Administration，FDA）的高温标准却是 140℉（60℃）。这一事件证明，当局的温度标准是不够的，丑闻被揭露后，食品和药物管理局将温度提升到了 155℉，并最终规定为160℉或者 71.1℃。发现汉堡有问题后，经营这家快餐店的食品制造有限公司立即发出通知，召回了约 20%的被污染牛肉。这件丑闻导致食品公司损失将

---

〔1〕《食品召回管理规定》第 25 条规定："经确认有下列情况之一的，国家质检总局应当责令食品生产者召回不安全食品，并可以发布有关食品安全信息和消费警示信息，或采取其他避免危害发生的措施：（一）食品生产者故意隐瞒食品安全危害，或者食品生产者应当主动召回而不采取召回行动的；（二）由于食品生产者的过错造成食品安全危害扩大或再度发生的；（三）国家监督抽查中发现食品生产者生产的食品存在安全隐患，可能对人体健康和生命安全造成损害的。食品生产者在接到责令召回通知书后，应当立即停止生产和销售不安全食品。"

近1.6亿美元的销售额，股票市值缩水30%，他们还表示愿意无条件支付受害者的医疗费用。尽管如此，食品公司还是支付了几千万个人和集体诉讼费。[1]从这个案例中我们可以看出，汉堡的生产者对食品安全隐患不可能知晓，可以看作先前行为。因此，在不可能知晓的情况下，不存在主动召回的义务，也就不成立"拒不召回食品罪"。反之，违反主动召回义务的，可以成立"拒不召回不安全食品罪"。此外，规定此类犯罪还具有以下意义：一方面，防患于未然，减少食品安全事故的危害覆盖面，避免不安全食品继续危害民众健康。另一方面，确立食品生产经营者是保障食品安全的第一责任人，不仅可以对食品召回的生产企业起到威吓作用，反过来也能提高食品生产企业的道德自律意识和企业声誉。因此，既然《食品召回管理规定》和《食品安全法》都规定了拒不召回食品要承担的刑事责任，那么生产企业就要接受刑法评价，为了使《刑法》和食品安全的行政法规保持衔接，应增加"拒不召回不安全食品罪"。织密食品安全的刑事法网，打击食品安全犯罪。

2. 完善进口不符合我国食品安全标准的食品的刑事责任

如前文所述，中国加入WTO之后，国际贸易得到了极大提高，食品行业的国际贸易更是持续增强，我国民众不出国门即可品尝来自世界各地的美食和特产。超市里琳琅满目的外国食品极大地满足了国人的胃口和对美食的欲望。对此，有学者指出，近年来进口食品总量在攀升。相对而言，进口食品安全问题就会比较突出。国外的食品标准并不一定比中国严格，比如在细菌总数控制和添加剂控制方面，国外的标准明显不如中国这般严格，因此也容易在这两方面检出问题。[2]中国的进口食品市场存在渠道多身份乱、品牌多标准杂、成分低价格高以及问题多监管难等问题，我国出台了《进出口食品安全管理办法》和《食品安全法》来规范我国的进口食品市场。其中，《食品安全法》专门以一章来规范食品安全进出口并规定了相应的法律责任，严重的甚至可以追究刑事责任。上文已经提到了，《刑法》并无与《食品安全

---

〔1〕《十大巨额食品召回事件》，载博闻网：http://health.bowenwang.com.cn/10-food-recalls. htm，最后访问时间：2024年2月6日。

〔2〕《问题多价格虚高，进口食品遭遇监管缺位》，载搜狐网：http://roll.sohu.com/20121114/ n357584154.shtml，最后访问时间：2024年2月8日。

法》相衔接的罪名。

此种情况应该是直接依照《刑法》第 143 条"生产、销售不符合安全标准的食品罪"或者第 144 条"生产、销售有毒、有害食品罪",还是单独设置罪名来规范这类行为?本书认为,综合当前我国食品安全犯罪的形势以及我国食品安全进口的现状,单独成立罪名更有利于打击此类犯罪。本书主张单独定罪是基于以下理由:

首先,中国近年来的食品进口每年都以两位数的速度增长,2011 年竟然增长了 44.84%。进口食品的不合格率也在逐年增长。"2009 年上半年,全国出入境检验检疫部门共检验检疫货物 648.79 万批,货值 3910.15 亿美元(同比分别下降 20.13% 和 31.67%),共检出不合格货物 4.74 万批,货值 225.7 亿美元,批次不合格率 0.73%,货值不合格率 5.77%,不合格率同比分别上升 0.1% 和 0.73%。"[1](如图 3-1 所示)

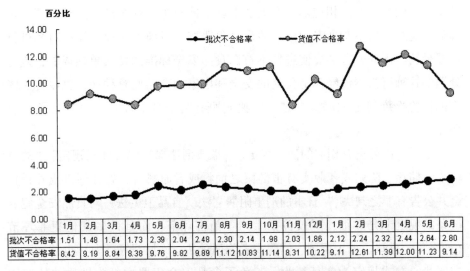

百分比	1月	2月	3月	4月	5月	6月	7月	8月	9月	10月	11月	12月	1月	2月	3月	4月	5月	6月
批次不合格率	1.51	1.48	1.64	1.73	2.39	2.04	2.48	2.30	2.14	1.98	2.03	1.86	2.12	2.24	2.32	2.44	2.64	2.80
货值不合格率	8.42	9.19	8.84	8.38	9.76	9.82	9.89	11.12	10.83	11.14	8.31	10.22	9.11	12.61	11.39	12.00	11.23	9.14

图 3-1　2008 年 1 月—2009 年 6 月入境检验检疫货物不合格率趋势图

---

〔1〕《2009 年上半年我国进出口商品质量安全和进境疫病疫情分析》,载国家质量监督检验检疫总局:http://www.aqsiq.gov.cn/xxgk_ 13386/tjxx/tjsj/200907/t20090721_ 288345.htm,最后访问时间:2024 年 2 月 8 日。

此外，如此迅速增长的食品进口也带来了诸如渠道多、身份乱，品牌多、标准杂，成分低、价格高以及问题多、监管难等问题，严重影响了国内的食品安全形势。根据相关报道：2011 年，破获各种食品进口安全犯罪案件 5000 多起，抓捕的犯罪嫌疑人 7000 多人。进口食品安全犯罪的严重形势要求对此类犯罪进行有效的刑法规制。

其次，在我国目前的食品安全犯罪刑法规制体系中，我国刑法只规定了生产和销售环节的食品安全犯罪，即第 143 条"生产、销售不符合安全标准的食品罪"和第 144 条"生产、销售有毒、有害食品罪"。对食品供应链的规制仅限于生产、销售环节。那么，进口是否可被归入这两个环节？特别是在进口厂商进口的商品还没进行销售，仅仅在进口环节就被抓获的情况下，应怎么认定的问题？我们知道生产、销售环节按照我国刑法的理解仅仅指的是食品的加工和生产，销售是把食品卖出去的步骤。甚至不包括我们讲的储存、运输、装卸等环节。如果按照这种理解，那么进口阶段就停止的行为就不包括生产、销售环节。相应的，在刑法上就不能对进口这个环节进行定罪。也即如果是纯进口不符合安全标准的食品犯罪按照目前的法律将无法对其进行定罪处罚。因此，有必要使进口不符合食品安全标准的食品单独成罪，进行处罚。这种行为不仅侵害了公众的安全和国家的食品监管秩序，也侵害了国家的检验检疫规定和海关规定。单独成罪有利于打击涉及进口的食品安全犯罪。

最后，国外也有相似的法律规定。《瑞典刑法典》第 233 条规定："故意输入，储存、陈列或者贩卖有害健康之饲料或者原料者，处轻惩役或并科罚金并公告有罪之判决。"日本的刑事附属立法《食品卫生法》对食品安全犯罪链条的规定十分详细，不仅包括生产、销售环节，而且许多其他犯罪环节（如采集、进口、加工调制、储藏或者陈列食品、添加剂等行为）也被通过空白罪状的方式规定为实行行为，避免了食品安全犯罪中行为性质的认定困难。[1]

---

[1] 姜敏：《我国食品安全犯罪领域帮助行为实行化研究》，载赵秉志、张军主编：《刑法与宪法之协调发展——全国刑法年会论文集 2012》（下卷），中国人民公安大学出版社 2012 年版，第 1221 页。

3. 增加"持有型"的食品安全犯罪

本书认为，应当规定"非法持有不安全食品罪"，并将其纳入食品安全犯罪体系。这主要是基于以下理由：

（1）现实司法实践的需要。我国现行的《刑法》第143条和第144条分别规定了"生产、销售不符合安全标准的食品罪"和"生产、销售有毒、有害食品罪"，仅涉及在生产、销售环节的食品犯罪，并未包括整个食品供应链。比如，李某在仓库中藏有大量不符合标准或有毒、有害食品，不是自己生产的也没有打算马上进行销售。那么，对于此类行为，由于系在仓库查获，因此当事人会否认是用来销售，也不是自己生产。此时，执法人员找寻证明其销售的证据将比较困难。按照罪刑法定原则，此种行为将无法被定罪。另外，对于我们前述合同还未达成之前运输在途的不安全食品也会碰到此类的难题。此外，即使查到其被用于销售，但是由于还没有进行销售，因此只能以生产销售的预备行为进行处罚。例如，嘉兴市秀城区人民法院于2003年审理的"高某明、高某明销售有毒食品罪（预备）案"中，被告人高某明、高某明明知其收购的准备用于冬季出售供人食用的狗是被毒药毒死的，仍然大量收购，并将加工后的1000余公斤有毒狗肉存放于该市新丰镇企鹅冷库内。2003年8月10日，公安机关查获了上述有毒食品，法院认定二被告的行为构成"销售有毒食品罪"，但是以预备形态处罚。较轻的预备犯处罚不利于对此类犯罪的打击，很容易使一些人抱着侥幸心理，认为即使被发现也完全可以免于处罚，进而故意持有不安全食品。

（2）该罪具有一定的社会危害性。行为人持有或储存不安全的食品、食品添加剂的，如果没有查获，最终还是要流向市场，虽然在持有或储存状态下暂时不会发生可预测的危害性后果。但是一旦这些有毒有害的食品和食品添加剂流向市场，一定会危害民众的身体健康甚至生命安全。因此，持有这类不符合标准和有毒、有害的食品和食品添加剂有潜在的危险，具有一定的社会危害性。

（3）国外的刑事立法有类似规定。在比较法领域，有的国家设置了持有型的食品安全刑事立法。《意大利刑法典》第444条规定了"销售有害食品罪"，虽未实施掺假或造假行为，但以销售为目的持有、销售，或分销用以食用的危害公众健康的食品，处六个月以上三年以下有期徒刑，这是明显的持有型食品安全犯罪，并且规定了以销售为目的的持有。《瑞典刑法典》第233条规定："故意输入，储存、陈列或者贩卖有害健康之饲料或者原料者，处轻惩役或并科罚金并公告有罪之判决。"此外《俄罗斯刑法典》也规定了持有环节的食品安全犯罪。

4. 加重针对婴幼儿、孕妇、老弱病残等特定人群的食品犯罪的刑罚

食品作为《刑法》中食品安全犯罪的具体指向，按照食品用途一般可被分为成人食品以及专供婴幼儿、孕妇、老弱病残以及其他特定人群的食品。基于这些人群的食品营养成分标准和食品安全标准具有特殊性，对这些特殊群体的专供食品除了有无毒、无害和无非食品原料以及无滥用食品添加剂等要求之外，还有对营养成分标准的特殊要求，如果达不到食品营养成分标准，婴幼儿、孕妇、老弱病残以及其他特定人群往往会因摄取不到足够的养分而导致发育不良或者其他严重的危害后果。比如，2004年2月的"阜阳劣质奶粉案"在全国引起轰动。池长板与陈宝相、陈宝玲共同出资成立苍南圣宝乳品公司。该公司在未取得婴幼儿奶粉生产许可证、产品质量检验合格证和化验单的情况下，擅自生产"圣品"贝贝婴儿1段奶粉，后销至阜阳市颍东区农村。导致了1名食用"圣品"贝贝婴儿1段奶粉的婴儿严重营养不良，出现呼吸循环衰竭死亡，2名婴儿患上营养不良综合征的严重后果。也就是说，这3名婴儿的死亡或者营养不良综合征不是由奶粉中存在超标准的有害细菌或者污染物造成的，而是由作为其主食的奶粉的营养成分（特别是蛋白质）含量严重不足造成的。之后，不符合营养标准的奶粉波及了阜阳大部分地区，致使12名婴儿因营养不良而死亡，189名婴儿轻、中度营养不良，28名婴儿重度营养不良。这就是著名的"阜阳大头娃娃事件"。对于这类犯罪，我国《刑法》规定，生产、销售不符合食品安全标准的食品，足以造成严重食物中毒事故或者其他严重食源性疾病的，处三年以下有期徒刑或者拘役，并处罚金；对人体健康造成严重危害或者有其他严重情节的，处三年以上七年以下有期徒刑，并处罚金；后果特别严重的，处七年以上有期徒刑或者无期徒刑，并处罚金或者没收财产。此罪的入罪标准是必须造成严重中毒、严重食源性疾病和对人体健康造成严重危害或后果特别严重，具备该标准后才会有相应

的处罚。而司法解释则针对"严重中毒、严重食源性疾病和对人体健康造成严重危害或后果特别严重"作出规定：生产、销售不符合卫生标准的食品被食用后，造成轻伤、重伤或者其他严重后果的，应认定为"对人体健康造成严重危害"。生产、销售不符合卫生标准的食品，该食品被食用后，致人死亡、严重残疾、3人以上重伤、10人以上轻伤或者造成其他特别严重后果的，应认定为"后果特别严重"。首先，造成轻伤、重伤的后果才会有入刑的可能性。中国实行计划生育政策，子女的健康对于家庭和睦的维系而言至关重要。其次，某些食品有特殊的营养标准要求，尤其是婴幼儿食品，其对使用主辅食品的依赖性较大，如果达不到应有的营养成分标准，造成的危害后果可能不会一时显现，但后果却将波及婴幼儿的一生。

　　是否规定针对特殊食品的特别罪名的辩驳。有的学者认为应该对婴幼儿等特殊食品规定特殊的罪名，以体现对弱势群体的保护。"刑法规定食品安全犯罪时是根据针对普通大众身体抵御能力的标准制定相应罪名与刑罚的，但对于婴幼儿来说，食品中稍微含有不适于人体食用的危险物便可能会给他们的身体健康甚至生命造成严重的危害，将生产、销售婴幼儿食品的行为也用一般罪名进行规制对婴幼儿这类特殊群体不利。"[1]还有的学者认为，应增加惩处生产、销售不符合安全标准的专供婴幼儿、孕妇、老年人等特定人群的主辅食品的刑法规定。因为，营养成分不符合标准同样会造成严重后果，尤其是婴幼儿，其对主辅食品的依赖性非常高，如果达不到应有的营养成分标准，造成的危害后果将波及被害人的一生。但是，这种后果既不属于"严重食物中毒事故"，也不属于"严重食源性疾病"。所以，应针对此特殊人群制定一个营养成分符合食品安全的特殊标准。[2]因此，该学者认为，可以通过司法解释，将生产、销售不符合该特定营养成分标准的特定食品列入刑法的保护范围。[3]其实，以上两位学者都对《食品安全法》的详细规定不是很熟

　　〔1〕　张凯、周媛媛：《论食品安全的刑法保护》，载赵秉志、张军主编：《刑法与宪法之协调发展——全国刑法年会论文集2012》（下卷），中国人民公安大学出版社2012年版，第1125页。

　　〔2〕　贾凌、尹琴：《食品安全的刑法保护》，载赵秉志、张军主编：《刑法与宪法之协调发展——全国刑法年会论文集2012》（下卷），中国人民公安大学出版社2012年版，第990页。

　　〔3〕　贾凌、尹琴：《食品安全的刑法保护》，载赵秉志、张军主编：《刑法与宪法之协调发展——全国刑法年会论文集2012》（下卷），中国人民公安大学出版社2012年版，第990页。

悉。对于不符合食品安全标准的婴幼儿及特殊人群的食品，《食品安全法》已经作出了具体规定。该法第 26 条第 3 项已经明确将"专供婴幼儿和其他特定人群的主辅食品的营养成分要求"涵盖进去了。因此，婴幼儿和其他特定人群的主辅食品营养标准等同于安全标准。而且，《食品安全法》第 34 条规定的禁止生产经营的食品也包括：营养成分不符合食品安全标准的专供婴幼儿和其他特定人群的主辅食品。由此可以看出，如果生产厂家生产了不符合营养标准的专供婴幼儿和其他特定人群的主辅食品，应以生产不符合安全标准的食品罪处罚，不需要再增加一个单独的"惩处生产、销售不符合安全标准的专供婴幼儿、孕妇、老年人等其他特定人群的主辅食品罪"，以免造成刑法资源的浪费。但是由于这类犯罪严重侵害了这些亟须获得营养食品滋养的特殊群体的生命和健康权利，被民众深恶痛绝，因此应加大对这类犯罪的惩治，既然增加罪名属于多此一举的选择，那么不如借鉴国外的做法。国外的刑法也有类似对婴幼儿、孕妇、老年人等特定人群的主辅食品的规定，并没有单独成罪，而是规定为"生产、销售不符合卫生标准的食品罪"的一种加重情形。比如，《俄罗斯刑法典》规定，以销售为目的生产、储存或运输商品和产品或者销售商品和产品、完成工作或提供服务不符合消费者的生命或健康安全要求，以及非法颁发或非法使用确认上述商品、工作或服务符合安全要求的官方文件，存在下列情形之一的：①团伙有预谋实施的或有组织的集团实施的；②涉及 6 岁以下儿童食用的商品、工作或服务的；③过失造成健康严重受损或致人死亡，应当受到刑事处罚的。其中第 2 项规定了对特殊的儿童食品的保护。美国也有类似对未成年人食品的刑法保护。笔者认为，我国不必将之单独成罪，出台相关司法解释即可，在《刑法》第 143 条"生产、销售不符合安全标准的食品罪"后增加 1 款："生产不符合营养标准的专供婴幼儿和其他特定人群的主辅食品的，从重处罚。"进而提高此类犯罪的法定刑。这样就能遏制针对婴幼儿和其他特定人群的主辅食品的犯罪。这既体现了对这类弱势群体的刑法保护，也是我国宽严相济刑事政策的体现。

解决食品安全问题是一项系统工程，只有加强行刑衔接才能使食品安全违法犯罪行为得到应有的惩处。

第四章

我国食品安全实体法衔接的应然考察

第一节　域外食品安全行政立法和刑事立法

一、美国的食品安全行政立法和刑事立法

美国作为老牌资本主义强国，尤其重视食品安全问题。美国的食品和药品并不分开，被统一规定在一部法律中。其食品和药品安全监管体系堪称是世界上最完善的。大名鼎鼎的美国食品药品监督管理局（Federal Drug and Food Administration，FDA）更是被美国民众奉为食品安全的"守护神"。美国的食品安全监管立法从 1906 年开始一直持续到现在。美国食品安全立法一直强调法律监管、风险管理和预防为主。严密的食品安全监管体系、召回制度以及惩罚性赔偿制度是美国政府维护食品安全的三把利剑。美国属于英美法系国家，其成文法典相对较少，大部分为附属刑法，食品安全领域也不例外，《美国模范刑法典》没有针对食品安全犯罪的刑法规定。其成文法历史可以追溯到 1906 年的《纯净食品与药品法》，主要规范的是掺假的药品、食品以及假冒注册商标的商品。美国的食品安全刑事立法的责任原则也体现了英美国家的特色——严格责任的适用。此外，法定刑设置比较轻缓，更多地适用解释性立法。

（一）美国食品安全的行政立法

1. 细密的食品安全监管体系

为保证美国公民能吃上放心食品，美国建立了覆盖所有食品的监管体系。1906 年通过《纯净食品与药品法》和《肉类检查法案》之后，经过一百多年

的时间，美国又陆陆续续出台了几部重要的法律：《联邦食品、药品和化妆品法》（FFDCA）、《公共卫生服务法》（PEESA）、《联邦肉类检验法》（FMIA）、《禽类产品检验法》（PPIA）、《蛋类产品检验法》（EPIA）、《联邦杀虫剂、杀真菌剂和灭鼠剂法》（FIFRA）、《食品质量保障法》（FQPA）。其中，1938 年制定的《联邦食品、药品和化妆品法》（ Federal Food, Drug and Cosmetic Act）是美国食品药品领域的基本法，是美国在食品安全方面最主要的立法，被评价为世界食品安全立法领域最全面的一部法律。[1]美国的食品安全监管法律大都制定于 20 世纪。2011 年 1 月，奥巴马签署了《食品安全现代化法案》。该法案对美国食品安全监管体系进行了七十多年来力度最大的一次改革。该法案主要涉及五个方面：预防和控制、监管和遵守、进口食品安全、事后应对、加强与食品安全部门的伙伴关系。该法案在食品安全问题上的治理理念从在事件发生后补救向以预防为主过渡，强调对食品安全问题的风险预防。为加强监管，美国还成立了新的食品安全工作小组，负责审查和改进食品安全法律和提升执法力度。2013 年 1 月 4 日，美国食品和药物管理局根据《食品安全现代化法案》的要求发布涉及农产品安全和预防控制的《农产品安全标准条例》和《食品预防控制措施条例》草案，以作为预防食源性疾病和确保进口本土食品安全的措施。其中，《农产品安全标准条例》的适用范围涵盖了农产品的种植、采摘、包装及存储标准，包括所有的蔬菜和水果，甚至具体到灌溉用水必须保持清洁、牲口不能下田、农民的手必须消毒等非常细微的环节。除了这两个条例之外，美国食品和药物管理局还计划在未来陆续推出新的《进口商确认条例》《重点关注饲料安全的预防控制条例》以及《第三方审核员认证条例》，以加强食品安全监管，尤其是重点加强对进口食品的检测和监管。21 世纪美国对食品安全监管的立法被誉为史上最严格的食品安全立法。[2]

在监管机构方面，美国是联邦制国家，州和联邦政府之间的职权划分非常清晰，美国全国和州与州之间由联邦政府监管，州内则由州政府监管。美

---

〔1〕 赵平、吴彬：《美国食品安全监管体系解析》，载《郑州航空工业管理学院学报》2009 年第 5 期。

〔2〕《美国为食品安全立最严法律》，载中国食品科技网：http://www.tech-food.com/news/2013-1-16/n0954676.htm，最后访问时间：2024 年 2 月 10 日。

国成立了"六位一体"的监管机构体系，由总统食品安全管理委员会统一管理全国的食品安全工作，下属六大机构，分别是卫生部的食品药品管理局（FDA）、农业部的食品安全检查局（FSIS）、动植物健康检验局（APHIS）、环境保护局（EPA）、商业部的国家渔业局（NMFS）、卫生部的疾病控制和预防中心（CDC），对每个监管部门的职责都做了非常细的划分。比如，针对蛋和蛋制品，美国分得很细、很具体：带壳的蛋由食品药品管理局（FDA）负责，而去掉蛋壳以后，则由食品安全检查局（FSIS）负责。[1]

2. 美国是世界上最早引入召回制度的国家

美国是世界上最早引入召回制度的国家，其产品召回制度相当完善。美国的产品召回制度首先被应用于汽车产业，推动了汽车行业的发展，后将这一成功模式推广到涉及人身健康安全的食品、药品行业。美国的食品召回制度完全是政府主导模式，由两个机构执行：食品药品管理局（FDA）和食品安全检查局（FSIS）。两个部门的具体管辖范围不同，食品安全检查局（FSIS）主要负责监督对除肉、禽和蛋类产品质量以及缺陷产品的召回，食品药品管理局（FDA）主要负责肉、禽以及蛋类制品以外的食品的质量以及缺陷产品的召回。缺陷食品的召回分为两种情形：一种是企业主动下架，另一种是由执行机构也就是食品药品管理局（FDA）和食品安全检查局（FSIS）下达禁令，通知企业下架。让食品企业主动下架食品是为了鼓励企业诚信自律，从食品的本源来找问题，并勇于承认问题，从而主动降低企业的食品安全风险成本，减少食品安全问题。此外，美国的食品召回制度还按照食品的风险进行了等级划分：第一级是最严重的，这类食品有可能导致食用者死亡；第二级是危害较轻的，消费者食用后可能不利于身体健康；第三级是一般不会有危害的，比如贴错产品标签、产品标识有错误或未能充分反映产品内容等。[2]食品召回级别不同，召回的规模、范围也不一样。召回可以在批发层、

---

〔1〕　徐立青、孟菲：《中国食品安全研究报告（2011）》，科学出版社2012年版，第95页。

〔2〕　《美国产品召回制度程序研究》，载 WTO 事物咨询服务中心：http://www. Hbdofcom gov. cn/ detail. Science？ Newsinfoid = 20100317115134718CPdX5dajKPzvO&newskindid = 20100115171057 57983 - CICKKbc7yp2yB&view＝detaiLwto，转引自周小梅、陈利萍、兰萍：《食品安全管制长效机制——经济分析与经验借鉴》，中国经济出版社2011年版，第225页。

用户层（学校、医院、宾馆和饭店）零售层。[1]

3. 危害分析与关键控制点制度（HACCP）

HACCP 是危害分析与关键控制点制度（Hazard Analysis Critical Control Point）的简称。"它是一个以食品安全预防为基础的食品生产、质量控制的保证体系，是一个系统性、连续性的食品安全预防和控制方法。该体系的核心是用来保护食品从田间到餐桌的整个过程中免受可能发生的生物、化学、物理因素的危害，尽可能把发生食品危险的可能性消灭在生产、运输过程中，而不是像传统的质量监督那样单纯依靠事后检验以保证食品的可靠性。这种步步为营的全过程的控制防御系统，可以最大限度地减少产生食品安全危害的风险。"[2] HACCP 在国际上被认为是控制由食品引起疾病的最经济方法，并就此获得了 FAO/WHO 食品法典委员会（CAC）的认同。[3] HACCP 在 20世纪 60 年代首先被美国用于对食品安全要求比较高的航天食品，后经国际食品法典委员会推广为目前保障食品安全最有效的途径。1977 年美国首先在水产品中引入这一概念。1986 年，美国国会授权商务部的国家海洋大气管理局（NOAA）根据 HACCP 概念设计改善水产品的监督体制。1995 年 12 月，美国发布联邦法规《水产与水产加工品生产与进口的安全与卫生的规范》，该法规又简称为《海产品 HACCP 法规》。其规定，自 1997 年 12 月 18 日开始，在美国水产品加工业及水产品进口时强制推行 HACCP，这不仅对美国国内水产业，而且对进入美国的外国水产品及其生产者都产生了巨大影响。1997 年 12月 18 日该法规正式施行。[4]

---

〔1〕《美国产品召回制度程序研究》，载 WTO 事物咨询服务中心：http://www. Hbdofcom gov. cn/detail. Science？Newsinfoid = 20100317115134718CPdX5dajKPzvO&newskindid = 2010011517105757983 - CICKKbc7yp2yB&view=detaiLwto，转引自周小梅、陈利萍、兰萍：《食品安全管制长效机制——经济分析与经验借鉴》，中国经济出版社 2011 年版，225 页。

〔2〕全国人大常委会法制工作委员会行政法室编著，李援主编：《〈中华人民共和国食品安全法〉释义及实用指南》（第 11 版），中国民主法制出版社 2012 年版，第 120 页。

〔3〕《中国质量认证中心网站食品安全管理体系（ISO22000/HACCP）简介》，载中国质量认证中心：http://www. cqc. com. cn/chinese/txrz/haccp/rzjj/webinfo/2006/07/1260325221629989. htm，最后访问时间：2024 年 2 月 13 日。

〔4〕《HACCP》，载百度百科：http://baike. baidu. com/view/95647. htm，最后访问时间：2024 年2 月 13 日。

4. 惩罚性赔偿制度

美国是将惩罚性制度运用得最为频繁的国家，也是最早使用这一制度的国家。美国在 1784 年"Genay v. Nnorris 案"中使用了惩罚性赔偿，后广泛拓展开来，被应用于食品等很多产品领域。《美国惩罚性赔偿示范法案》将惩罚性赔偿定义为"给予请求者的仅仅用于惩罚和威慑的金钱"，[1]也称惩戒性的赔偿或报复性的赔偿。1992 年，美国一个老太太在麦当劳买了杯咖啡，发生泼洒，烫伤了皮肤。为此，麦当劳付出了 286 万美元的巨额责任赔偿。之后，麦当劳咖啡杯醒目处出现了"小心烫伤"的提示，咖啡温度也降到了 70℃ 左右。[2]一杯 49 美分的咖啡换来了 286 万美元的巨额惩罚。自此之后，美国大量使用侵权赔偿制度，正是在惩罚性赔偿的震慑下，美国的食品安全秩序在世界范围内被认可。一般认为，赔偿具有三方面的功能：补偿功能、制裁功能和遏制功能。[3]在食品安全领域使用惩罚性赔偿，首先可以对食品安全案件的受害人给予必要的经济补偿和救济。通过对食品安全案件的受害者给予金钱或其他形式的补偿可以补救受害人由其造成的损失。其次可以惩罚和制裁食品安全责任人，给食品安全责任企业增加经济负担，使其减弱和丧失再犯的可能性。最后，对食品安全侵权人有一定的遏制作用，分为对食品安全案件侵权人和一般人的遏制：对食品安全事件侵权人遏制再犯和使其从中吸取教训；对一般人则是通过这种惩罚性赔偿金的运用产生威吓作用。《美国统一产品责任示范法》对损害赔偿数额未设限制，在司法实践中对食品案件判处高额赔偿金的现象比较普遍。

（二）美国食品安全刑事立法

美国属于英美法系国家，其成文法典相对较少，大部分是附属刑法，食品安全领域也不例外，因此食品安全刑事立法采取了属于附属刑法的模式，《美国模范刑法典》没有对食品安全犯罪作出规定。其成文法历史可以追溯到 1906 年的《纯净食品与药品法》，主要规范的是掺假的药品、食品以及假冒

---

〔1〕 王利明：《美国惩罚性赔偿制度研究》，载《比较法研究》2003 年第 5 期。

〔2〕《食品安全亟待"惩罚性赔偿"》，载人民网：http://opinion. people. com. cn/GB/12586165. html，最后访问时间：2024 年 2 月 14 日。

〔3〕 王利明：《美国惩罚性赔偿制度研究》，载《比较法研究》2003 年第 5 期。

注册商标的商品。美国的食品安全刑事立法在责任原则中也体现了英美国家的特色——严格责任的适用。此外，法定刑设置比较轻缓，更多地适用解释性立法。下面，本书将简要分析美国食品安全刑事立法的主要特点。

1. 随着食品安全形势发展而日趋严密的食品安全犯罪调控体系

前文已有所述，美国的食品安全立法非常繁密，涉及从农田到餐桌的食品供应链的全过程。从 1906 年因为泛滥的食品安全问题而推动政府出台《纯净食品与药品法》和《肉类检查法案》以来，美国颁布了大量食品安全法律法规。因为美国的食品犯罪立法属于附属刑法，因此其对食品安全犯罪的规定散见于各个食品安全法律法规中。其中包括《联邦食品药品化妆品法》（1938年）、《联邦肉类检验法》（1907 年）、《食用奶法》（1923 年）、《进口奶法》（1927 年）、《公共健康服务法》（1944 年）、《家禽产品检验法》（1957 年）、《包装和标签法》（1966 年）、《蛋产品检验法》（1970 年）、《清洁水法》（1972年）、《安全饮用水法》（1974 年）、《联邦反篡改法》（1983 年）、《卫生食品运输法》（1990 年）、《联邦杀虫剂、杀菌剂和杀鼠剂》（1996 年）。美国的食品安全刑事立法多集中在 20 世纪。进入 21 世纪以来，美国的食品安全问题层出不穷。例如 2008 年，受沙门氏菌污染的花生酱等花生制品导致了 9 名消费者死亡。位于乔治亚州的食品厂曾被卫生检查员给出高分，原因是这位"外聘"的检察员根本不了解花生酱存在沙门氏菌污染的危险。又比如，2011年 8 月，33 人因为食入被李斯特菌污染的哈密瓜而死亡，而种植这些哈密瓜的科罗拉多州的农场却也通过了安全核查——26 岁的"菜鸟"检查员给了没有杀菌清洗设施的农场"优秀"的评分。[1] 据彭博社报道，每年因食品污染而生病的美国人有 4800 万之多，其中 10 万人需要住院治疗，而由此导致的死亡案例也达 3000 件以上。报道认为，食品药品管理局（FDA）的监管不力是食品安全问题频发的重要因素之一。[2] 面对如此严重和频发的食品安全事故，美国民众要求改革食品安全体系、惩治食品安全犯罪的呼声日益高涨。

---

〔1〕《美国食品安全问题多》，载新浪网美报看点：http://finance. sina. com. cn/stock/usstock/c/20121015/095413367857. shtml，最后访问时间：2024 年 2 月 15 日。

〔2〕《美国食品安全问题多》，载新浪网美报看点：http://finance. sina. com. cn/stock/usstock/c/20121015/095413367857. shtml，最后访问时间：2024 年 2 月 15 日。

21 世纪以来，美国政府出台了一系列食品安全监管立法应对食品安全犯罪问题。2009 年美国通过了《食品安全加强法》，之后的 2011 年 1 月又通过了美国食品安全管制史上最大规模的《食品安全现代化法案》，以加强对食品安全犯罪的打击。2013 年新近出台的《农产品安全标准条例》更是将蔬菜、水果纳入了食品安全犯罪打击范畴，真正实现了从农田到餐桌的全过程食品安全犯罪预防与控制。

2. 严格的刑事责任适用

严格责任作为一种归责方式，是英美国家刑法的一种归责方式，大陆法系刑法理论一般不承认严格责任，但在大陆法系的民法和行政法中存在严格责任。因此，从这种意义上来说，严格责任是英美刑法中特有的刑事责任制度。严格责任在英美刑法中主要集中在公共福利犯罪和道德犯罪之中。食品安全犯罪中普遍存在严格责任。如《联邦食品、药品和化妆品法》第三章"禁止的行为和处罚"第一节"禁止的行为"对食品犯罪的构成，仅仅规定了行为的客观特征，而并没有对行为人故意、过失的规定。如"引入或者运输作为州际贸易的、人为改变或者错误商标的食品""人为改变或者错误商标食品""接收作为州际贸易的、人为改变或者错误商标的食品""在销售过程中改变、毁损、涂删全部或者部分食品的标签等导致食品被伪造或者假冒商标的"。该章第三节"刑事责任"规定："违反本章第一节规定的，判处一年以下有期徒刑，或者 1000 美元以下罚金，或者并罚；如果行为人在违反第一节规定的行为被判处后，又违反第一节规定的，或者带有欺诈或误导的目的故意违反第一节规定的，判处三年以下有期徒刑，或者 10 000 美元以下罚金，或者并罚。"[1]

3. 法定刑较轻，大量适用罚金刑

美国的食品安全犯罪立法对食品安全犯罪的处罚相对较轻，且罚金刑适用广泛。《联邦食品、药品和化妆品法》第三章"禁止的行为和处罚"第 303 节在关于处罚的规定中，大量适用罚金：①任何人违反第 301 节的规定应处一年以下监禁，或 10 000 美元以下罚金，或两处并罚。②虽然有本节条款的

---

〔1〕 左袖阳：《中美食品安全刑事立法特征比较分析》，载《中国刑事法杂志》2012 年第 1 期。

第1款的规定，任何人如果违反了此规定，依据本节条款所作出的定罪是终局性的；或者有意欺骗或误导而违反此规定的人，应处三年以下监禁，或10 000美元以下罚金，或两处并罚。除第2款规定的，任何人明知分配，或者有意分配的持有人类生长激素用于对人类的任何使用，而不是用于治疗疾病，或者其他根据第505节健康和人类服务部部长及医生的指示下认可的医疗条件的，是被认定为有罪的，应处以五年以下监禁，《美国规范法典》第18卷规定的罚金，或者两处并罚。②任何人犯了第1款所规定的犯罪，且该罪行涉及未满18周岁的个人，应处以十年以下监禁，《美国规范法典》第18卷规定的罚金，或者两处并罚。由此可见，对于一般的违反禁止规定，刑罚多为一年以下有期徒刑并处罚金。稍严重点的处罚只有在涉及对未满18周岁的人侵害的才处十年以下有期徒刑。此外，美国刑法对未满18周岁的食品安全危害也作出了特殊规定。

二、俄罗斯的食品安全行政立法和刑事立法

苏联解体后，俄罗斯全民投票通过了新的《俄罗斯联邦宪法》，开始建立新的法律体系。俄罗斯非常重视食品安全，把食品安全看作国家安全的重要组成部分。因此，俄罗斯非常重视食品安全立法，俄罗斯于1999年12月1日国家杜马通过，1999年12月23日联邦委员会批准《俄罗斯联邦食品质量和安全法》，在该法颁布前后，俄罗斯出台了一系列与该法相配套的法律、法规、条例和规章制度。此外，《俄罗斯联邦刑法典》第159、165、171、171.1、178、180、236、237、238条规定了食品安全方面的犯罪。由此可见俄罗斯对食品安全重视，形成了严密的食品安全防控法网。俄罗斯已经建立了比较完善的食品安全法律法规体系。下面本书将简单介绍食品安全的行政法规定和《俄罗斯刑法典》对食品安全犯罪的规定。

（一）俄罗斯食品安全行政法规介绍

现行《俄罗斯联邦食品质量和安全法》颁布后，为了遏制多发的食品安全问题，特别是俄罗斯最钟爱的酒类产品的安全事故。该法于2001年至2010年间先后进行了13次修订，修订得非常频繁。《俄罗斯联邦食品质量和安全法》是俄罗斯食品安全领域法律体系的基础，主要用于保障俄罗斯食品品质

与食品安全。该法共包括总则、俄罗斯联邦食品质量与安全保障领域的权力、食品质量与安全保障领域的国家调整、保障食品质量与安全的一般要求、违反本联邦法律的责任、附则 6 章共 30 条。

俄罗斯的食品安全行政责任由两部法律规定，一部是《俄罗斯联邦行政违法行为法》，另一部是《俄罗斯联邦食品质量和安全法》。当然，《俄罗斯联邦行政违法行为法》是笼统规定，在《俄罗斯联邦食品质量和安全法》中做了详细规定。

（1）《俄罗斯联邦食品质量和安全法》在第五章规定了相应的行政责任。比较特殊的一点是，该法不仅规定了行政责任以及和刑事责任的衔接，还在第 28 条规定了民事责任，分为两种情形：第一种是从事食品、接触材料和制品的流通以及在公共餐饮领域提供服务的个体经营者和法人违反本联邦法律，应按照民事法律承担法律责任。第二种是食品、接触材料和制品的缺陷以及在公共餐饮领域提供服务的质量与安全缺陷导致对公民生命、健康、财产或对法人财产造成损失，应按照民事法律予以赔偿。第 27 条规定了违反本联邦法律的刑事责任。违反联邦法律，因食用劣质和（或）危险食品导致人体疾病、中毒或死亡，应按照俄罗斯联邦法律承担刑事责任。除此之外，食品安全监管机构人员渎职，国家监督检查机关的公职人员自身不正确履行职责、隐瞒事实，都应按照俄罗斯联邦法律规定承担相应的责任。

（2）《俄罗斯联邦行政违法行为法》中有 2 条规定了与食品安全相关的法律，分别是第 14.4 条出售产品、完成工作或为居民提供服务不符合质量要求或者违反了俄罗斯联邦法律所规定的要求的规定和第 14.8 条侵害消费者的其他权利的规定。其中，第 14.4 条指的是出售质量与样品不符的商品、完成的工作或向居民提供的服务不符合关于完成工作或提供服务程序（规则）的规范性法律文件的要求所应承担的责任。对公民处数额为 1000 卢布以上 2000 卢布以下的行政罚款；对公职人员，处数额为 3000 卢布以上 1 万卢布以下的行政罚款；对没有法人的从事经营活动的人员，处数额为 1 万卢布以上 2 万卢布以下的行政罚款；对法人，处 2 万卢布以上 3 万卢布以下的行政罚款。一年之内重复实施本条第 1 款规定的行政违法行为，对公民处数额为 2000 卢布以上 5000 卢布以下的行政罚款；对公职人员，处数额为 7000 卢布以上

15 000 卢布以下的行政罚款或者 1 年以下取消资格；对没有法人的从事经营活动的人员，处 15 000 卢布以上 3 万卢布以下的行政罚款，并处或不并处没收行政违法行为的对象；对法人，处 3 万卢布以上 5 万卢布以下的行政罚款，并处或不并处没收行政违法行为的对象。对于第 14.8 条，侵害消费者获得关于被销售商品（工作、服务）制造者、卖方、执行人和工作条件的必要和可靠信息，对公职人员处以警告或处数额为 500 卢布以上 1000 卢布以下的行政罚款；对法人，处 5000 卢布以上 1 万卢布以下的行政罚款。俄罗斯区分了法人、公职人员不同的处罚标准。

（二）俄罗斯对食品安全犯罪的规定

1. 俄罗斯采用了专门刑法典的方式来对食品安全犯罪进行立法规制，并将侵害客体定位为公共安全

俄罗斯相关食品安全犯罪的条款都规定在《俄罗斯联邦刑法典》中，详见于第 159、165、171、171.1、178、180、236、237、238 条，共 8 个条文。食品安全犯罪规定实际上可以分为两部分。一部分是跟食品安全相关的犯罪，另一部分是直接针对食品安全的犯罪。这点跟我国对食品安全犯罪的规定比较相似。《俄罗斯联邦刑法典》分别在第 159、165、171、171.1、178、180 规定了"诈骗罪""以欺骗或滥用信任的手段造成财产损失罪""非法经营罪""生产、购买、贮存、运输或销售无标记的商品和产品罪""不允许、限制或排除竞争罪"和"非法使用商标罪"。我国也有"非法经营罪""假冒伪劣产品罪"和"诈骗罪"。但不同的是，《俄罗斯联邦刑法典》在第 236、237、238 条分别规定了"违反卫生防疫规则罪""隐瞒关于危及人的生命或健康的情况的信息罪""生产、储存、运输或出售不符合安全要求的商品和产品、完成不符合安全要求的工作或提供不符合安全要求的服务罪"。其中第 236 条的"违反卫生防疫规则罪"类似于我国的"生产、销售有毒、有害食品罪"。其构成要件为，违反卫生防疫规则，过失造成众多人患病或中毒构成此罪。

2. 俄罗斯食品安全犯罪的危害行为涉及生产、储存、运输等环节

《俄罗斯联邦刑法典》第 238 条的"生产、储存、运输或出售不符合安全要求的商品和产品、完成不符合安全要求的工作或提供不符合安全要求的服

务罪"，俄罗斯明确将食品安全生产的环节从生产、销售拓展到了储存和运输环节，真正实现了对从农田到餐桌整个体系过程的食品安全犯罪责任追究。对于储存行为的认定则表明了俄罗斯对有毒有害食品持有行为的犯罪化。其具体规定为：以销售为目的生产、储存或运输商品和产品或者销售商品和产品、完成工作或提供服务不符合消费者的生命或健康安全的要求，以及非法颁发或非法使用确认上述商品、工作或服务符合安全要求的官方文件构成此类犯罪。

3. 俄罗斯刑法典规定了针对特殊群体的食品安全犯罪

前文已有所述，《俄罗斯联邦食品质量和安全法》在食品分类中对儿童食品和特殊膳食食品进行了细分。与此相对应，在涉及此类食品的刑法保护方面，《俄罗斯联邦刑法典》也作出了专门规定。针对第 238 条生产、储存、运输或出售不符合安全要求的商品和产品、完成不符合安全要求的工作或提供不符合安全要求的服务罪规定了加重情形：①团伙有预谋实施的和有组织的集团实施的；②涉及 6 岁以下儿童食用的商品、工作或服务的；③过失造成健康严重受损或致人死亡。规定了对儿童食用的食品的特殊保护，以及基于这类食品构成犯罪的加重情形。

4. 规定"隐瞒关于危及人的生命或健康的情况的信息方面的犯罪"

《俄罗斯联邦刑法典》规定针对食品安全信息的犯罪也是其食品安全刑法的特色。对于有责任向居民和被授权采取措施排除危险的机关提供危及人们生命或健康或周围环境的各种事件、事实或现象的信息的人员，隐瞒或歪曲这种信息的构成此罪。

5. 刑罚轻缓、罚金刑适用广泛

在食品安全犯罪的处罚方面，俄罗斯的刑罚非常轻缓，比较轻的一般是 6 个月以下，造成严重后果的适用 1 年以上 6 年以下有期徒刑。对于造成 2 人以上死亡的，才处 10 年以下的有期徒刑。俄罗斯在此类规定中大量使用罚金刑，一般罚金的数额也较小。对于违反卫生防疫规则犯罪，过失造成众多人患病或中毒的，处数额为 8 万卢布或被判刑人 6 个月以下的工资或其他收入的罚金，或处 3 年以下剥夺担任一定职务或从事一定活动的权利，或处 360 小时的义工，或处 1 年以下的劳动改造，或处 1 年以下的限制自由。俄罗斯的罚金标准以犯罪人的工资标准为计算单位，这样比较合理，过于高或低的罚金可能对穷富不同的人没有惩罚意义，而以工资标准为计算单位的罚金则相对合理。此外，俄罗斯的罚金刑相比较我国而言也属轻缓。

6. 规定食品安全的过失犯罪

《俄罗斯联邦刑法典》第236条规定，违反卫生防疫规则，过失造成众多人患病或中毒的，处数额为8万卢布或被判刑人6个月以下的工资或其他收入的罚金，或处3年以下剥夺担任一定职务或从事一定活动的权利，或处360小时的义工，或处1年以下的劳动改造，或处1年以下的限制自由。条文规定的行为属于典型的过失犯罪。

三、英国的食品安全行政立法和刑事立法

（一）英国的食品安全立法概况

英国是近代以来最早重视食品安全并制定相关法律的国家，其体系完善、监管责任明确、法律责任严格。英国早在1860年和1872年便分别制定了《食品与饮料掺假法》和《食品与药品掺假法》，之后陆陆续续制定了《食品法》《食品安全法》《食品标准法》等，针对一些需要特殊监管的领域，英国出台了许多专门规定，如《甜品规定》《食品标签规定》《肉类制品规定》《饲料卫生规定》和《食品添加剂规定》等。"在英国，责任主体违法，不仅要承担对受害者的民事赔偿责任，还要根据违法程度和具体情况承受相应的行政处罚乃至刑事制裁。例如，根据《食品安全法》，一般违法行为根据具体情节处以5000英镑的罚款或3个月以内的监禁；违法情节和造成后果十分严重的，对违法者最高处以无上限罚款或2年监禁。"[1]

英国在其1990年的《食品安全法》中不仅规定了相关的行政处罚，还在本法中规定了构成犯罪的情形以及对食品安全犯罪诉讼的一些条件和抗辩。该法规定了对可疑食品的检查和没收、改进通知、禁止法令和紧急管治法令对食品安全违法行为进行查处。

---

〔1〕《外国的不同食品安全措施》，载法律快车知识网：http://www.lawtime.cn/info/shipin/shiwu/20120320242124.html，最后访问时间：2024年2月16日。

（1）对于可疑食品的检查和没收。被授权的执行官可以在任何合理时间内检查用于人类食用的下列食品：已销售食品，提供或已陈列将用来销售的食品；已经被任何人持有、受任何人托管或委任给任何人的食品，将用来销售或准备销售的。

（2）改进通知。如果执法机关的被授权执行人有合理理由相信食品业务经营者未能符合本节的相关规定，被授权执行人可以通知送达该经营者（在本章中称该通知为"改进通知"）。该通知内容包括（a）正式说明执行官相信该营业者未能遵守有关规定的理由；（b）具体指出营业者在何方面未能遵守有关规定；（c）具体指出在执行官看来应该采取何种措施才能避免诉讼；（d）要求该营业者在通知所规定的期限内（该期限通常不少于 14 天）采取该措施，或采取与该措施效力相等的措施。

（3）禁止法令。英国《食品安全法》第 12 条规定，如果根据本节所适用的任何条款，食品企业经营者被判有罪，并且在判决时或判决前法院认为该企业会对健康卫生造成风险，法院可以以法令的形式对其施加禁制令；如果如下内容（a）用于该经营过程中所加工或处理；（b）用于该经营过程的任何房屋构造，或用于该经营过程中的任何设备；以及（c）用于经营过程中的任何房屋或设备的使用条件，对健康卫生造成威胁，该食品企业便构成对健康卫生产生威胁的条件，可以颁发禁止令。

（4）紧急管治法令。如果国务卿认为与食品、食品来源、与食品接触的任何种类的材料有关的商业经营含有对健康卫生即将迫近的风险，国务卿可以通过法令禁止有关食品、食品来源、与食品接触的任何种类的材料的相关商业运营。任何人故意违反紧急管制法令，即属有罪。国务卿或食品安全总署可以无条件地或在执法机关认为合适的条件下执行紧急禁止法令所禁止的内容。任何人未能遵守本章所述之法令内容的，即属有罪。如果国务卿或食品标准总署根据本节所述内容采取行动，对于任何未能遵守紧急管制法令之人造成的结果，该机构均可以合理地向该人要求支付相关费用。

（二）英国食品安全刑事法律

英国《食品安全法》规定了一些涉及食品安全的犯罪，其中包括销售性质、物质或质量不符合规定的食品犯罪。该犯罪是指任何人向买方销售损害买方利益的任何性质、物质或质量不符合买方要求的食品，即属有罪。而对虚假描述或呈现食物则规定了两种情形：一种是违法，一种是犯罪。其中的违法构成条件是：任何人在销售食物时附带的标签或以销售为目的持有食品旁所展列的标签，无论该标签是否附着或印于该食品的包装，如果该标签虚假描述此物品；或者对食品的性质、物质或质量有潜在误导性信息的，该人即属违法。任何人销售任何食品，以销售为目的提供、出示任何食品，以销售为目的持有任何食品，展示食品的方式在关乎食品性质、物质或质量方面有误导性信息的，即属违法。任何人在出版或部分出版与食品有关的广告中虚假描述任何食物；或者对任何食物的性质、物质或质量有潜在误导性影响，即构成犯罪。

作为奉行衡平法和判例法的英国，非常注重程序意义上的立法。其对食品安全犯罪行为规定了诉讼时效。英国《食品安全法》规定："根据本法第35（2）节中所述内容，超过以下期限的将不得因某一犯罪行为而提出诉讼：在犯罪行为发生后三年；或者在公诉人发现案情后一年。"

英国《食品安全法》在其第 35 条规定了对犯罪行为的责罚："（1）凡犯第 33（1）节所述之罪的，一经即席判决有罪，处以不高于 5000 英镑的罚金和/或判处不超过三个月的有期徒刑。（2）根据本法所述内容：（a）凡犯本法任何所述之罪的，一经公诉判决被判有罪，处以罚金和/或不超过两年的有期徒刑；（b）凡犯本法任何所述之罪的，一经即席判决被判有罪，处以不超过相关限额罚金和/或不超过六个月的有期徒刑。（3）本节中第（2）小节所述的相关数额指（a）犯有本法第 7 节、第 8 节或第 14 节所述之罪的，为 20 000 英镑；（b）其他情况的，则依据犯罪数额而定。"

英国《食品安全法》对于企业法人团体的犯罪行为在其第 36 条中规定：本法中所述之法人团体犯罪行为，被证明是由任何董事、经理、书记、法人团体中类似主管，或自称有同等资格人的同意、默认，或者被证明属于任何董事、经理、书记、法人团体中类似主管，或自称有同等资格人的过失造成，该人同该法人组织一并被视为有罪犯罪，该人因此将接受相关审判和处罚。

四、日本的食品安全行政立法和刑事立法

日本现行《食品安全法》是于 2003 年修订的，取代了 1947 年《食品卫生法》，该法共经过 11 次修订。2003 年的变化最大，其也是为了应对近年来日本安全事故频发而作了大范围修改。保护国民健康乃政府工作的重中之重，日本政府对食品安全给予了高度重视。日本于 2002 年增设了食品安全担当大臣，位列国务大臣。这意味着日本将食品安全问题放到了比国防问题更高的层次来对待（注：当时的国防最高首长防卫厅长官的级别低于国务大臣）。[1]食品安全担当大臣统领日本的食品安全委员会，对食品安全进行监管。

（一）日本食品安全的行政法规制度介绍

（1）食品身份证制度。为了对发生问题的食品进行有效追溯，日本还建立了"食品身份证制度"，也就是产品履历跟踪监视制度。要求日本食品企业的生产、流通等各部门广泛采用条码技术、无线射频识别技术等电子标签，详细记载产品的各种数据。消费者通过识别终端就能了解产品的所有情况。例如，从大米的电子标签上可以了解到大米的产地，生产者，使用何种农药和化肥，农药的使用次数、浓度、使用日期及收割和加工日期等具体的生产和流通过程。这些数据和更为详细的资料还要在因特网上公布，消费者只要上网就可以查阅详细情况。[2]

（2）日本的消费者及消费者团体在食品安全事件中的舆论监督作用很大。日本在食品安全方面之所以能取得进步，除了各行政机构的努力，以及生产者方意识大为提高外，与消费者食品安全意识的提高及其不懈努力也密不可分。甚至可以说，行政机构之所以要严格标准、生产者之所以意识能提高，正是消费者维权行动推动的结果。[3]日本于 1968 年出台了《消费者保护基本法》，该法的理念从重视生产者向重视消费者过渡。该法明确规定："消费者有向国家和地方政府要求完备有助于保护消费者权利的司法和行政系统的权利。"这句话的意思就是，如果发生了消费者权益受到侵害的事件，责任首先

---

〔1〕《食品安全日本曾经的痛》，载新浪网：http://finance.sina.com.cn/focus/japanfood，最后访问时间：2024 年 2 月 16 日。

〔2〕《日本食品安全法经常修改》，载人民网：http://www.people.com.cn/GB/paper68/14388/1279747.html，最后访问时间：2024 年 2 月 17 日。

〔3〕《食品安全：日本曾经的痛》，载新浪网：http://finance.sina.com.cn/focus/japanfood，最后访问时间：2024 年 2 月 17 日。

在政府而不是在肇事者。[1]对待消费者的维权行动，日本的行政机构是绝不会说"No"的，也不可能去阻止这样的行为，甚至会在必要的情况下，站在消费者的阵营里支持、援助他们。[2]

（二）日本刑法对食品安全犯罪的规定

日本对食品安全犯罪的刑法调整采用的是刑法典和附属刑法的混合模式。《日本刑法典》第205、209、210、211条规定了食品安全犯罪的罪名。第205条规定了将毒物混入饮食物："将毒物或者其他有害健康之物混入饮用水的，处三年以下惩役。将毒物或者其他有害健康之物，混入供多数人饮食之物或者其原料的，同前项。"《日本刑法典》第206条规定了将毒物混入水道："将毒物或者其他有害健康之物，混入由水道供给公众的饮用水或者其水源的，处于2年以上有期惩役。"[3]此外，《日本食品卫生法》在第11章的罚则部分第71~79条也规定了食品安全刑事责任条款。日本对食品安全犯罪的规定有如下特征：①采用刑法典和附属刑法的混合立法模式；②规定了食品安全的过失犯罪；③对食品安全犯罪链条的规定十分详细，不仅包括生产、销售环节，而且还包括采集、进口、加工、调制、储藏或者陈列食品、添加剂等行为；④将食品安全犯罪归为侵害公众健康的客体范畴。

第二节　我国食品安全实体法衔接立法模式的转变

一、立法模式简要介绍

食品安全犯罪刑事立法模式，一般分为单轨制和双轨制。单轨制是立法规定只在单个的刑法典中，或者只在附属立法中，而双轨制则是附属立法和刑法典并用。单轨制又被分为单一法典式立法模式、散在型立法模式，双轨

---

〔1〕《日本食品安全的神话归功于谁》，载凤凰网：http://news.ifeng.com/opinion/zhuanlan/yu-tianren/detail_ 2011_ 04/26/5984048_ 0.shtml，最后访问时间：2024 年 2 月 18 日。

〔2〕《食品安全：日本曾经的痛》，载新浪网：http://finance.sina.com.cn/focus/japanfood，最后访问时间：2024 年 2 月 18 日。

〔3〕《日本刑法典》（第 2 版），张明楷译，法律出版社 2006 年版，第 173~174 页。

制可被分为判例型立法模式以及法典型与附属型相结合型立法模式。

（1）单一法典式立法模式。单一法典式立法模式指的是刑法以单一制定的刑法典为载体，国家机关将所有的犯罪都归集到一部刑法典中。刑法典各部分的排列往往依据一定的规则，总则和分则互相呼应。在一般公民的心目中，通过刑法典表达出来的刑法规范似乎比存在于非刑事法律中的刑法规范具有更高的权威性。[1]采用单一法典式立法模式的国家不多，比如俄罗斯。俄罗斯关于食品安全犯罪的条款都被规定在《俄罗斯联邦刑法典》中，跟食品安全犯罪相关的有第159、165、171、171.1、178、180、236、237、238条，共8个条文，并将侵害客体定位为公共安全中的居民健康。

（2）散在型立法模式。散在型立法模式又被称为独立型立法模式，指的是刑法规定散见于行政法规、经济法规和民法等非刑事法规中。这些行政法规、经济法规和民法等非刑事法规既规定了相应的行政责任、民事责任，也规定了犯罪和刑罚。散在型立法模式又包括两种具体形式，即依附型附属刑法立法模式和独立型附属刑法立法模式，前者是指附属刑法规范的内容必须依附于刑法典才有其存在的意义，后者是指在行政法、经济法中设置具有独立罪名和法定刑的刑法规范。[2]散在型立法模式以英美法系国家为主。英美法系大都没有成文的刑法典，其附属刑法大多被规定在其他法律规范中。典型的如美国的食品安全立法，美国的《模范刑法典》并没有规定食品安全立法，涉及食品安全犯罪的规定散见于各食品安全的行政法规中。比如《联邦食品、药品化妆品法》和《联邦肉类检验法》。这种模式更多的是承继了英美法系传统，其主要的渊源是"遵循先例原则"。其所援引的依据是判例，先前的判例对后来的案件、上级法院的判例对下级法院的案件审理具有约束力。

（3）法典式立法和散在型立法相结合的综合型模式。该模式指的是刑法规定中既有法典也有附属刑法的规定，这里又可分为依附型附属立法与法典立法相结合和独立性附属立法与法典相结合。依附性附属立法与法典相结合的双轨模式指的是在《食品安全法》中规定"构成犯罪，依法追究刑事责

---

〔1〕　陈兴良：《刑法哲学》，中国政法大学出版社1992年版，第523页。

〔2〕　陈兴良：《刑法哲学》，中国政法大学出版社2009年版，第666~667页。

任"这种模糊条款，在追究刑事责任时援引《刑法》的相关规定。中国、德国、日本、新加坡、意大利等都属于依附型附属立法与法典立法相结合的模式。独立性附属立法与法典相结合的模式和依附型附属立法与法典立法相结合的模式的区别在于《食品安全法》规定了具体适用条款，《刑法》则规定一般原则性条款。法典式立法和散在型立法结合的立法模式在维护刑法典权威性和稳定性的同时，又能够考虑到食品安全犯罪出现的新变化，从而在不妨碍刑法一般性、原则性规定的前提下适时修改《食品安全法》，及时、有效地打击该类犯罪。

二、我国食品安全犯罪刑事立法模式的缺陷分析

（一）我国食品安全犯罪刑事立法模式的缺陷

在立法模式上，我国目前保持了刑法典与依附性附属刑法相结合的双轨型立法模式。附属的《食品安全法》规定了相应的刑事责任，然后由《刑法》来具体惩治。这种模式貌似配合得很好，能有力打击食品安全犯罪。但是这一模式的弊端也是显而易见的。一方面，具有依附性的附属立法需要和刑法典保持很好的衔接。但在现实中，这个衔接不是很容易实现，附属立法应景而变之后，刑法典作为基本法典，要保持一定的稳定性，所以往往不能应时而变，造成附属立法和刑法典脱节。另一方面，附属立法的原则性规定往往在刑法中无法找到相对应的规定。比如《食品安全法》第 149 条规定的"违反本法规定，构成犯罪的，依法追究刑事责任"，显然属于原则性规定。有学者指出："原则性规范一般无法在刑法典中找到相对应的罪刑规范，往往导致它们难以甚至不能适用而形同虚设。"[1]这就直接导致了在追究食品安全犯罪的法律责任时出现以罚代刑或只罚不刑的现象，严重影响法律适用的效果。虽然最高人民法院和最高人民检察院于 2013 年、2022 年出台的司法解释在一定程度上完善了相关刑事立法，但是食品安全召回、进口不符合安全标准食品以及持有型食品安全犯罪依然在《刑法》中无相应的罪名追究刑事责任，按照罪刑法定原则，又不能类推适用其他罪名。因此造成了衔接真空，造

---

〔1〕 杜菊、刘红：《食品安全刑事保护研究》，法律出版社 2012 年版，第 51 页。

成了有罪无法追究的情形。目前，附属刑法和刑法典相结合出现了以下问题：

1. 与《食品安全法》衔接不畅

这里的衔接不畅有两方面：一方面，现有刑事法网对食品生产链的过程环节规制有遗漏，《食品安全法》规定的是食品的生产经营环节，《刑法》规定的是生产销售环节，两者在衔接上存在脱节。另一方面，刑法中作为犯罪对象的"食品"与《食品安全法》中的"食品"理解模糊，对《刑法》中的"食品安全标准"界定不清。

2. 刑事责任方面不完整

现行刑法没有规定食品安全过失犯罪，但现实实践中有大量基于过失的食品安全犯罪，导致对这类行为无法规制。对《食品安全法》规定的一些召回食品和进口食品追究刑事责任的时候，现行刑法并没有规定导致对此类行为的刑法规制不足。

3. 刑罚设置不合理

现行刑法对食品安全犯罪的处罚相对严厉，我国就属于贪利性的食品安全犯罪设置了死刑和较长的监禁刑。但是，食品安全犯罪罚金刑的适用太过原则，造成了操作中的困难，资格刑在食品安全犯罪中存在缺失等都是不合理之处。

三、我国食品安全犯罪刑事立法模式的应然选择

针对我国当前食品安全违法犯罪行刑衔接现有模式的弊端，有的学者主张，我国食品安全犯罪的立法模式应选择独立型的附属立法和法典相结合的双轨模式。[1]本书同样认为，基于以下原因，采用独立型的立法模式和法典结合的双轨模式很有必要且切实可行。

首先，独立型的附属立法模式和法典相结合模式是中国转型时期遏制食品安全犯罪的时代选择。我国正处于经济急剧发展时期，食品工业的发展也日新月异。"政治经济状况是不断变化的，由此导致犯罪形势也处于不断变化之中。当新型犯罪不断涌现，需要刑法对此做出反应的时候，法典模式的刑

---

〔1〕杜菊、刘红：《食品安全刑事保护研究》，法律出版社 2012 年版，第 51 页。

事立法将会对此一筹莫展，无法适应打击犯罪的需要，也不能适应刑事政策变化的要求。"[1]我国从 1995 年《食品卫生法》到 2021 年《食品安全法》仅仅用了十几年就进行了 6 次大规模修改。《刑法》作为具有一定稳定性的基本法律不能朝令夕改，虽说有修正案的方式可以适时而动，但毕竟只是权宜之计。目前，过于频繁的刑法修正案的出台也遭到了许多学者的质疑。因此，如果在附属立法中直接规定相应的罪状和惩罚，既可以保持刑法典的稳定性，又可以弥补《刑法》不可避免的滞后性。而且，这种附属立法模式可以随着经济、社会形势的变动应景而变，适应打击新型犯罪的需要。

其次，独立型的附属立法模式和法典相结合模式便于操作和便于对该类犯罪的刑事政策运用。行政法规的专业性强，往往自成体系。其一般先规定某些行为的规范表述，然后规定违反之后相应的行政责任，如果性质严重，则要承担相应的刑事责任。这种随着行为性质而施加不同严厉程度的责任的做法在同一规范体系内便于相关人员了解比较专业的规定，而不需要再去援引其他法规，更便于对此类犯罪行为的认定和处罚。以《食品安全法》为例，如果在第九章"法律责任"后直接增加刑事责任和处罚，那么对食品安全违法犯罪的规定要一目了然，非常清晰，便于对食品安全犯罪的惩治和预防。此外，独立型的附属刑法立法模式可以充分发挥刑法的刑事政策功能。"独立型附属刑法所规定的犯罪都是法定犯，即都是由于刑事政策的原因而被规定为犯罪的，因而这些犯罪的波动性很大。对于某种行为，在特定时期，国家出于刑事政策的考虑可能用刑法对其进行规制；但在另外一个时期可能就不需要运用刑法规制。通过独立型附属刑法立法模式，国家可以灵活地运用不同的刑事政策对不同的行为进行犯罪化或者非犯罪化处理，从而有效地调节社会秩序。"[2]

最后，"独立型的附属立法与法典相结合的综合模式是各国广泛采用的一种模式"。[3]我们在前面分析了其他国家和地区的食品安全犯罪立法，从中不

---

[1] 柳忠卫：《刑法立法模式的刑事政策考察》，载《现代法学》2010 年第 3 期。

[2] 柳忠卫：《刑法立法模式的刑事政策考察》，载《现代法学》2010 年第 3 期。

[3] 黄华平、夏梦：《试论我国食品安全的刑法保护》，载赵秉志、张军主编：《刑法与宪法之协调发展——全国刑法学年会论文集 2012》（下卷），中国人民公安大学出版社 2012 年版，第 960 页。

难发现，当今世界许多发达国家和地区的食品安全犯罪立法模式都采用了独立型的附属立法模式。德国、日本、新加坡、意大利等都采纳了独立型的附属立法与法典相结合的食品安全犯罪立法模式，而这些国家的食品安全秩序也相对良好。日本对食品安全犯罪的刑法调整采用的是刑法典和独立型附属刑法的混合模式。《日本刑法典》第205条、第209条、第210条及第211条规定了食品安全犯罪的罪名。此外，《日本食品卫生法》第11章的罚则部分第71~79条也规定了食品安全刑事责任条款。新加坡食品安全犯罪的刑法规范也属于混合模式，《新加坡刑法典》和《食品销售（刑罚）条例》两部法律调整食品安全犯罪行为。德国刑法对食品安全犯罪的规定也是采用了刑法典和独立型附属刑法的混合模式，主要有两部法律规范，一部是《德国刑法典》，另一部是《德国食品、日用品和饲料法典》。两部法律构成了德国食品安全犯罪的规范体系。

下 篇

程序篇

第五章

食品安全行刑的程序规则衔接

第一节　食品安全行刑程序衔接的适用原则

一、程序衔接适用的原则

行政执法与刑事司法分属两种不同的法律程序，行政处罚所依据的是《行政处罚法》，按照行政处罚程序作出。刑事处罚则依据《刑事诉讼法》，由司法机关按照刑事诉讼程序作出。对于行刑衔接的案件，当行政违法严重到一定程度，构成犯罪时，基于其既是行政违法行为又是刑事犯罪，这个时候就会产生行政处罚程序和刑事诉讼程序竞合的问题，也就是如何适用的问题。对于是优先适用行政违法程序进行处理，还是刑事程序优先，抑或两者同时适用，学界有不同观点。

1. 行政执法与刑事司法同时进行原则，也即"一案双查"制度

主张该学说的学者认为："在食品安全领域，可以有条件实行'一案双查'制度，同步调查、信息共享。对于严重的行政违法行为，行政执法机关和公安机关都有义务在第一时间介入。公安机关不用等着行政机关移送，同时介入案件调查。当然，'一案双查'制度实施的前提是建立信息共享平台，使得侦查机关能够和行政机关一样在同一时间获得案件的线索而介入调查。这些机构就可以在行政执法过程中提前介入，延伸调查。从而能够解决有案

不移、有案不立、移送困难、推诿不做的问题。"〔1〕但从司法成本上来看，行政处罚与刑事处罚同时进行的"一案双查"制度明显会浪费司法资源。在我国司法资源有限的状况下，这种方案遭到了许多学者的反对。

2. 刑事优先原则

刑事优先原则认为，在处理既涉及刑事犯罪又涉及行政不法的案件时，对于刑事或者行政何者优先适用，要从处罚功能上来进行界定，既然是涉嫌犯罪，那么刑罚要比行政处罚更能体现罪责刑相适应原则。"行政处罚与刑事处罚在程序上衔接，主要应遵循刑事优先原则，即同一案件既是刑事违法案件，又是行政犯罪案件时，原则上应先由司法机关按刑事诉讼程序解决行为人的刑事责任问题，再由行政机关依行政处罚程序解决行为人的行政处罚责任。"〔2〕

而且，从司法实践来看，世界上的大部分国家在处理行刑衔接问题时一般都遵循刑事优先原则。并且，在立法上也会规定，行政违法严重到一定程度后要追究刑事责任，追究刑事责任自然而然地要把案件移送到刑事司法机构先行处理，即先追究其刑事责任，再对其进行行政处罚。

3. 行政优先原则

行政权和司法权有本质区别，行政权的本质在于对社会秩序的管理，保障社会秩序的有效运行，因为行政执法牵涉社会事务的方方面面，无所不包，为了对纷繁复杂的行政事务进行有效管理，必然要求行政执法人员对发现的社会问题和失范现象主动干预、提前干预，这样才能将风险控制到最小，维护正常的管理秩序。如果是事后干预，社会秩序混乱，则难以管理。司法权则是注重权利救济和保护法益，其作用是定纷止争，而定纷止争只能是事后救济。因此，在司法领域，法院一般奉行"不告不理"原则。不同于行政权的事前干预和主动干预，司法权是被动的，是事后的救济。因此，有的学者认为，"刑事优先"的传统行刑衔接程序设计却使得作为监督对象的行政执法行为

---

〔1〕 《马怀德 破解行政执法与刑事司法对接机制运转不畅的困局》，载中国警察网：http://sydj. cpd. com. cn/n23502548/n23503038/c23594929/content. html，最后访问日期：2024 年 2 月 20 日。

〔2〕 周佑勇、刘艳红：《论行政处罚与刑罚处罚的适用衔接》，载《法律科学（西北政法大学学报）》1997 年第 2 期。

完成于刑事诉讼程序活动之后，负有监督职能的刑事司法程序先于被监督的行政执法决定作出即"先行告退"，不仅会导致司法权对行政权的监督职能被废弃，而且会使得司法权对行政权依法正当行使的维护也完全无从谈起。[1]再者，行政裁决的公定力并不意味着其具有终局裁决的法律效力，而司法裁决则具有终局性。因此，如果刑事优先、行政在后，就会导致行政裁决变成终局性裁决。此外，基于刑事司法的谦抑性和谨慎性，不宜直接动用刑罚来进行刑事处罚。因而，应采用"行政优先"的原则。

以上学说各有其片面性，都不足取，本书主张以刑事优先为一般原则，以行政优先为例外的学说。也即在一般情况下，都要遵循刑事优先原则，除非法律有特殊规定，方才适用行政优先原则。以刑事优先为一般原则主要是基于以下几方面的理由：第一，从行刑衔接的处罚对象来看，所处罚的不是一般的行政违法行为，而是严重到一定程度构成犯罪的行政违法行为，因此应优先审查。第二，毫无疑问，刑事处罚通过剥夺人的自由甚至生命彰显其制裁的严厉程度，而行政处罚则相对比较轻缓，基于罪责相适应原则，应优先进行刑事处理。第三，现行立法中的规定也确立了以刑事优先为一般原则。比如《刑法》第 37 条规定："对于犯罪情节轻微不需要判处刑罚的，可以免予刑事处罚，但是可以根据案件的不同情况，予以训诫或者责令具结悔过、赔礼道歉、赔偿损失，或者由主管部门予以行政处罚或者行政处分。"此外，《行政处罚法》第 27 条第 1 款规定："违法行为涉嫌犯罪的，行政机关应当及时将案件移送司法机关，依法追究刑事责任。……"第 57 条第 1 款规定："调查终结，行政机关负责人应当对调查结果进行审查……违法行为涉嫌犯罪的，移送司法机关。"

从以上三点可以看出，当行政违法行为严重到一定程度，构成犯罪时，行政机关不是先处罚，而是在处罚前就移送。除了"刑事优先"这一一般原则，需要指出的是，在法律有规定的情况下，行政处罚可能优先适用。比如，《行政处罚法》第 35 条规定："违法行为构成犯罪，人民法院判处拘役或者有

---

〔1〕　田宏杰：《行政犯罪的归责程序及其证据转化——兼及行刑衔接的程序设计》，载《北京大学学报（哲学社会科学版）》2014 年第 2 期。

期徒刑时，行政机关已经给予当事人行政拘留的，应当依法折抵相应刑期。违法行为构成犯罪，人民法院判处罚金时，行政机关已经给予当事人罚款的，应当折抵相应罚金；……"

二、《食品安全法》第135条规定的刑事优先原则适用

《食品安全法》第135条第2款和第3款分别规定："因食品安全犯罪被判处有期徒刑以上刑罚的，终身不得从事食品生产经营管理工作，也不得担任食品生产经营企业食品安全管理人员。""食品生产经营者聘用人员违反前两款规定的，由县级以上人民政府食品安全监督管理部门吊销许可证。"从这个规定中我们明显可以看出，其适用的是刑事优先原则，一旦食品安全不法分子被判处有期徒刑以上刑罚，就要对其颁布食品安全的终身禁止令，且要吊销营业执照。这个规定意味着，必须有该行为人被判处有期徒刑以上刑罚的刑事处罚在先，行政机关才能依据刑事处罚的结果对其适用行政处罚，也即是不仅要吊销食品安全许可证，而且行为人终身不得从事食品生产经营管理工作，也不得担任食品生产经营企业的食品安全管理人员，这些处罚只有行政机关才能作出。

第二节　食品安全行刑处罚结果衔接

一、行刑处罚结果衔接的学说

行政处罚与刑事处罚分别是行政不法和刑事犯罪的否定性法律后果，是分属行政法和刑事法的两种制裁措施，违反刑法要受到刑事处罚，违反行政法要受到行政处罚。从本书第一部分的分析中可以看出，行政处罚与刑事处罚在处罚严厉程度、适用依据、适用程序等层面是两种性质完全不同的制裁措施。但是，在行刑衔接中，严重的行政违法行为往往会同时违反行政法律和刑事规范，构成行政违法行为与犯罪行为竞合的情况。譬如，破坏社会主义市场经济秩序罪里面的生产、销售伪劣商品，生产、销售不符合安全标准的食品，走私等违法行为，基于行刑竞合，既要对行为人处以行政处罚，又

要施以刑事处罚。对于两者如何适用，是单一处罚，还是并罚，也即如何解决行政处罚和刑事处罚的处罚结果衔接，当前有三种观点。

（1）择一适用说，或称代替主义说。该说认为，行为人实施了一个违法行为，只能行政责任和刑事责任择其一，可以互相代替。其主要理由是："二者都是公法，有互为替代的基础。按照违法与责任相适应的原则，一个违法行为同时触犯刑法规范和行政规范时，只应从两种责任中选择一种，否则不符合一事不再罚的经济原则，也可能导致不适当地牺牲个人权利，有悖于法的相应性和正义性。"〔1〕对于如何代替的问题，大部分学者认为，应采用重罚吸收轻罚的原则。但是，对于单位犯罪例外，在单位犯罪中，处罚了责任人或者负责人之后，可以对单位再施加财产罚。

（2）合并适用说，或称双重适用说。该学说主张，刑事犯罪属于严重的行政违法行为，基于两者都是违法行为，因此既要给予刑事处罚，也要给予行政处罚。而且行政处罚和刑事处罚是两种在性质、功能、作用方面均不同的法律责任，这决定了责任的双重性，因此既要给予刑事处罚也要给予行政处罚。对于合并适用是否违反禁止双重危险的"一事不再罚"原则，有的学者认为："只有在同一性质的法律责任中，刑事责任或行政法律责任，才能适用'一事不再理'原则和吸收原则，否则就混同两种责任在质上的区别。同时，这两种责任在形式和功能上的差异性又决定了两者的合并适用可以弥补各自的不足，相得益彰，以消除犯罪的全部危害后果。"〔2〕比如，《食品安全法》第135条规定，因食品安全犯罪被判处有期徒刑以上刑罚的，终身不得从事食品生产经营管理工作，也不得担任食品生产经营企业食品安全管理人员。这表明我国立法实践已承认行政处罚与刑事处罚竞合时的合并适用，其他单行刑事法律和大量的行政法律规范中也存在类似的规定。

（3）附条件并科说。主张该说的学者认为："所谓附条件并科是指行政处罚与刑事处罚可以并科，执行一个罚后，可以免除执行另外一个。这就是把

---

〔1〕　陶绪峰：《行政处罚与刑罚的竞合》，载《江苏警官学院学报》1997年第2期。

〔2〕　周佑勇、刘艳红：《论行政处罚与刑罚处罚的适用衔接》，载《法律科学（西北政法大学学报）》1997年第2期。

是否执行另一个'罚'的自由裁量权赋予相应的执行机关。"〔1〕该种观点的致命缺陷在于为"以罚代刑"提供了执法依据。同样，附条件并科说实施起来也存在一定的难度。行政处罚和刑事处罚有先后顺序，行政机关无法决定刑罚，而刑事处罚适用后，由于资格刑的欠缺，司法机关只能通过检察建议吊销相关企业的营业执照，但无法直接作出吊销营业执照的刑事处罚。

本书认为，上述三种观点都失之偏颇，应采用吸收这三种观点的混合说。同一性质的处罚采用吸收原则，不同性质的处罚则应并罚。也即如果都是财产罚，则可以吸收，如果都是自由罚也可以吸收，但是如果自由罚和财产罚并存则要并用。主张这一观点不仅有现实的司法依据，也有理论依据。司法依据方面，对于同一性质的处罚采用吸收原则在《行政处罚法》中有所体现。该法第35条规定："违法行为构成犯罪，人民法院判处拘役或者有期徒刑时，行政机关已经给予当事人行政拘留的，应当依法折抵相应刑期。违法行为构成犯罪，人民法院判处罚金时，行政机关已经给予当事人罚款的，应当折抵相应罚金；……"《刑法》也规定，管制的刑期从判决执行之日起计算；判决执行以前先行羁押的，羁押1日折抵刑期2日。这里的先行羁押也包括行政拘留，这就是采用了同一性质的吸收原则。不同性质的处罚应并罚体现在《行政处罚法》第8条第2款中："违法行为构成犯罪，应当依法追究刑事责任的，不得以行政处罚代替刑事处罚。"再比如，上述所说的《食品安全法》第135条规定，因食品安全犯罪被判处有期徒刑以上刑罚的，终身不得从事食品生产经营管理工作，也不得担任食品生产经营企业食品安全管理人员。由此可以看出，我国在司法实践中对于不同性质的处罚都采用了合并适用原则。

二、食品安全行刑处罚结果衔接

（一）食品安全违法犯罪中《刑法》和《食品安全法》处罚结果的衔接不畅

（1）刑罚设置层面主要涉及非自由刑的衔接问题。《食品安全法》和《刑法》都规定了限制人身自由的措施，《食品安全法》设置了行政拘留制度，提

---

〔1〕 陶绪峰：《行政处罚与刑罚的竞合》，载《江苏警官学院学报》1997年第2期。

升了惩罚力度。但行政处罚和《刑法》的自由刑之间不存在立法上的障碍，只会存在程序上的衔接问题，这一部分内容，更多地涉及罚金刑和资格刑的衔接不畅问题。《刑法修正案（八）》出台之前，销售金额是罚金刑适用的唯一基准；出台之后，最高人民法院、最高人民检察院又颁布了《危害食品安全刑事案件解释》。2013 年《危害食品安全刑事案件解释》第 3 条、第 4 条和第 6 条将生产和销售金额作为罚金刑的适用基准。虽然有了进步，但是《危害食品安全刑事案件解释》将生产、销售金额作为罚金刑的适用基准与《食品安全法》的规定衔接不上。

（2）在罚款数额和标准层面，2013 年《危害食品安全刑事案件解释》第 17 条规定："犯生产、销售不符合安全标准的食品罪，生产、销售有毒、有害食品罪，一般应当依法判处生产、销售金额二倍以上的罚金。"而《食品安全法》第 124 条第 1 款则规定："违反本法规定，有下列情形之一，尚不构成犯罪的，由县级以上人民政府食品安全监督管理部门没收违法所得和违法生产经营的食品、食品添加剂，并可以没收用于违法生产经营的工具、设备、原料等物品；违法生产经营的食品、食品添加剂货值金额不足一万元的，并处五万元以上十万元以下罚款；货值金额一万元以上的，并处货值金额十倍以上二十倍以下罚款；情节严重的，吊销许可证。"行政处罚的罚款的起点则达到了"十倍以上"，明显高于《危害食品安全刑事案件解释》所确定的罚金的"二倍"起算额。刑事处罚以本身要比行政处罚严厉为其属性，也是两者区分的标准。在打击食品安全违法犯罪的过程中，判处的罚金刑远没有判处的罚款重，这更为"以罚代刑"创造了实体法律条件。此外，《刑法修正案（八）》在罚金刑方面将"单处或者并处"修改为"并处"，并且将"销售金额百分之五十以上二倍以下罚金"的处罚修改为无限额罚金制度，取消罚金中销售金额比例限制的倍比罚金制有一定的合理性，但是新的罚金处罚方式也在司法实践中面临着诸如无限额罚金无法操作以及未区分自然人和单位犯罪罚金幅度的问题。还有学者认为，现行食品安全犯罪刑罚中的没收财产刑几乎不会被适用，规定"并处罚金或者没收财产"会使法官优先选择适用罚金刑，而忽视对没收财产刑的适用。

（3）在从业资格剥夺方面，《食品安全法》第 135 条第 1、2 款规定："被吊销许可证的食品生产经营者及其法定代表人、直接负责的主管人员和其他直接责任人员自处罚决定作出之日起五年内不得申请食品生产经营许可，或者从事食品生产经营管理工作、担任食品生产经营企业的食品安全管理人员。因食品安全犯罪被判处有期徒刑以上刑罚的，终身不得从事食品生产经营管理工作，也不得担任食品生产经营企业食品安全管理人员。"而我国《刑法》中并无任何关于资格刑的规定，只是由 2013 年《危害食品安全刑事案件解释》第 18 条规定了禁止令制度。但只是禁止其在缓刑考验期限内从事食品生产、销售及相关活动。我国在《食品安全法》和《刑法》的从业禁止层面并无关于衔接的规定。《食品安全法》对从业资格禁止的规定的严厉程度要比《刑法》高。以上这些都是《食品安全法》和《刑法》在食品安全处罚设置问题上的衔接不畅之处。

（二）食品安全违法犯罪中《刑法》和《食品安全法》处罚结果的衔接完善

1. 完善罚金刑处罚标准和处罚数额方面的衔接

罚金刑作为经济处罚的一种，在惩罚贪利性犯罪方面可以收获特有的预防效果，美国法律经济学大家波斯纳在仔细分析了罚金刑的设置后提出：从经济学的角度看，我们应该鼓励适用罚金而不是徒刑。不仅是因为徒刑不为国家创造收入，而罚金创造了收入，还因为徒刑的社会成本要高于从有偿付能力的被告处征收罚金的社会成本。虽然波斯纳从经济学的角度有点过分夸大了罚金刑的作用，但是罚金刑在惩治贪利性犯罪、补偿受害人等方面确实发挥了监禁刑所不能替代的重要作用。我国应通过以下几方面解决目前罚金刑的内在缺陷，完善罚金刑的设置，顺畅食品安全行刑衔接中的处罚结果衔接。

首先，提升罚金刑的适用比例。我国的高层领导在不同场合提出："坚决依法追究食品安全犯罪分子的刑事责任，加大经济处罚力度，铲除影响食品安全的毒瘤。"[1]食品安全犯罪属于贪利犯罪，食品生产经营者往往为了降低生产成本获得暴利而经营问题食品，剥夺其相应的经济基础往往可剥夺其经营所要求的资金和生产条件，降低其再犯可能性。因此，我们要提升适用罚

---

〔1〕 摘自李克强副总理在国务院食品安全委员会第四次全体会议上的讲话。

金刑的比例，铲除其非法经营的根本。同样，域外的食品安全犯罪体系也大量适用罚金刑。英国《食品安全法》在第 35 条规定了对犯罪行为的责罚："（1）凡犯第 33（1）节所述之罪的，一经即席判决被判有罪，处以不高于 5000 英镑的罚金和/或判处不超过三个月的有期徒刑。（2）根据本法所述内容：（a）凡犯本法任何所述之罪的，一经公诉判决被判有罪，处以罚金和/或不超过 2 年的有期徒刑；（b）凡犯本法任何所述之罪的，一经即席判决被判有罪，处以不超过相关限额的罚金和/或不超过 6 个月的有期徒刑。"罚金被放在了监禁刑的前面。可见，对于这类犯罪，罚金刑是首选。此外，美国、挪威、意大利、新加坡等国更是大量地适用罚金刑。

其次，确定罚金刑适用的基准。货值金额是指违法生产经营的不安全食品的总价值，由生产经营的成本和获得的利润两部分构成，既包括已生产、销售、使用的产品，也包括未出厂、未销售、未使用的产品。没有销售的以及没有标价的，按同类产品的市场价格计算。将生产、销售金额作为罚金刑适用标准的局限性在于，对于购进问题食品未销售的行为，由于其既未生产也未销售，因此就无法确定销售的数额价值，相应的罚金数额根据《危害食品安全刑事案件解释》的规定就无法确定，也即尚未销售的食品涉案金额是否应该计算、如何计算才能既客观反映犯罪行为又体现对食品药品安全犯罪活动的从严惩处。适用"货值金额"标准可以避免"销售金额"所涉及的问题，因为货值金额既包括售出的货物金额也包括未售出的货物金额。因此，比较可行的解决办法是确定统一的适用标准，与《食品安全法》相衔接。将货值金额作为食品安全犯罪罚金刑的适用基准，这样可以避免相关部门在侦办此类案件时标准不一致，有利于行刑衔接。

最后，《刑法修正案（八）》对罚金刑的适用做了大幅度的修改，删除了"单处"，直接规定并处罚金或没收财产，改"倍比罚金制"为"无限额罚金"。有的学者认为："这种无限额的罚金刑规定虽有一定的灵活性，但不具体规定罚金刑的幅度和计算方法，将会使法官量刑时无所适从。更严重的是，法官有很大的自由裁量权后，容易滋生腐败，造成司法不公，使有些造成重大食品安全事故的犯罪分子罚不当罪甚至逃脱法网，而使其他罪行较轻的犯罪行为遭受过重的刑罚，影响刑法的公正性。"〔1〕对于这种质疑，本书表示赞同，无限额的罚金设置的出发点是好的，取消倍比制，对罚金刑的处罚不设上限，为巨额罚金的适用创造了现实可能，这样就可以极大地提高以贪利为主要目的食品安全犯罪的成本，彻底剥夺犯罪分子再次从事食品安全犯罪的可能性，对其他潜在的人员也同样有一定的威慑力。但实际操作中无限额的罚金确实会带来上述学者提出的问题。没有限额的规定，赋予法官最大的自由裁量权。无限额罚金不仅不好操作，而且在一定程度上违背了罪刑法定原则，容易给法官腐败提供一个很好的诱因。在法官总体素质不高的情形下，还是在相对比较明确的一定幅度内适用刑罚比较稳妥。因此，有的学者建议，借鉴美国专门制定的食品安全犯罪的《量刑指南》来明确不同犯罪级别的罚金数额。"美国《量刑指南》，它将所有犯罪分为43个级别，每一等级都规定了相应的法定数额，包括上限和下限。该规定为法官对被告人判处多少数额的罚金提供清晰的指导和规范，符合罪刑法定原则。"〔2〕显然，对目前的中国食品安全司法实践来说，制定一部美国式的《量刑指南》不太现实，但是却可以给我们一点启示。我国《食品安全法》在处罚的时候设定了一定的标准，其以食品"货值金额"为基础。因此，在食品安全犯罪罚金处罚方面，"对食品安全犯罪情节进行经济因素与非经济因素的判断，以经济因素作为罚金设定的参考标准，而其他非经济性因素可以考虑作为比例设定的影响性因素"。〔3〕

基于以上理由，本书认为，适用罚金刑时应考虑以下因素：第一，在可以计算数额的时候以"货值金额"为基础，有一定的参照基数，可以避免罪刑不均衡的现象，出现刑罚对应的梯度；第二，在货值金额无法计算的情况下，罚金数额的确定应当考虑生产经营的数量和规模；第三，在前两者都不具备的时候或者都具备的时候，罚金的适用应当综合考虑影响刑事责任的所有情节，根据食品安全犯罪刑法规定的不同情节、造成的后果适用轻重不同

〔1〕 黄华平、夏梦：《试论我国食品安全的刑法保护》，载赵秉志、张军主编：《刑法与宪法之协调发展——全国刑法年会论文集（2012）》，中国人民公安大学出版社2012年版，第958页。

〔2〕 龙洋、丁冉：《食品安全的刑法保护》，载赵秉志、张军主编：《刑法与宪法之协调发展——全国刑法年会论文集（2012）》（下卷），中国人民公安大学出版社2012年版，第1031页。

〔3〕 陈冉：《我国食品安全犯罪认定中的新问题研究——以〈刑法修正案（八）〉为视角》，载《吉林公安高等专科学校学报》2011年第6期。

的罚金；第四，在适用罚金刑的时候考虑犯罪分子的经济状况和实际履行能力，不能因为过重的罚金刑适用而造成"个人"或"单位"破产，这也是"罚金"和"没收"的区别。

2. 增设资格刑

资格刑是一种附加刑，是剥夺犯罪人一定资格或者权利的刑罚，"又称为名誉刑、能力刑、权利刑等，是刑之最轻者"。[1]资格刑具有特殊预防的功能，可以使犯罪人在一定时期内失去继续从事某种行为的资格。国外的资格刑运用非常普遍。目前，我国刑法只规定了两种资格刑，即剥夺政治权利与驱逐出境。而对剥夺人们从事某种行业的资格或者权利却并无规定。刑法资格刑规定的欠缺，导致司法机关不能彻底或者在相对较长时期内剥夺食品生产者、经营者的从业资格，使得犯有危害食品安全犯罪的生产者、经营者仍有资格和机会继续从事食品生产和销售工作。[2]本书认为，在处罚食品安全犯罪层面，资格刑的设置很有必要，这也是为了与《食品安全法》实现顺畅衔接。

首先，资格刑是对犯罪人从事某种行业的资格的剥夺。我们国家实施的是食品从业许可制度（尤其是对于单位、企业），通过剥夺犯罪人的食品从业资格，可以很好地降低犯罪人的再犯可能性，而且能起到很好的特殊预防作用。李克强同志曾多次强调："对违法犯罪企业，建立并实施违法违规生产经营者'黑名单'制度，对被吊销证照企业的负责人和直接责任人，依法实行全行业禁入制度。"[3]"三聚氰胺"卷土重来[4]及"地沟油"屡禁不止的原

---

〔1〕 邵维国：《罚金刑论》，吉林人民出版社 2004 年版，第 7 页。

〔2〕 龙洋、丁冉：《食品安全的刑法保护》，载赵秉志、张军主编：《刑法与宪法之协调发展——全国刑法年会论文集（2012）》（下卷），中国人民公安大学出版社 2012 年版，第 1030 页。

〔3〕 摘自李克强副总理在国务院食品安全委员会第四次全体会议上的讲话。

〔4〕 2008 年震惊中外的"三鹿案"，在中国社会激起了广泛民愤，三聚氰胺乳粉致婴儿死亡的事实让我们震惊、愤怒、难过。霎时间，消费者对国内乳制品行业的信心降至冰点，中国乳制品行业遭受了天大的灾难。时隔 2 年，"三鹿案"余波未了。2010 年 7 月 9 日，甘肃省质量技术监督局相关负责人告诉本报记者，由该质监局负责检测的三份奶粉样品中，检验出三聚氰胺超出限量值标准，"确有其事"。不仅甘肃，在青海、吉林等地也在奶粉中发现了三聚氰胺超标事件。在稍早前几天，6 月 22 日，吉林市工商局丰满分局在检查中，也检测到辖区内一家市场零售点销售的黑龙江省大庆市一家乳品有限公司生产的一袋奶粉三聚氰胺含量严重超标。吉林省工商局食品处的一位人士向记者表示："目前对于问题奶粉的检测工作还没有结束。"新华社披露的细节显示，警方初查，东垣乳品厂于近期分别从河北等地购进奶粉原材料 58 吨，其中从河北购进原材料 38 吨，从中检测出三聚氰胺超标 500

因就很好地说明了这一点。因此，对食品安全犯罪设置资格刑很有必要。

其次，在刑法中设置资格刑可以实现与《食品安全法》的良好衔接，根据不同的法律责任规定轻重不同的处罚。对资格刑的质疑来自，我国大部分行政法规都已经设立了资格剥夺和吊销从业许可的规定，如果刑法再进行规定，有浪费法律资源之嫌，而且也很容易造成冲突。但是，我国行政法设定的吊销从业许可和在刑法中设置资格刑是两种不同的法律责任，行政处罚力度较低。而且，在现实实践中，普遍存在以罚代刑的现象，缺乏威慑力，一些食品企业在缴纳完罚款之后继续从事原先的生产活动。[1]行政处罚达不到震慑违法犯罪的效果。因此，刑法应当通过规定比行政处罚更重的资格罚来禁止食品安全犯罪人员继续进入食品行业。值得欣喜的是，不管是最新的《食品安全法》还是《危害食品安全刑事案件解释》都对此作出了规定。2021年《食品安全法》第135条第2款规定："因食品安全犯罪被判处有期徒刑以上刑罚的，终身不得从事食品生产经营管理工作，也不得担任食品生产经营企业食品安全管理人员。"《危害食品安全刑事案件解释》第18条规定：对实施本解释规定之犯罪的犯罪分子，应当依照刑法规定的条件严格适用缓刑、免予刑事处罚。根据犯罪事实、情节和悔罪表现，对于符合刑法规定的缓刑适用条件的犯罪分子，可以适用缓刑，但是应当同时宣告禁止令，禁止其在缓刑考验期限内从事食品生产、销售及相关活动。但是，值得疑虑的是，不管是《食品安全法》还是《危害食品安全刑事案件解释》，都只是针对食品生产、流通或者餐饮服务许可的单位直接负责的主管人员作出规定，对于单位主体却没有作出相应规定。除此之外，《食品安全法》和《危害食品安全刑事案件解释》也存在冲突之处，两者都规定了类似"禁止令"的内容。《食品安全法》规定判处有期徒刑以上的终身禁入，《危害食品安全刑事案件解释》规定缓刑的犯罪分子只是在缓刑期限内禁止从事食品安全经营行为，两

（接上页）余倍。河北正是当年"三鹿案"的诱发地和重灾区。几乎同时在三个省发现严重超标三聚氰胺奶粉，这也是2009年底，上海熊猫奶粉、陕西金桥乳粉等多起三聚氰胺超标"回魂"事件之后，仅时隔半年，又一食品安全恶劣事件。《三聚氰胺奶粉何以卷土重来》，载腾讯网：http://news.qq.com/a/20100713/001124.htm，最后访问时间：2024年2月21日。

〔1〕 龙洋、丁冉：《食品安全的刑法保护》，载赵秉志、张军主编：《刑法与宪法之协调发展——全国刑法年会论文集（2012）》（下卷），中国人民公安大学出版社2012年版，1033页。

者的冲突如何解决也成了一个问题。这些都需要刑法进行完善。本书认为，应将单位和个人等同剥夺食品安全从业资格，在刑法中同时规定根据食品安全犯罪主观恶性、犯罪情节、造成的危害后果等因素对犯罪人施加不同年限的资格刑，而不是像《食品安全法》规定的那样"一刀切"式地终身禁入。这样一方面可以和行政处罚的资格罚形成呼应，符合罪刑相适应原则，构建合理的资格性刑罚梯度来惩治食品安全的违法犯罪行为。另一方面也能充分发挥资格刑作为刑罚手段的威慑性。

再次，借鉴域外的食品安全犯罪资格刑规定。域外刑法对食品安全犯罪除了适用轻缓的监禁刑和大量适用罚金外，另外一个显著特征就是直接在刑法中设置资格刑。《西班牙刑法典》第 359 条规定："未经许可制造对健康有危害的物质，或者生产可以造成灾害的化学物品，对以上物品进行贩卖、出售或者用于其他商业用途，处 6 个月以上 3 年以下有期徒刑，并处罚金，同时剥夺其从事相关职业及工业生产权利 6 个月至 2 年。"其 364 条第 1 款也规定，在食品饮料中掺杂对健康有害的物质，1 年以上 4 年以下徒刑并处 6 个月至 12 个月罚金，同时剥夺其从事与工商业相关的职业 3 年至 6 年的权利，如果罪犯是该工厂的拥有人或者负责人，另将同时剥夺其从事与工商业相关的职业 6 年至 10 年的权利。[1]《意大利刑法典》第 448 条规定，因犯第 440 条至第 442 条规定的某一犯罪而受到处罚，意味着在同样的期限内禁止担任法人和企业的领导职务。

最后，资格刑是刑罚体系中最轻的刑罚，资格刑的引入，不仅是非监禁刑的刑事制裁手段多样化的表现，而且也是刑罚轻缓化的重要体现。契合严而不厉刑事政策体系中"不厉"的刑罚适度化理念。

---

〔1〕《西班牙刑法典》，潘灯译，张明楷、（厄瓜多尔）美娜审定，中国政法大学出版社 2004 年版，第 133、135 页。

第六章

食品安全行刑的证据衔接

第一节　食品安全行刑证据衔接必要性分析

除了移送规则、移送机制、移送的对应机关等衔接工作机制外，行政证据与刑事证据的衔接也是行政执法和刑事司法衔接的重要一环。证据是诉讼的核心。在行政执法中搜集的证据是否可以直接移送到刑事司法部门被作为证据使用？毫无疑问，两种证据并不能简单画等号。这就给实践中行政执法人员和刑事司法人员搜集和运用证据带来了困扰。行政执法机关移送的证据如何采用的问题（也即证据的衔接与转化问题）是行政执法和刑事司法衔接的根本性问题。

一、建立行刑证据衔接机制的必要性

1. 法律依据和法律属性不同需要证据衔接

行政执法中的搜集证据属于行政权运作范畴，行政执法主要针对的是违反行政管理秩序的行为，目的是实现社会管理。其法律后果除了一部分限制人身自由的行政拘留外，其余都是财产罚。而刑事司法搜集证据则属于司法权运作的范畴，刑事司法目的是打击犯罪、维护社会秩序、保障个人人身权利和财产权利不受侵犯。其法律后果是承担相应的刑事责任，刑事责任是最为严苛的法律责任，往往以财产、自由甚至生命权利被剥夺为代价。作为法律依据和法律属性不同的两种诉讼模式，二者对证据的要求显然不一样，刑事司法相对于行政执法而言在证明对象、证明标准和证据的运用规则上存在较大差别，其对证据有更高的要求。

2. 证据的不可重复收集的障碍需要证据衔接

行政执法和刑事司法分属于不同的执法活动，一般单独进行，但对于物证、书证等具有唯一性的实物证据，在执法机关搜集证据之后，侦查机关无法再行搜集。比如说，在食品安全违法犯罪案件的查处过程中，如果食品安全监督稽查部门在执法过程中已对有毒有害食品进行了扣押，侦查机关介入后便无法再行扣押，一些亟须检验的有毒有害食品，被搜集后会耽误刑事侦查的送检程序，更不可能恢复原状。而且，行政执法人员执法后，由于对证据搜集的要求不一样，往往会遗漏掉重要证据。而且，一旦行政执法人员打草惊蛇，不法分子便会转移和毁灭证据，这会干扰到刑事侦查的证据搜集工作。因此，建立行政证据和刑事证据的衔接与转化机制势在必行。

3. 食品安全证据的专业性需要证据衔接

在食品安全监督管理中，市场监督管理部门、卫生部门、农业部门都拥有行政执法权。我国幅员辽阔、食品文化深厚、食品种类众多、食品标准不一。食品安全标准的制定和有毒、有害物质的认定都需要依靠专业人员。比如，在实践中，对食品相关产品中的致病性微生物、农药残留、兽药残留、生物毒素、重金属等污染物质以及其他危害人体健康物质的限量规定，食品添加剂的品种、使用范围、用量，食品生产经营过程的卫生要求以及与食品安全有关的质量要求，这些标准的制定又分属于不同的执法机关。食品安全国家标准由国务院市场监督管理部门、农业农村部以及国家卫生健康委员会共同制定，国务院标准化行政部门提供国家标准编号。对这些标准的检测往往由专业人士借助专业的设备来进行。这些工作只有行政执法部门才能完成，刑事司法机构则没有能力完成。因此，从专业性需要方面来讲，需要实现行政证据和刑事证据的转换。

二、行刑证据衔接的发展历程

1996 年我国制定的第一部《行政处罚法》第 22 条规定了行政执法与刑事司法的衔接："违法行为构成犯罪的，行政机关必须将案件移送司法机关，依法追究刑事责任。"2001 年 7 月 9 日颁布、2020 年 8 月 7 日重新修订的《行政执法机关移送涉嫌犯罪案件的规定》第 4 条第 1 款则对行政执法和刑事司法证据衔接作出了规定："行政执法机关在查处违法行为过程中，必须妥善保存所收集的与违法行为有关的证据。"第 6 条规定，移送涉嫌犯罪案件应当附有的材料为：①涉嫌犯罪案件移送书；②涉嫌犯罪案件情况的调查报告；③涉案物品清单；④有关检验报告或者鉴定结论；⑤其他有关涉嫌犯罪的材料。为了贯彻实施国务院文件，最高人民法院、最高人民检察院又出台了行政机关如何保全、收集证据的规则。如 2001 年 12 月 3 日最高人民检察院发布的《人民检察院办理行政执法机关移送涉嫌犯罪案件的规定》，2011 年 11 月 10 日最高人民法院、最高人民检察院和公安部出台的《关于办理侵犯知识产权刑事案件适用法律若干问题的意见》。该意见的第 2 条首次对行政证据与刑事证据衔接适用作出了明确规定："行政执法部门依法收集、调取、制作的物证、书证、视听资料、检验报告、鉴定结论、勘验笔录、现场笔录，经公安机关、人民检察院审查，人民法院庭审质证确认，可以作为刑事证据使用。行政执法部门制作的证人证言、当事人陈述等调查笔录，公安机关认为有必要作为刑事证据使用的，应当依法重新收集、制作。"2012 年《国家工商行政管理总局、公安部、最高人民检察院关于加强工商行政执法与刑事司法衔接配合工作若干问题的意见》第 7 条第 1 款明确规定："工商机关在向同级公安机关移送涉嫌犯罪案件时，应当将行政执法和查办案件过程中收集的物证、书证、视听资料、电子数据等证据材料，连同案件其他有关材料一并移送，公安机关在刑事诉讼中可以作为证据使用。"以上都属于规定形式，法律位阶略低。但是，两部法律位阶较高的诉讼法《行政诉讼法》和《刑事诉讼法》并无相应的规定。这一状况随着新《刑事诉讼法》的公布而有所改变。《刑事诉讼法》第 54 条第 2 款规定："行政机关在行政执法和查办案件中收集到的物证、书证、视听资料、电子数据等证据材料，在刑事诉讼中可以作为证据使用。"虽然只有一个条款，短短数字，但也首次以法律的形式确立了行政执法中的证据在刑事诉讼中的运用。但是，对于深入展开，具体怎么适用，包括哪些证据可以转化，对于"等证据"的理解以及证据的证明力和运用规则都没有作出详细规定。这也是行政证据和刑事证据衔接的最大难题。

三、行刑证据衔接的学说

除了被大多数人否定的行政机关收集的证据可以直接被刑事司法机构采

用的学说之外，学界对行政执法与刑事司法中的证据转换有如下两种观点：

1. 完全摒弃说

完全摒弃说认为，行政执法和刑事司法是两种截然不同的法律执行活动。二者在权利归属、法律依据、证据收集程序以及案件的法律后果等方面截然不同，属于两个不同的领域。有学者认为："一方面，从调查行为的性质上来说，行政证据的调取、收集本质上是一种行政行为，而非刑事追究行为；另一方面，从主体上看，行政证据的收集主体为行政机关，而行政机关仅具有行政执法职能而不具有刑事诉讼的权力，职能的不同当然也就决定了两者收集主体的不同。所以，行政执法证据也就只能作为公安、检察院等机关发现刑事犯罪案件的线索。"[1]

2. 有限制采纳说

有限制采纳说也被称为折中说，这个学说被司法实践所采用。该学说认为："行政执法证据与刑事司法中所收集的证据有着很大不同，不能直接作为刑事证据使用，但也不等同于非法证据，不能不加分辨一概排除，应当进行证据转化。"[2]从《刑事诉讼法》第54条第2款"物证、书证、视听资料、电子数据等……可以作为证据使用"的规定中可以看出，其采用了限制性采纳说，列举了衔接证据的范围。这次《刑事诉讼法》及相关司法解释的修改，确立了行政执法中取得的证据在刑事诉讼中使用的法律地位，在行政执法与刑事司法之间构建了新的证据衔接机制。[3]

本书认可有限制采纳说，因为完全摒弃说完全割裂了行政证据和刑事证据的关系，造成实践中有的案件刑事司法无法进行，也割裂了行政执法和刑事司法的衔接关系，所以该学说像它的名字一样，应被摒弃。

---

〔1〕　卓家武、陈儒：《行政执法与刑事司法程序衔接工作存在的问题及对策探讨》，载《洛阳师范学院学报》2012年第3期。

〔2〕　周佑勇、刘艳红：《行政执法与刑事司法相衔接的程序机制研究》，载《东南大学学报（哲学社会科学版）》2008年第1期。

〔3〕　董坤：《行、刑衔接中的证据问题研究——以〈刑事诉讼法〉第52条第2款为分析文本》载《北方法学》2013年第4期。

第二节　行刑证据衔接

——《刑事诉讼法》第54条第2款合理诠释

目前，我国唯一规定了行政证据可以在刑事诉讼中使用的法律就是《刑事诉讼法》第54条第2款，其他位阶较低的行政法规或者规范性文件也有规定，但规定得较为笼统，造成实践中做法不一。《刑事诉讼法》第54条第2款首次以法律规范的形式确认在刑事诉讼中可以使用行政证据，该规定虽然能够解决长期以来困扰司法实务的无法律依据问题，但由于该条中的"行政机关"与实践中的行政执法或者查办案件机关并不完全相同，"物证、书证、视听资料、电子数据等证据材料"的证据种类与范围不甚清晰，因此在实际执行中仍会出现一些认识上的分歧。基于此，如何从法条原意的视角加以厘清，也就成了理论必须正视且需要给出合理解释的问题。[1]因此，本书对食品安全行政执法和刑事司法证据衔接层面的完善，更多是从对《刑事诉讼法》第54条第2款作出合理诠释的角度来进行。

一、《刑事诉讼法》第54条第2款中"行政机关"的界定

《刑事诉讼法》第54条第2款规定："行政机关在行政执法和查办案件过程中收集的物证、书证、视听资料、电子数据等证据材料，在刑事诉讼中可以作为证据使用。"该款中"行政机关"的所指范围存在争议，《刑事诉讼法》并没有对行政机关的范围作出界定。而按照行政法的规定，行政机关的范围并不是仅仅指向行政机关，还包括法律法规授权的组织以及像纪检监察部门这样具有双重性质的查案部门。这些部门是否属于行政机关，同样需要进一步明确。

1. 法律法规授权的组织是否属于适格的行政机关

在行政法规定的主体中，除了行政机关之外，法律法规授权的组织也可以成为行政法的主体，行使行政权力。但是，经过依法授权的组织是否属于

---

〔1〕　郭泰和：《行政证据与刑事证据的程序衔接问题研究——〈刑事诉讼法〉（2012年）第52条第2款的思考》，载《证据科学》2012年第6期。

《刑事诉讼法》中的适格行政机关呢？有学者认为："基于对履行职能的考虑，对法律法规授权组织依法收集的证据理应与行政机关收集的证据同等对待，不应仅仅拘泥于行政机关的字眼，对法律法规授权组织依法收集物证、书证、视听资料和电子数据等证据材料也应当享有行政机关在刑事诉讼中的'待遇'，即其依法收集的证据材料可以在刑事诉讼中使用。"[1] 究其理由有以下两方面：一方面，从法律规定上来看，法律法规授权的组织与行政机关在行政执法取证和查办案件上没有任何区别。法律法规授权的组织有合法的法律授权，并严格依照法律授权的范围来收集物证、书证、视听资料、电子数据等证据，于法有据。因此，从取证效力层面来讲，法律法规授权的组织与行政机关毫无差别。另一方面，从现实实践来看，我国存在大量法律法规授权的组织，比如金融领域的银保监会。这些法律法规授权的组织在查处内幕交易、操纵证券市场价格、非法集资等方面发挥着重要作用。如果排除其作为行政机关移送证据的主体资格，将会给对此类犯罪的刑事侦查活动造成巨大的困难。因此，从司法实践层面来看，其也应被列入行政主体的范围，具备《刑事诉讼法》第 54 条第 2 款规定的取证主体资格。

2. 行政机关委托的组织是否属于适格的行政机关

行政机关委托的组织指的是行政机关将自己的一部分职权委托给其他机关，其他机关以该行政机关的名义对外行使职权，法律后果仍然归于该行政机关的情形。[2] 基于委托组织的定义，既然是受行政机关委托，且法律后果由行政机关承受，那么其收集的证据当然应当也由行政机关认可，属于《刑事诉讼法》第 54 条第 2 款认可的证据。当然，既然是委托，那么就必然要求有法定的委托协议，且该组织的活动不能超越委托的范围，包括委托权限、委托的时间、委托本身是否符合法律要求，如果存在上述类似情形则不具备《刑事诉讼法》第 54 条第 2 款规定的取证主体资格，其所取得的证据当然不能被用于刑事诉讼。

---

〔1〕　郭泰和：《行政证据与刑事证据的程序衔接问题研究——〈刑事诉讼法〉（2012 年）第 52 条第 2 款的思考》，载《证据科学》2012 年第 6 期。

〔2〕　罗豪才主编：《行政法学》（第 3 版），北京大学出版社 2000 年版，第 10~25 页。

3. 党的纪检机构及政府监察部门是否属于适格的行政机关

党的纪检机构和政府的监察部门在国家机构设置上是"一块牌子、两套人马、合署办公",既对违反党的纪律的行为进行查处,也对行政行为进行监察监督。近几年来,党的纪检机构在一些反腐败大案要案中发挥着重要作用,在查处了一些"大老虎"的同时也惩办了一些"苍蝇"式小贪官。党的纪检机关往往会以"双规"的方式对违纪人员进行查处。在这一过程中党的纪检机关会严格依照党纪规定的程序进行。政府监察部门本身即国家行政机关,其取证主体资格是毫无疑问的。围绕党的纪检机构在办案期间所收集的证据能否在刑事诉讼中使用,也即党的纪检机构及政府监察部门是否属于适格的行政机关,学者之间也存在争议。一种观点认为:"从纪检和监察机关合署办公与存在千丝万缕的联系角度看,纪检与监察部门实质上是'两块牌子、一套班子'。那么,纪检机关在办理案件过程中收集的证据可以转化成监察机关的名义,其所收集的证据也就获得了法律上的明确依据,当然就可以进入司法程序使用。"〔1〕另一种观点则是对上述观点的批判:"这种仅仅采用'以行政监察机关的名义移送'的方式作为解决问题的路径,在形式上也只能具有掩盖对收集证据主体争议的功能。由于纪检机关收集证据的人员隶属于纪检机关,在实践中如何体现'以行政监察机关的名义'仍不清晰。虽然以行政监察机关名义移送的方式表面上具有一定的合理性,在形式上符合了《刑事诉讼法》关于移送机关的要求,却有悖于《刑事诉讼法》第 52 条将'行政机关'作为限定词的立法原意。"〔2〕本书赞同后一种观点,不应对行政机关作扩大解释,从而把党的纪检机构纳入到行政机关范畴。党的纪检机构依据的是《中国共产党章程》和《中国共产党纪律检查机关案件检查工作条例》。其只是党内规定,并不是法律法规。因此,党的纪检机构不能作为《刑事诉讼法》第 54 条第 2 款规定的取证主体。

---

〔1〕 陈光中主编:《〈中华人民共和国刑事诉讼法〉修改条文释义与点评》,人民法院出版社 2012 年版,第 62 页。

〔2〕 郭泰和:《行政证据与刑事证据的程序衔接问题研究——《刑事诉讼法》(2012 年)第 52 第 2 款的思考》,载《证据科学》2012 年第 6 期。

二、行刑衔接中可以直接采纳的证据范围

《刑事诉讼法》第 54 条第 2 款列举了物证、书证、视听资料、电子数据可以直接使用，后面又用了"等"这一不是很明确的字眼。究竟是"等"内还是"等"外这一问题在实践操作中引发了困惑，其是否包括证人证言、当事人陈述以及鉴定结论等在食品安全中比较重要的言词证据也存在疑问。

1. 可以作为证据使用的内涵

《刑事诉讼法》第 54 条第 2 款规定的物证、书证、视听资料和电子数据等可以在刑事诉讼中被作为证据使用。2011 年的《关于办理侵犯知识产权刑事案件适用法律若干问题的意见》也采用过类似的表述。可以作为证据使用，是认为等同于为侦查搜集的证据材料，还是认为已经经过司法机关合法性审查具备了证据能力，抑或是认为已经经过刑事司法机关核实可以作为定案根据？可以作为证据使用有以上三种内涵，导致该表述模糊。有学者提出："新《刑事诉讼法》第 54 条第 2 款的立法目的，主要是为了解决行政证据在刑事诉讼中的准入问题。而该条规定的功能仅仅是免除了侦查机关的重复取证义务，所以行政证据依据《刑事诉讼法》第 54 条第 2 款的规定，进入刑事诉讼后仅相当于刑事证据材料，并不当然具备证据能力和证明力，更不能直接作为定案的根据。而要想成为定案的根据，更需要经过法庭的当庭质证，这便决定了行政证据在刑事诉讼中只能作为证据材料使用。"[1]还有学者提出：《刑事诉讼法》第 54 条第 2 款从实质上讲主要是要解决由行政证据和刑事证据在证据收集主体、证据形式、证据收集程序等方面的差异导致的资格问题。综合判断，这里讲的"在刑事诉讼中可以作为证据使用"，实际上是承认了行政证据和刑事证据在证据收集主体、证据形式、证据收集程序等方面存在的差异性。因此，这是赋予行政证据以证据能力的条款。[2]本书认为，"可以作为证据使用"的内涵应被理解为经过合法性审查已经具备了证据能力。《刑事诉

---

〔1〕 宋维彬：《行政证据与刑事证据衔接机制研究——以新〈刑事诉讼法〉第 52 条第 2 款为分析重点》，载《时代法学》2014 年第 3 期。

〔2〕 杜磊：《行政证据与刑事证据衔接规范研究——基于刑事诉讼法第 52 条第 2 款的分析》，载《证据科学》2012 年第 6 期。

讼法》第 54 条第 2 款的立法本意就是使行政证据在刑事诉讼活动中能够使用，从而衔接好行政执法和刑事司法中的证据转化。如果只是把行政执法收集的证据看作刑事活动的证据材料来源之一，则此规定没有任何意义。因为刑事侦查机关同样也要收集其他证据，这样也能避免刑事侦查机关重复劳动。此外，直接作为定案依据的理解明显不对，所有的证据都要经过侦查、起诉、审判的举证质证，排除合理性怀疑，因此不能直接作为定案证据。所以，相比之下，"可以作为证据使用" 的内涵应被理解为 "经过合法性审查已经具备了证据能力"。

2. 物证、书证、视听资料和电子数据作为实物证据可以在刑事诉讼中运用

作为实物证据的物证、书证、视听资料和电子数据可以在刑事诉讼中被运用是比较明确的。根据证据的外在表现形式，可以将证据分为实物证据和言词证据。以人的言词、陈述作为表现形式的是言词证据；以物品的性质或外部形态存在状况以及其内容表现证据价值的证据（包括书面文件）属于实物证据。为什么实物证据可以被直接使用？究其原因，实物证据一般在违法犯罪行为的实施过程中产生，一旦产生，实物证据自身所蕴含的信息或情况就会固化于实物载体，具有很大的客观性、稳定性和独立性，很少会因为收集、提取、保存等原因而发生变化，不易失真、可靠性高，自然也不会在行刑衔接的移交过程中发生质变。另外，实物证据的收集往往具有唯一性和不可再生性，基于其不可再生性，取证机关自然也就再难获取，惩罚犯罪的功能价值会由此受到影响或减损。[1]基于实物证据的以上特性，《刑事诉讼法》第 54 条第 2 款直接规定其可以被作为刑事诉讼中的证据使用。

3. "等证据材料" 的范围

《刑事诉讼法》第 54 条第 2 款在适用证据范围后增加了 "等" 这一字样，"等" 是仅仅包括物证、书证、视听资料、电子数据四种证据，列举这四种证据后便 "关门"，还是作出开放式的解释，"等" 后还有未尽的证据。关于

---

[1] 董坤：《行、刑衔接中的证据问题研究——以〈刑事诉讼法〉第 52 条第 2 款为分析文本》，载《北方法学》2013 年第 4 期。

"等"的具体指向范围，我们国家并无法律规定。实际上，基于对"等"的解释，学者有了对这一条款的狭义理解和广义理解。狭义说认为："严格遵循该款的字面解释，即可以作为证据使用的行政证据仅限于《刑事诉讼法》明确列举的物证、书证、视听资料、电子数据这几种情形，其他种类的证据不直接具备证据能力。至于'等证据材料'的理解，一方面这是汉语用语的习惯，在列举完各种情形后一般加'等'字以表示担忧有遗漏。"[1]广义说认为："此处虽然列举了物证、书证、视听资料、电子数据四种证据，但仍未列举穷尽。因为修改后的《刑事诉讼法》多处使用了列举后加'等'字的模式。这些'等'字只能理解为列举未完的意思。退一步讲，倘若立法本意为列举后煞尾，这个'等'字就没意义，应当直接删除。"[2]显然，广义说认为，物证、书证、视听资料、电子数据之外的法定证据也可以"等"进来，包括证人证言、当事人陈述以及鉴定意见。本书赞同狭义说，有下列两方面理由：一方面，行政执法中言词证据的形式与刑事证据中言词证据的形式并不一致。行政执法中的言词证据包括证人证言、当事人陈述、鉴定意见以及检验报告，刑事证据中的言词证据除了证人证言和鉴定意见之外，还包括被害人陈述，犯罪嫌疑人、被告人的供述和辩解。两者的表现形式不一样，无法直接使用。另一方面，言词证据受外界的影响较大，反复性强、易变性大、虚假性高；言词性证据的收集具有可重复性、可再生性的特点，由刑事办案人员进行收集具有现实的可操作性。因此，言词证据和实物证据在刑事诉讼证据转换和衔接上应有所区别，书证、视听资料、电子数据等实物证据应该按照立法本意直接被作为刑事诉讼中的证据使用，而证人证言、当事人陈述等言词证据则不能直接作为刑事诉讼中的证据使用，应由侦查人员另行收集。

三、行刑证据衔接中的注意事项

虽然物证、书证、视听资料、电子数据以及鉴定结论和检验报告可以被作为证据使用且经过合法性审查已经具备了证据能力，但是还需要举证质证

---

〔1〕 杜磊：《行政证据与刑事证据衔接规范研究——基于刑事诉讼法第 52 条第 2 款的分析》，载《证据科学》2012 年第 6 期。

〔2〕 杨维立：《刑事诉讼中如何使用行政执法证据》，载《检察日报》2012 年 8 月 20 日。

才能被作为定案的证据。行政执法在证据转化和衔接过程中也要遵循证据运用的基本规则，注意以下事项：

1. 行政执法人员在必要时应出庭作证

行政执法证据被转化为刑事证据后，在起诉、审判等司法活动中，公诉人、当事人及其辩护人如果就证据提出对定罪量刑有影响的异议，行政执法人员应当出庭作证。一般的异议根据是《最高人民法院关于行政诉讼证据若干问题的规定》的规定：①公诉人、当事人及其辩护人、诉讼代理人对在刑事诉讼中使用的行政证据的合法性存在疑问的；②对证据本身存在异议，且无法通过其他证据进行印证的；③证据存在瑕疵且需要出庭说明的其他情形的。由于收集行政证据的人员熟知相关事实问题以及形成过程，由其出庭作出解释或说明有利于质证，体现程序正义，也有益于发挥行政证据证明案件事实的作用。[1]行政执法人员一般不应被认定为证人，而是应被认定为证明行政机关收集行政证据合法性的证明人。

2. 不得与"排除合理性怀疑的原则"相违背

非法证据排除规则是指在刑事诉讼中以非法手段取得的证据，不得被采纳为认定被告人有罪的根据。非法证据排除规则产生于美国，我国《刑事诉讼法》建立了比较完善、系统的非法证据排除规则。《刑事诉讼法》第 52 条规定："审判人员、检察人员、侦查人员必须依照法定程序，收集能够证实犯罪嫌疑人、被告人有罪或者无罪、犯罪情节轻重的各种证据。严禁刑讯逼供和以威胁、引诱、欺骗以及其他非法方法收集证据……" 2010 年最高人民法院、最高人民检察院、公安部、国家安全部、司法部制定的《关于办理刑事案件排除非法证据若干问题的规定》和《关于办理死刑案件审查判断证据若干问题的规定》对非法证据排除的范围、程序等作出了初步规定。2012 年《刑事诉讼法》第 54 条至第 58 条吸收了两个证据规定的相关内容，以立法形式对非法证据排除规则作出了明确规定。"收集物证、书证不符合法定程序，可能严重影响司法公正的，应当予以补正或者作出合理解释；不能补正或者

---

[1] 郭泰和：《行政证据与刑事证据的程序衔接问题研究——〈刑事诉讼法〉（2012 年）第 52 条第 2 款的思考》，载《证据科学》2012 年第 6 期。

作出合理解释的，对该证据应当予以排除。"非法证据排除规则被适用于刑事诉讼活动，而行政机关在行政执法和查处案件过程中不受非法证据排除规则约束。《刑事诉讼法》第 54 条第 2 款规定物证、书证、视听资料、电子数据可以作为刑事诉讼活动中的证据，如果行政机关以非法方式搜集这些证据，这些证据能否在刑事诉讼中被合法使用？"更为严重的是，侦查机关可能恶意利用这一疏漏，有意架空非法证据排除规则。比如，对于行政机关移送的符合立案条件的案件，侦查机关很可能会将案件退回行政机关，以提前介入行政执法的名义先行非法收集证据，待刑事立案后再将其非法取得的证据依据证据衔接机制'合法化'为刑事证据，以此规避非法证据排除规则的约束。"[1]毫无疑问，此举会侵害犯罪嫌疑人的合法权益，有违程序正义。为了避免出现类似情形，应在行政执法中的证据转化方面强调遵循"排除合理怀疑原则"，且行政执法中的证据转化为刑事诉讼中的证据，其举证、质证也要遵循刑事诉讼证据规则。从这个意义上来说，将"排除合理怀疑原则"适用于行政证据转化不仅合情合理，而且于法有据。

四、食品安全鉴定意见、检验报告在行刑衔接中的适用

对于食品安全违法犯罪移送过程中鉴定意见、检验报告在刑事诉讼中的衔接适用的问题，有的学者认为，行政机关的鉴定意见和检验报告不能在刑事诉讼中被使用。其认为："这严重违背了《刑事诉讼法》立法目的。从本质上讲鉴定意见属于言词证据的范畴，因而，其客观性容易遭受质疑。而且，鉴定本身是一种科学性非常强的活动，根据法律解释特别是对法律的扩大解释应当以有利于犯罪嫌疑人、被告人为原则的基本原理，贸然赋予鉴定意见直接在刑事诉讼中加以适用的资格不是一种较为恰当的做法。"[2]这位学者的观点值得商榷。本书认为，食品安全监督机构移送的鉴定意见、检验报告应当可以在刑事诉讼中被运用，具体理由有以下两方面：一方面是司法实践需

---

〔1〕　宋维彬：《行政证据与刑事证据衔接机制研究——以新〈刑事诉讼法〉第 52 条第 2 款为分析重点》，载《时代法学》2014 年第 3 期。

〔2〕　杜磊：《行政证据与刑事证据衔接规范研究——基于刑事诉讼法第 52 条第 2 款的分析》，载《证据科学》2012 年第 6 期。

要。在食品安全违法犯罪中，判定是否违反食品安全标准和是否构成有毒有害食品都需要专业检验机构进行检测，而这些专业的检测任务一般由制定标准的行政机关来承担。食品监督管理部门、卫生部门、质量检验检疫部门甚至农业部门都有食品检验机构，离开专业检验报告、司法鉴定、专家意见，司法人员将无从判断犯罪行为是否危害食品安全。近几年，随着食品科学的发展，各种合成食品、添加剂食品以及转基因食品由于方便存储和便利携带而广受国民欢迎。这些食品的生产和加工往往需要比较高的技术手段。对其食品安全标准的检验需要专业人士借助专业设备完成。三聚氰胺、苏丹红、"瘦肉精"等重大食品安全案件的侦查，都需要依据专业的检验报告。刑事司法人员往往不具备这方面的专业能力，其无法判断食品是否达到安全标准和是否有毒有害，而是需要借助专业行政机构检验机构的检验报告来定罪量刑。另一方面是司法解释已作出相关规定。2013年《危害食品安全刑事案件解释》第21条明确规定："'足以造成严重食物中毒事故或者其他严重食源性疾病''有毒、有害非食品原料'难以确定的，司法机关可以根据检验报告并结合专家意见等相关材料进行认定。必要时，人民法院可以依法通知有关专家出庭作出说明。"该条将"足以造成严重食物中毒事故或者其他严重食源性疾病""有毒、有害非食品原料"的认定依据规定为"检验报告并结合专家意见等相关材料"，而不是司法鉴定，从而规避了司法鉴定所要求的人员资质等问题，降低了犯罪构成要件认定的证据标准，实际上扩大了罪名的司法适用范围，体现了严厉打击危害食品安全犯罪行为的基本立场。除此之外，《人民检察院刑事诉讼规则》以及《公安机关办理刑事案件程序规定》都对"等证据材料"的范围作了扩大解释。前者将鉴定意见纳入到了可以衔接适用的行政证据的范围，后者则将鉴定意见、检验报告都涵盖进来。因此，不管是从理论层面来看还是从实践层面来看，鉴定意见、检验报告都可以被运用于刑事诉讼。

第七章

食品安全行刑的程序工作机制衔接

——从"三鹿案"到"福喜案"

第一节 "三鹿案"的行刑程序工作机制衔接分析

一、"三鹿案"的案发经过

2008 年 3 月，三鹿集团开始陆续接到一些消费者患泌尿系统结石病的投诉。

2008 年 6 月，国家质检总局食品生产监管司网站已经有消费者投诉婴儿在吃了三鹿奶粉后患肾结石编号为 "20080630 - 1622 - 25262" 的投诉内容。在 2008 年 9 月 6 日、9 日的留言板里，记者发现有消费者向国家质检总局反映有婴儿因长期服食奶粉而患肾结石。该消费者还表示：强烈希望你们能检验此品牌奶粉的质量，以免更多的孩子再受其害。当时，国家质检总局回复称，该局正在密切关注此事，并联合有关部门积极处理。

2008 年 7 月中旬，甘肃省卫生厅在接到医院婴儿的泌尿结石病例报告后，随即展开了调查，对患儿食用的奶粉进行了采样，对其来源进行了追溯，共采样 6 份并报告卫生部。

2008 年 9 月 8 日，《兰州晨报》等媒体首先以 "某奶粉品牌" 为名，曝光毒奶粉事件。

2008 年 9 月 9 日，国家质检总局从有关新闻报道中获悉，甘肃省发现有婴幼儿疑因食用三鹿牌婴幼儿奶粉而患肾结石等疾病，国家质检总局当日即组织开展调查，并对产品进行抽样检验。

2008 年 9 月 11 日，三鹿集团在人民网公开回应：严格按照国家标准生产，产品质量合格，目前尚无证据显示这些婴儿是因为食用了三鹿奶粉而患肾结石。

2008 年 9 月 12 日，面对毒奶粉事件，中国奶业协会的专家声称三聚氰胺一般是来源于包装材料（例如铁罐、软包装），此次事件应该要从原料、环境、生产工艺等层层筛查。

2008 年 9 月 12 日，卫生部表示，受污染奶粉致婴幼儿患泌尿系统结石的事实已得到初步认定。此时河北省石家庄市政府出面解释科技造假问题：三聚氰胺是一种化工原料，作为添加剂，可以使得原奶在掺入清水后仍然符合收购标准，所以被不法分子利用，以增加交奶量。

2008 年 9 月 13 日，国务院对"三鹿牌婴幼儿奶粉事件"作出决定。对严肃处理"三鹿牌婴幼儿奶粉事件"作出专门部署，立即启动国家重大食品安全事故 I 级响应，成立由卫生部牵头、国家质检总局等有关部门和地方参加的国家处理三鹿牌婴幼儿奶粉事件领导小组，在全力查明事实的基础上，严肃处理违法犯罪分子和相关责任人。

二、"三鹿案"处理程序及结果

2008 年 9 月 14 日，河北省副省长杨崇勇对记者表示，已召回问题奶粉 8218 吨，拘留 19 名犯罪嫌疑人，公安部门已经介入，针对不法分子的犯罪行为实施刑事强制措施。新华社报道，"三鹿牌婴幼儿奶粉事件"事态扩大的主要原因是三鹿集团和石家庄市政府在获悉三鹿奶粉造成婴幼儿患病情况的情况下隐瞒实情、不及时上报。

2008 年 9 月 16 日，河北省政府决定对三鹿集团立即停产整顿，并对有关责任人作出处理。三鹿集团董事长和总经理田文华被免职，后被刑事拘留，而石家庄市分管农业生产的副市长张发旺，石家庄市委副书记、市长冀纯堂等政府官员也相继被撤职。河北省委还决定免去吴显国河北省委常委、石家庄市委书记职务。9 月 22 日，李长江引咎辞去国家质检总局局长职务，这是因此次事件辞职的最高级别官员。

2009 年 1 月 22 日，河北省石家庄市中级人民法院一审宣判，三鹿集团前董事长田文华被判处无期徒刑,三鹿集团高层管理人员王玉良、杭志奇、吴聚生则分别被判处有期徒刑 15 年、8 年及 5 年。三鹿集团作为单位被告,犯"生产、销售伪劣产品罪",被判处罚款人民币 4937 余万元。涉嫌制造和销售含三聚氰胺奶的奶农张玉军、高俊杰及耿金平三人被判处死刑,薛建忠被判处无期徒刑,张彦军被判处有期徒刑 15 年,耿金珠被判处有期徒刑 8 年,萧玉被判处有期徒刑 5 年。

第二节 "福喜案"的行刑程序工作机制衔接分析

一、"福喜案"的案发经过

2014 年 7 月 20 日,上海广播电视台官方微博曝光:供应包括麦当劳、肯德基等著名洋快餐连锁企业的上海福喜食品有限公司使用过期肉制品。上海食药监部门迅速要求麦当劳、肯德基停止销售所有上海福喜食品有限公司生产的产品。2014 年 7 月 20 日晚,上海电视台曝光了记者的暗访画面。节目播出后,上海食药监部门于 7 月 20 日晚连夜出击,上海市食安办副主任、市食药监局副局长顾振华带领检查人员赶到位于嘉定的上海福喜食品有限公司工厂,上海食药监部门表示,部分生产销售记录等证据已被控制。[1]

2014 年 7 月 22 日,在食药监部门和公安调查组的约谈中,上海福喜食品有限公司的相关责任人承认使用了过期原料,公司多年来的政策一贯如此,且"问题操作"由高层指使。随着调查的深入,"福喜案"又生出了新的疑点,根据上海电视台记者暗访获得的线索,上海福喜食品有限公司在厂区之外还有一个神秘的仓库,专门把别的品牌的产品搬到仓库里,再换上自己的包装。

上海市食药监局于 2014 年 7 月 22 日表示,初步调查表明,上海福喜食品有限公司涉嫌有组织实施违法生产经营食品行为,并查实了 5 批次问题产品,涉及麦乐鸡、迷你小牛排、烟熏风味肉饼、猪肉饼,共 5108 箱。上海市食药

---

〔1〕《上海市食药监局查实福喜问题食品 5108 箱》,载新华网:http://news.xinhuanet.com/fortune/2014-07/22/c_1111747884.htm,最终访问时间:2024 年 2 月 21 日。

监局和市公安局等部门已经成立了"720"联合办案指挥部。初步调查表明，上海福喜食品有限公司涉嫌实施有组织违法生产经营行为。上海市食药监局局长闫祖强代表国家食药监总局再次约谈上海福喜食品有限公司的负责人。上海福喜食品有限公司被要求于3天内给出一份详细的书面报告。[1]

上海市公安局介入调查，对22家下游食品流通和快餐连锁企业进行紧急约谈，麦当劳、必胜客、汉堡王、德克士等连锁企业，以及上海真心食品销售有限公司普陀分公司等9家企业已经封存上海福喜食品有限公司产品约100吨。食药监局还通报，初步查明，麦当劳、必胜客、汉堡王、棒约翰、德克士、7-11等连锁企业及中外运普菲斯冷冻仓储有限公司、上海昌优食品销售有限公司、上海真兴食品销售有限公司普陀分公司等9家企业使用了上海福喜食品有限公司的产品。

二、"福喜案"处理程序及结果

2014年7月24日，上海市使用上海福喜食品有限公司产品的企业新增2家，达11家。上海市公安局已依法对上海福喜食品有限公司负责人、质量经理等6名涉案人员予以刑事拘留。上海市公安局和上海市食药监局表示，对危害食品安全的违法行为要一查到底，依法严惩涉案单位和责任人。截至2014年7月23日，共出动执法监察875人次，共检查食品生产经营企业581户，对经营、使用上海福喜食品有限公司产品的企业的问题食品，均已采取下架、封存等控制措施。[2]

2014年8月29日，因涉嫌"生产、销售伪劣产品罪"，上海市人民检察院第二分院依法批准逮捕上海福喜食品有限公司6名高管。

---

〔1〕《福喜事件》，载百度百科：http://baike.baidu.com/link？url=2K-6F3j7413wci07XL5TCEvsD58 gDjQKr2RFt0BEBCyGaUzAlHt_ 0z19zwBb9t6JEVnERhw8c5QgkNzk1tENR_ ，最后访问时间：2024年2月22日。

〔2〕《福喜事件》，载百度百科：http://baike.baidu.com/link？url=2K-6F3j7413wci07XL5TCEvsD58 gDjQKr2RFt0BEBCyGaUzAlHt_ 0z19zwBb9t6JEVnERhw8c5QgkNzk1tENR_ ，最后访问时间：2024年2月22日。

第三节　从"三鹿案"到"福喜案"
——程序衔接工作机制的反思和完善

从 2008 年的"三鹿案"到 2014 年的"福喜案",我们清楚地看到完善食品安全犯罪行刑衔接工作机制的重要性。在反思"三鹿案"中程序衔接工作机制的诸多不足之处的同时,我们也欣喜地看到,从"三鹿案"到"福喜案",我国的行刑衔接工作机制日益完善。

一、执法机关从疏忽监管到及时监管

在应对食品安全违法犯罪行为方面,承担食品安全监管职责的监管部门是执法的第一线。如果其不作为,便会使得不法分子有可乘之机。除了监管机构和标准比较混乱外,监管机构不作为和执行力度不够也是"三鹿案"的影响大规模蔓延的主要原因之一。执法不严,执法随意性大,而且还存在"为利执法"现象。执法部门忽视平时的监管,抽样检测又流于形式,监管部门"在办公室看样品""让养猪户自己取样送检",为应付上级检查,企业和执法人员心照不宣地"走过场"等现象屡见不鲜。从"三鹿案"可以看出,其实,在食品药品原料中添加三聚氰胺的问题并不是案发时才发生的,早在 2004 年三鹿奶粉的某些批次就未过关。2007 年质检部门从出口的国产蛋白粉检测中查出了"三聚氰胺"。2008 年 6 月,国家质检总局食品生产监管司网站收到了消费者投诉婴儿吃了三鹿奶粉后患肾结石的编号为"20080630-1622-25262"的投诉内容,只不过随即被人为隐藏。"在这长达四年的时间里,河北省和石家庄市的有关部门都做了些什么?回顾整个'三鹿牌婴幼儿奶粉事件'的演变过程,这起严重的公共卫生安全事件的发生,恐怕不仅仅是简单的一些领导干部和企业负责人的'麻木不仁'可以解释的。"[1]即使在"三鹿牌婴幼儿奶粉事件"发生后的 2008 年 9 月 12 日,在卫生部已经作出受污染奶粉致婴幼儿泌尿系统结石的事实初步认定的情况下,河北省石家庄市政

---

〔1〕　吴家庆、高翔:《对我国行政不作为现象的思考——以三鹿奶粉事件为例》,载《湖南行政学院学报》2009 年第 2 期。

府还辩解为：三聚氰胺是一种化工原料，被不法分子非法添加获利。这属于典型的行政执法领域的地方保护主义，为了本地的地方利益而置幼儿的生命健康权利于不顾。"三鹿案"中最后的行政监督，也是一种自上而下的介入。由国务院成立由卫生部牵头、国家质检总局等有关部门和地方参加的国家处理三鹿牌婴幼儿奶粉事件领导小组，迅速地查明事实，处理了违法犯罪分子和相关责任人。石家庄市委副书记、市长冀纯堂也相继被撤职。河北省委也决定免去吴显国河北省委常委、石家庄市委书记职务。9 月 22 日，李长江引咎辞去国家质检总局局长职务。这些高层领导被免职也属于行政不作为后的行政问责。

反观"福喜案"，在 2014 年 7 月 20 日晚新闻媒体曝光"福喜过期肉"事件的节目播出后，上海食药监部门于当晚便要求上海所有肯德基、麦当劳问题产品全部下架，上海食药监部门连夜查封位于嘉定的上海福喜食品有限公司工厂，并控制了部分证据，随即查封了麦乐鸡、迷你小牛排、烟熏风味肉饼、猪肉饼等共 5108 箱食品。正是由于食品安全监管部门的及时有效监管，才使得问题食品没有得到大规模的蔓延，也使得违法犯罪活动损害性减小。

二、司法机关从被动介入到提前介入

公安机关、检察机关等司法机关对重大违法、有可能涉嫌刑事犯罪的行政违法行为的提前介入有以下几方面的作用：第一，公安机关提前介入，可以及时查处案件，对于涉嫌刑事犯罪的重大违法行为，公安机关、检察机关提前介入便于提前了解案情，对涉嫌犯罪的行为及时实施行政强制措施。由于一般的行政机关在查处违法案件的过程中权限有限，没有侦查权和搜查权，而违法行为往往比较隐秘，有时候执法人员明知有毒有害或者不安全标准食品的隐匿之处，却没有权限进行查处。错过时机后，违法分子会及时转移赃物，为后来开展司法侦查带来困难。公安机关提前介入，可以和专业的执法人员一道及时地查获赃物。第二，公安机关、检察机关的提前介入，便于司法机关及时调取相关证据材料。行政执法和刑事司法对证据的要求是不一样的，因此其对证据的采信和证明力的判断也不同，执法机构在处理涉嫌犯罪的重大违法行为活动时提取的证据司法机关往往没法采用，而在执法活动现场或者执法后嫌疑人往往会隐匿证据，导致司法机关再行提取证据的难度加大。因此，公安机关的提前介入可以很好地搜集将来立案和移送起诉的证据，保证司法机关刑事诉讼活动的顺利开展。第三，司法机关的提前介入，可以很好地发挥检察机关对行政执法的监督职能，检察机关监督主要包括两方面的内容：一是监督行政执法所办理的案件中，是否有案件涉及刑事犯罪却并没有依法被移送给有权机关处理。二是在行政执法过程中，监督执法机关及执法人员本身是否存在滥用职权、徇私舞弊等触犯刑法的行为。经济犯罪一般是先由行政执法机关查处再移送公安机关。在"三鹿案"的整个处理过程中，我们能看到的是在事件发生数日之后的9月14日公安部门才介入，司法机关最后介入，对不法分子的犯罪行为实施刑事强制措施，拘留19名犯罪嫌疑人。行政机构在"三鹿案"中属于典型的被动介入，贻误了对其采取刑事强制措施进行刑事司法处置的最好时机，为后来的司法取证和案件侦破、移送起诉造成困难。反观"福喜案"，公安机关提前介入，与食药监部门一道组成调查组对上海福喜食品有限公司进行约谈并进行调查。"对22家下游食品流通和快餐连锁企业进行紧急约谈，麦当劳、必胜客、汉堡王、德克士等连锁企业，以及上海真心食品销售有限公司普陀分公司等九家企业已经封存上海福喜食品有限公司产品约100吨。食药监局还通报，初步查明，麦当劳、必胜客、汉堡王、棒约翰、德克士、7-11等连锁企业及中外运普菲斯冷冻仓储有限公司、上海昌优食品销售有限公司、上海真兴食品销售有限公司普陀分公司等9家企业使用了上海福喜食品有限公司的产品。"[1]公安机关的提前介入能够及时了解案情进展，采取刑事强制措施，封存问题食品，获取关键证据，极大地便利了案件移送之后诉讼活动的展开。

三、移送工作机制从不通畅到顺畅

移送机制是执法机关和司法机关共同设置的涉嫌犯罪案件的移送制度，包括移送的程序、移送机构和移送接受机构的明确及具体职责，移送的步骤以及对移送的材料的详细规定。行政机关和司法机关是两个不同的主体，对

---

〔1〕《福喜事件》，载百度百科：http://baike.baidu.com/link? url=2K-6F3j7413wci07XL5TCEvsD58 gDjQKr2RFt0BEBCyGaUzAlHt_ 0z19zwBb9t6JEVnERhw8c5QgkNzk1tENR，最后访问时间：2024年2月23日。

于涉嫌犯罪的案件要及时移送。如果移送机制不顺畅，司法机关无从知晓行政执法机关处理的案件有多少已达到刑事追诉的标准。建立并运行行政执法与刑事执法相衔接的移送机制，就是在现行法律规定的基础上，通过完善刑事诉讼程序，将检察机关的立案监督权向前拓展，针对行政执法环节经常出现的"以罚代刑"现象，应从行政执法机关移送涉嫌犯罪案件这一源头抓起。不言而喻，案件移送对相对人的潜在不利影响比一般行政处罚更为严重。只有较好地防止和避免查办案件中避重就轻、以罚代刑等现象的发生，才能有力地打击各类严重损害市场经济秩序的违法行为。因此，顺畅的严重行政违法案件移送渠道是行刑衔接的关键。

在"三鹿案"的查处过程中，我们没看到任何案件移送的情形，甘肃媒体曝光"三鹿牌婴幼儿奶粉事件"后，甘肃省卫生厅接到了关于婴儿结石的病例报告：生产用于婴幼儿食用的毒奶粉已经涉嫌生产有毒有害食品方面的犯罪，按照移送的要求，应当将案件移送到公安机关进行处理。国家质检总局也在其官方网站上收到了关于婴儿吃了三鹿奶粉后患肾结石的报告，却都没有将这一涉嫌犯罪的重大违法行为进行移送。反观"福喜案"，上海食药监部门在查实确定上海福喜食品有限公司涉嫌有组织违法生产经营食品后，马上联合公安局成立专案组，将控制的证据和其他案卷材料及时移送给公安机关。公安局依据移送的材料和证据，依法对上海福喜食品有限公司的负责人、质量经理等 6 名涉案人员予以刑事拘留。顺畅的移送机制在查处"福喜案"的过程中发挥着重要作用。

四、信息共享机制从无到有

信息共享机制是行政机关将其查获的有可能涉嫌犯罪的信息通过信息共享平台及时发布，便于司法机关及时掌握信息进行处置。信息共享平台是信息共享的载体，信息平台属于共享机构的内部平台，并配置必要的安全技术措施，行政执法机关、公安机关、检察机关、监察机关、政府法制部门根据信息共享平台设置的需要，应指定专门科室、配备专用计算机、设定专用信息点，实现专人负责、专门共享。同时，信息共享平台对应该共享的信息也有详细的规定。行政执法机关、公安机关对本部门移交、受理的移送涉嫌犯罪案件的处理状态和结果进行跟踪查询。检察院通过信息共享平台对移交、受理的移送涉嫌犯罪案件的处理状态和结果进行监督。信息共享对于执法机关和司法机关对违法或者涉嫌犯罪信息的及时获得而言意义重大。近年来，各地都建立了适用于本行政区域的信息共享平台。在"三鹿案"的查办过程中，并没有信息平台可以共享信息。所以，对于质监部门的举报线索，食品安全监督部门和司法机关都不知情。"三鹿集团在 2007 年 12 月就开始收到消费者的投诉，可直至 2008 年 5 月 20 日才成立技术攻关小组，通过排查怀疑奶粉中含有三聚氰胺，7 月 24 日将 16 批次婴幼儿奶粉送检，有 15 批次检出有三聚氰胺，三鹿集团在明知其婴幼儿系列奶粉中含有三聚氰胺的情况下，并没有停止生产、销售，企业会议依然决定库存三聚氰胺产品可以出售。关于产品送检不达标的信息没有及时共享，造成仅 8 月 2 日至 9 月 12 日期间，就生产含三聚氰胺的婴幼儿奶粉 900 多吨，销售 800 多吨，此时该厂还将不合格拒收的原奶转送到其他加工厂，有些生产为液态奶。"[1]再反观"福喜案"，上海早在 2005 年 6 月就在上海浦东新区建立了全国首个行刑衔接信息共享平台。行政执法与刑事司法信息共享平台不仅将行政执法机关和刑事司法机关相衔接的案件信息纳入了数据库，而且还为进入平台的所有案件提供从受理到审判的全过程记录。该平台设置了专门的模块，要求各行政执法机关必须在 24 小时内将涉嫌犯罪的案件上网移送，决定不移送的必须说明理由并在网上公布；公安机关在接受行政执法机关移送涉嫌犯罪案件的 15 日内必须作出立案或不立案的决定，决定不立案的必须说明理由并上网公布。信息平台还为检察机关设置了专门的监控窗口，就各行政机关移送的案件和公安机关立案的情况，检察机关可以通过查询进行实时监控，一旦发现该移送不移送、该立案不立案等不严格执法的情形，可根据系统监督程序发出建议移送或立案的指令信息。[2]得益于上海完善的行刑衔接信息共享平台机制，"福喜案"的违法行为信息可以在网上共享，方便公安机关发现线索并成立专案组，及时破案，同时也便于检察机关进行有效监督。

---

〔1〕　刘琪：《试论三鹿奶粉事件中的政府责任》，载《经济研究导刊》2009 年第 10 期。

〔2〕　林中明：《上海推广行政执法与刑事司法信息共享平台》，载《检察日报》2006 年 9 月 22 日。

第八章

食品安全行刑衔接中的检察监督

第一节　食品安全行刑衔接中的检察监督概述

根据我国宪法规定，检察机关是国家法律监督机关。检察机关的法律监督职能主要有：对国家工作人员履行职责的监督、侦查监督、审判监督、刑罚执行监督、行政执法监督。行刑衔接机制的完善离不开检察监督职能的实现，国务院出台的《关于加强行政执法与刑事司法衔接工作的意见》明确提出了人民检察院应对行刑衔接工作加强监督。党的十八大以来，以习近平同志为核心的党中央高度重视健全"两法衔接"机制，并提出了一系列明确要求。党的十八届三中、四中全会作出明确部署，《中共中央关于加强新时代检察机关法律监督工作的意见》进一步对反向衔接提出了明确要求，强调"健全检察机关对决定不起诉的犯罪嫌疑人依法移送有关主管机关给予行政处罚、政务处分或者其他处分的制度"。2018 年修订的《刑事诉讼法》、2021 年修订的《行政处罚法》也对加强行政执法和刑事司法双向衔接作出了明确规定。最高人民检察院也专门或会同相关部门制定了一系列规范性文件。总体来看，经过二十余年的发展，"两法衔接"工作规范体系和制度机制不断健全，行政执法和刑事司法信息共享平台建设取得了积极进展，检察机关的法律监督作用得到有效发挥，在推进解决有案不移、有案难移、以罚代刑，实现行政处罚和刑事处罚依法对接方面取得了显著成绩。[1]

---

〔1〕　参见 2023 年 7 月 14 日最高人民检察院发布的《关于推进行刑双向衔接和行政违法行为监督 构建检察监督与行政执法衔接制度的意见》。

一、食品安全行刑衔接中检察监督的必要性

食品安全行刑衔接除了要在移送机制、信息共享、联席会议等方面加强行政机关和公安机关的衔接之外，检察机关对行刑衔接的监督也是避免出现以罚代刑、有案不移、有案难移等现象的重要方面。此外，完善检察监督也是基于依法治国、严密法网、顺应权力制衡以及行刑衔接机制自身的需要。

1. 依法治国的需要

十五大提出了建设社会主义法治国家的依法治国基本方略，依法治国的实现依赖于法治的健全，在做到有法可依、有法必依的基础上，才能够实现执法必严、违法必究。依法治国的核心是依法行政，同时依法行政也是实现依法治国的基本途径。行政机关不作为、乱作为不仅严重损害了公民利益和国家秩序，更是对依法治国方略的严重破坏。行刑衔接领域出现的"有案不移、有案难移、以罚代刑"等执法不端现象就是行政不作为、乱作为的典型表现。检察机关通过行使宪法赋予的监督权，对行政执法中的一些不作为和乱作为现象进行监督，及时纠正，对于行刑衔接中的有案不移、以罚代刑现象，及时发现、及时通过行使监督手段予以纠正，及时查处行政执法人员和司法人员在行刑衔接中的渎职案件，增加对这类犯罪的威慑力，从而保障行刑衔接的顺畅进行。完善行刑衔接的建设，发挥检察机关的监督职能，不仅可以监督、引导行政机关明确其法定职责，严格按照程序和标准移送案件、处理案件，保证食品安全涉嫌犯罪的案件能及时移送司法机关，更能督促其依法行使自由裁量权，减少恣意，杜绝行政执法中的腐败，促进依法行政的实现，进而实现依法治国的基本方略。

2. 严密法网，实现食品安全犯罪的零容忍的需要

行刑衔接有利于整合现有的法律资源，发挥行政法和刑事法各自打击不法行为的优势，并贯彻罪责刑相适应原则，避免在行刑衔接中存在真空地带，严密刑事法网。而检察机关的监督则是督促行政机关和刑事司法机关发挥其功能优势。因而，"要保证行政执法监督横向到边、纵向到位，要实现刑事司法的有罪必究、执法必严，就必须有效整合现有执法监督资源。通过检察调查更深入介入行政执法活动，通过派员适时介入，专人引导行政执法，有针

对性的指明取证方向。使行政执法案件质量更高、打击更准，消除违法犯罪的存在和发展的时间和空间"。[1] 近年来，我国食品安全违法犯罪层出不穷，严重危及国计民生，党和国家领导人多次提出对食品安全违法犯罪"零容忍"，保障舌尖上的安全。"零容忍"就要求对食品安全的行政违法行为和刑事犯罪行为进行准确打击，并罚当其责，因此我国应通过检察机关监督完善行刑衔接机制、严密打击食品安全不法行为的法网、实现"法网恢恢，疏而不漏"的无缝对接，进而实现对食品安全犯罪的"零容忍"。

3. 顺应权力制衡的需要

行政权是宪法规定和法律赋予的国家行政机关管理政治、经济和社会事务的最重要的国家权力，也是最密切涉及公民、法人和其他组织切身利益的一种国家权力，基于其管理的事项的复杂性、多变性以及其本身运作的效率性要求，宪法和法律也给予了行政机关很大的自由裁量权，这也决定了行政权力是最容易被滥用的权力，这就需要宪法赋予检察机关以监督权。检察机关对于行刑衔接中的主体行政机关和公安机关的监督，同样可以保障行刑衔接的顺畅进行，杜绝以罚代刑现象。

4. 行刑衔接机制自身需要

行刑衔接的基础是行政法和刑法调整范围的重合，由于行政法和刑法同属公法范畴，且其调整范围在社会公共管理秩序这一目标上具有重合之处，行政违法行为达到一定的程度就会构成刑事犯罪，因此会牵涉到行政执法和刑事司法的衔接问题。行政执法和刑事司法的衔接是否顺畅决定了违法犯罪行为是否能够得到严密打击。但在实践中，有案不移、有案难移、以罚代刑等移送不畅现象长期存在，这些都是因为行政执法机关和刑事司法机关各自行使自己的职能，而怠于行使交叉部分的职能，移送机制顺畅、处罚结果竞合、证据转化等是行刑衔接的关键问题，行刑衔接制度的良好运转需要外部机构的有效监督，而检察机关作为宪法赋予监督权限的机关能够更好地行使这一职能。行刑衔接机制如无检察机关加以督促，则会导致运转不畅。所以说，检察监督也是行刑衔接机制的自身需要。

---

〔1〕 丁军青、陈士力：《检察调查是行刑衔接的助推器》，载《中国检察官》2011 年第 7 期。

二、食品安全行刑衔接中检察监督功能演变

2001 年 4 月 27 日公布的《国务院关于整顿和规范市场经济秩序的决定》首次提出"加强行政执法与刑事执法的衔接",到党的十八届四中全会正式确立行刑衔接制度,再到 2023 年 7 月最高人民检察院印发《关于推进行刑双向衔接和行政违法行为监督 构建检察监督与行政执法衔接制度的意见》的通知。检察机关在行刑衔接监督功能层面经历了从无到有、从功能弱化到功能强化的过程。行刑衔接在监督价值、监督方式、监督范围等层面发生了根本性的转变。

1. 行刑衔接监督价值的转变——由整顿经济秩序到依法治国的提升

从行刑衔接的发展历史可以看出,2001 年行刑衔接的首次提出是为了应对当时比较猖獗的伪劣商品犯罪。可以说,行刑衔接机制的缘起就是为了整顿经济秩序。2001 年 7 月 9 日出台的《行政执法机关移送涉嫌犯罪案件的规定》在其开篇第 1 条就明确了制定目的,即为了保证行政执法机关向公安机关及时移送涉嫌犯罪案件,依法惩罚破坏社会主义市场经济秩序罪、妨害社会管理秩序罪以及其他罪。包括 2003 年 4 月召开的全国整顿和规范市场秩序工作会议同样要求进一步推进行刑衔接机制及配套措施建设,加强行政案件的移送和司法监督。而且,在出台的关于行刑衔接机制的规范性文件中,制定主体里都有"全国整顿和规范市场经济秩序领导小组办公室"这个对经济秩序进行监管的机构。"回顾'行刑衔接'的发展历程,我们不难看出这一问题的提出与工作的进展始终是随着整顿与规范社会主义市场经济秩序工作而进行的。"[1]整顿经济秩序也一直是行刑衔接的主要价值。这种情况在党的十八届三中全会才得到改变。党的十八届三中全会和四中全会在"深入推进依法行政,加快建设法治政府"一章内容里面重点论述"完善行政执法与刑事司法衔接机制",则将行刑衔接上升到一个新的高度,并将其功能价值从整顿经济秩序向依法治国提升。

---

〔1〕 刘福谦:《行政执法与刑事司法衔接工作的几个问题》,载《国家检察官学院学报》2012 年第 1 期。

2. 行刑衔接监督方式的演变——从事后被动监督到事中的主动监督

2001 年 7 月 9 日国务院颁布了《行政执法机关移送涉嫌犯罪案件的规定》，不仅第一次提到行政执法机关移送涉嫌犯罪案件，应当接受人民检察院和监察机关依法实施的监督，而且也是第一次规定对于涉嫌贪污贿赂、渎职侵权案件，行政机关应当向检察机关移送，把检察机关作为顺向移送的对象，不过这些都是被动接受的移送。2011 年 2 月，中共中央办公厅、国务院办公厅转发的由国务院法制办公室、中共中央纪律检查委员会、最高人民法院、最高人民检察院等七部门联合制定的《关于加强行政执法与刑事司法衔接工作的意见》（以下简称《两办意见》）则是规定了检察机关对于行刑衔接中的问题可以主动监督：一方面规定对于实名举报行政机关不移送、公安机关不受理的情形，检察机关应当进行调查处理，并告知举报人处理结果。必要时，检察院可以向行政机关和公安机关了解情况。另一方面规定公安机关不受理移送案件或者不予立案的，检察院可以主动进行立案监督，这种变化体现了检察机关的介入从被动转向主动。为深入贯彻党的二十大精神，全面落实《中共中央关于加强新时代检察机关法律监督工作的意见》，加强检察机关与行政执法机关的衔接配合，共同促进严格执法、公正司法，积极构建检察监督与行政执法衔接制度，最高人民检察院制定了《关于推进行刑双向衔接和行政违法行为监督 构建检察监督与行政执法衔接制度的意见》。

3. 行刑衔接监督范围的演变——从部分监督到全面监督

为了加强人民检察院的监督职能，加强与执法机关和公安机关的工作联系。2004 年 3 月 18 日，《最高人民检察院、全国整顿和规范市场经济秩序领导小组办公室、公安部关于加强行政执法机关与公安机关、人民检察院工作联系的意见》（以下简称《三部门意见》）特别强化了检察院在行刑衔接机制中的作用，主要有以下四方面：第一，将检察院纳入行刑衔接信息共享机制的主体。建立情况信息通报制度，逐步实现各行政执法机关信息管理系统与公安机关、人民检察院的信息联网共享。第二，人民检察院接受案件咨询工作。人民检察院定期向行政执法机关通报立案监督、批捕、起诉严重违法犯罪案件的情况。并同时规定人民检察院应当接受行政机关关于行刑衔接的咨询。第三，提出检察意见。对于群众举报的行政机关不移送案件，人民检察院不仅可以直接向行政机关查询案件，还可以派员查阅有关案卷材料，且在必要时，检察院可以提出检察意见，建议移送。第四，加强立案监督。对于行政机关已经移送的案件，应当对公安机关的处理情况进行监督，未及时受理或者立案的，加强督促。但是，并没有对不立案的监督程序。此外还规定，在必要时同样可以派员协助公安机关展开侦查。2011 年 2 月出台的《两办意见》则实现了由部分监督向全面监督的转变。《两办意见》则明确提出对行刑衔接工作加强监督。《三部门意见》规定的监督更多是事中监督和事后监督，是对行刑衔接的部分监督。《两办意见》在此基础上更加详细地规定了检察院全面参与监督。比如《两办意见》规定，行政机关不移送案件、公安机关不受理立案需要追究刑事责任的，需追究行政责任的可以移送监察机关处理，构成犯罪的依法追究刑事责任。《两办意见》将监督扩大到了对行政执法和公安机关的渎职行为进行监督，由部分监督转变为全面监督。

4. 构建检察监督与行政执法衔接制度

《关于推进行刑双向衔接和行政违法行为监督 构建检察监督与行政执法衔接制度的意见》明确提出要深入贯彻落实习近平法治思想，坚持问题导向和系统观念，积极适应党中央关于加强行政执法和刑事司法双向衔接、行政违法行为监督的新要求，坚持刑事立案监督与行政违法行为监督并重推进"两法衔接"，并综合考虑监督链条的完整性、职能归口的统一性、监督办案的专业性，按照"一个部门牵头抓总，其他部门各负其责，全院一体协同履职，相互配合形成合力"的要求，调整优化检察机关内部分工，统筹推进行刑双向衔接和行政违法行为监督工作，构建检察监督与行政执法衔接制度，通过与行政执法机关开展衔接配合并加强检察机关的法律监督工作，推动形成更大的执法司法合力，共同推进全面依法治国，建设法治中国。[1]

5. 强化组织保障，推进"两法衔接"和行政违法行为监督工作走深、走实

《关于推进行刑双向衔接和行政违法行为监督 构建检察监督与行政执法衔接制度的意见》明确提出，各级检察院党组要高度重视，统筹抓好"两法

---

〔1〕 参见 2023 年 7 月最高人民检察院发布的《关于推进行刑双向衔接和行政违法行为监督 构建检察监督与行政执法衔接制度的意见》。

衔接"和行政违法行为监督工作，加强领导和督促，定期听取工作汇报，谋划部署推进措施，切实帮助解决遇到的困难和问题，确保工作的质效。各级检察机关的检察监督与行政执法衔接的内部统筹、外部协调等工作，由本院行政检察部门负责承担、统一推进，其他部门在各自的职责范围内开展具体工作。检察机关建立内部协调机制的，机制的日常工作由本院行政检察部门牵头。立足于推进检察监督与行政执法衔接工作，修改完善相关制度规范。在检察业务应用系统中开发"两法衔接"和行政违法行为监督案件模块，细化案件办理流程、移送标准等内容，实现相关案件网上移送、线上监督。科学评估工作调整后的办案需求和人力资源配置，及时调整充实人员力量。坚持"业务主导、数据整合、技术支撑、重在应用"的数字检察工作模式，依托信息共享平台，充分挖掘运用"两法衔接"和行政违法行为监督数据资源，加强顶层设计、整体统筹。[1]

第二节　从最高人民检察院公布的食品安全案例看检察监督权的实现

　　行刑衔接中检察院监督权的行使是实现依法行政、顺应权力制衡的需要，同时也是基于行刑衔接机制自身的需要。然而，在实践中，检察机关的监督作用并未得到充分发挥。一方面，检察机关的信息来源受限，对行政执法机关查处的案件知情不多，难以做到对行政执法各个环节进行有效监督和协助。我国从中央到地方，拥有食品安全行政执法权和行政处罚权的部门众多，每年办理的食品安全案件更是难以计量。人手相对有限的检察机关要如何监督食品安全行刑衔接才能保证其运转畅通？本书将通过分析 2015 年 8 月最高人民检察院公布的 11 起典型的食品安全案件来说明检察监督权的实现。

一、通过提前介入个案指导进行监督

　　检察机关对行刑衔接的监督经历了从部分监督到全面监督，从被动监督

---

　　〔1〕　参见 2023 年 7 月最高人民检察院发布的《关于推进行刑双向衔接和行政违法行为监督 构建检察监督与行政执法衔接制度的意见》。

到主动监督的转变。下面的案例就是检察院通过提前介入，实施个案指导，进而进行主动监督和全面监督的典型案例。

（一）案例介绍

案例1　刘伟、黄康等19人生产、销售不符合安全标准的食品案

2013年5月，被告人刘伟租用被告人王树前位于四川省成都市双流县金桥镇的一处民房，从被告人黄康、高洪等处收购病死、死因不明的生猪，并雇用被告人宋彬、童大伟、黄红刚从事非法屠宰、销售死猪活动。其间，被告人刘水清帮助刘伟搬运死猪肉，被告人王健明帮助刘伟将宰杀好的死猪肉销往重庆等地。此案由四川省蒲江县公安局于2013年4月27日对韩兴洪、陈军华、雷泽江等7人立案侦查；成都市公安局于同年6月18日对刘伟、王树前等7人立案侦查；新津县公安局先后对黄康、黄玉秋等5人立案侦查。后经成都市人民检察院建议，以上案件由成都市公安局合并管辖。成都市人民检察院先后对韩兴洪、刘伟等17人批准逮捕，另有2人分别被取保候审、监视居住。经指定由双流县人民检察院管辖后，该院于12月30日提起公诉。2014年4月10日，双流县人民法院以"生产、销售不符合安全标准的食品罪"分别判处刘伟、黄康有期徒刑2年2个月，并处罚金2万元。其余涉案被告人也均被作出有罪判决。

案例2　吴金水、陈雪彬、冉仕勤等人生产、销售不符合安全标准的食品案

2012年7月至2013年4月，被告人吴金水、陈雪彬伙同冉仕勤等人分别从福建省福清市上迳镇、龙田镇、江镜镇一带的二十多家养猪场收购、捡拾病死猪运回一废弃养鸡场内屠宰，后以每斤1.4元～1.8元的价格收购病死猪肉运回莆田市仙游县，冷冻加工后以每斤2.3元的价格售卖给某食品加工厂加工，并出售供人食用。2013年5月10日，福建省福清市人民检察院作出批准逮捕决定，2013年10月15日提起公诉。2013年12月19日，福建省福清市人民法院以"生产、销售不符合安全标准的食品罪"判处吴金水、陈雪彬、冉仕勤有期徒刑6年至4年不等，并处罚金人民币30万元至12万元不等。

案例 3　王勇朝等人生产、销售伪劣产品案

2010 年初至 2013 年 8 月间，被告人王勇朝为谋取非法利益，伙同方荣坤、甘兴忠等人租赁一民房开设加工作坊，在未办理任何生产经营许可证照的情况下，在收购来的新鲜蕨菜和笋丝中非法添加焦亚硫酸钠水溶液后制成食品。王勇朝用印有其原在四川省隆昌县注册业已过期作废的"能辉牌"商标的塑料包装袋进行包装，并使用标识食品生产许可证的包装箱包装用于出售。经查实，王勇朝等人的销售金额达 77 721 元，查获的未销售货物价值 53 714 元。该案的线索是由湖南省长沙市雨花区人民检察院与长沙市质量技术监督局雨花区分局、长沙市工商行政管理局雨花区分局在检查工作中发现，由雨花区人民检察院监督移送长沙市公安局直属分局的。公安机关经审查于 2013 年 8 月 27 日立案侦查。之后，雨花区人民检察院提起公诉。2014 年 1 月 23 日长沙市雨花区人民法院以"生产、销售伪劣产品罪"一审判处王勇朝、甘兴忠有期徒刑 7 个月；方荣坤、方华芝、王秀芝有期徒刑 7 个月，缓刑 7 个月；刘再勇、蒋小花拘役 5 个月，缓刑 5 个月。

（二）监督方式的实现

这三起案件都是检察机关通过行政执法与刑事司法衔接工作机制监督移送的危害食品安全案件。案例 1 和案例 2 是在我国危害范围极广和危害后果较大的"病死猪案"。案例 3 是非法使用食品添加剂。这三起案件中检察院的监督方式都是个案监督，通过检察机关提前介入、引导侦查的方式实现。案例 1 是检察院主动介入的典型案例，由于案 1 涉及的食品安全犯罪人员众多、案情复杂，且发生在食品大省四川，又涉及跨省销售。因此，四川省委派成都检察院提前介入侦查，引导公安机关收集证据。此案因发生在蒲江县、郫县、双流县三个行政区域，导致需要三地进行侦查的特殊情况，为了避免分散侦查的弊端，成都市人民检察院积极与市公安局协商，由市公安局合并管辖，建立专案组，统一指挥、集中报捕，提高了办案效率，保证该案能被及时侦破，避免犯罪危害后果的扩散。在案例 2 中，福建省福清市人民检察院同样是提前介入，引导公安机关对生产、加工、销售病死猪肉的地下产业链

条展开侦查，与行政执法机关、公安机关形成合力，共同打击了这一严重的"病死猪"的食品安全犯罪。在案例3中，长沙市雨花区人民检察院指派检察人员及时掌握案件的进展情况，引导侦查取证，指导公安机关着重收集销售金额证据，并核查数额，看是否达到数额标准，并督促公安机关及时收集涉案食品的相关证据，就笋丝中的二氧化硫残留量进行鉴定，为案件起诉准备充足条件。

二、通过信息共享平台进行专案监督

（一）案例介绍

案例4 周雄、王成生产、销售有毒、有害食品案

2012年6月至2014年5月，被告人周雄、王成以营利为目的，将自己在甘肃省白银市白银区经营的"周吴老坎串串香"火锅店的餐厨泔水过滤加工成地沟油约2900斤供顾客食用。经鉴定，该地沟油底油中的增塑剂或塑化剂（具有干扰内分泌的作用，可造成生殖和生育障碍）含量超标170%，自助底油超标33%。案发后，白银区人民检察院于2014年5月16日建议白银区食药监局稽查局移送白银区公安分局。次日，白银区公安分局立案侦查，同年5月30日白银区人民检察院作出批准逮捕决定，同年10月30日提起公诉。2014年11月11日，白银区人民法院以"生产、销售有毒、有害食品罪"判处被告人周雄、王成有期徒刑3年，并处罚金2万元。

（二）监督方式的实现

本案属于典型的利用行刑衔接机制中的信息共享平台的案例。信息共享平台充分运用现代信息技术将行政执法机关、公安机关，人民检察院之间执法、司法信息互联互通。行政执法机关应当在规定的时间内，将查处的符合刑事追诉标准、涉嫌犯罪的案件信息以及虽未达到刑事追诉标准，但有其他严重情节的案件信息等录入信息共享平台。各有关单位应当在规定时间内将移送案件、办理移送案件的相关信息录入信息共享平台。白银市人民检察机关就是利用这个平台了解到危害食品安全的线索，第一时间组织检察人员赶

赴现场，现场引导行政执法人员保护现场、提取犯罪证据，建议行政机关移送公安机关的同时及时通知公安机关，让其介入侦查，保留刑事证据。通过信息平台共享，在检察机关的监督下，行政机关、公安机关反应快速、应对得当，现场收集了充足的证据，为顺利追究犯罪人刑事责任奠定了基础，保证了行刑衔接的顺畅进行，有效震慑了食品安全犯罪。

三、通过上级督办方式进行监督

（一）案例介绍

案例5 熊智等人生产、销售伪劣产品案

被告人熊智伙同熊岚经营上海锐可营养食品有限公司、南昌麦高营养食品有限公司等五家公司。2012年3月起，在未取得奶粉生产许可的情况下，从内蒙古亚华乳业有限公司购入大包牛奶粉，擅自加工、生产国产奶粉，并冒充可尼可、善臣、贝诺贝滋、乐氏及欧恩贝等进口品牌奶粉，投放市场销售牟取利益。案发后，共扣押奶粉共计23万余罐，400多吨，涉案金额2亿余元。经抽样检测，在其生产的13件奶粉中，有2件含有致病菌，属于不符合安全标准食品，有11件检测值不符合能量及营养成分标示值，夸大了食品的营养水平，属于伪劣产品。2013年4月26日，上海市奉贤区人民检察院通过行政执法与刑事司法衔接平台建议奉贤区工商分局将该案线索移送公安机关。奉贤区工商分局于4月29日将案件移送区公安分局。同日，区公安分局以生产、销售伪劣产品案立案侦查，并于5月30日提请批准逮捕。2013年6月6日，奉贤区人民检察院将熊智等人批准逮捕。2015年2月，熊智等8人分别被判处15年至7年不等的有期徒刑，并分别被判处罚金700万元至2万元不等。

（二）监督方式的实现

自从"三鹿案"发生后，我们国家奶粉行业遭受重创，以至于洋奶粉占领中国市场，对我国奶粉市场造成沉重打击。因此，我们国家非常重视问题奶粉的涉案处理。熊智等人生产、销售伪劣产品案是由最高人民检察院、公安部督办。《关于加强行政执法与刑事司法衔接工作的意见》第13条规定：

"县级以上地方人民政府、人民检察院和监察机关要依法履行监督职责，严格责任追究，确保行政执法与刑事司法衔接工作有关制度落到实处。"因此，最高人民检察院联合公安部督办了此类案件，也是上级专门机关的检察监督。而且该案涉及婴幼儿奶粉生产、销售的各个环节，并冒充进口奶粉进行销售，且涉案人员多，跨地域销售。因此，在最高人民检察院的督办下，检察机构密切与工商、食品安全监督机构等行政执法部门的沟通配合，做到了早发现线索、早分析严办、早监督立案。通过发挥联动机制，检察机关与公安机关在引导取证中联动、侦查监督与公诉部门在批捕起诉衔接上联动，保证专案监督和上级督办的案件及时得以查处。

四、通过食品安全渎职立案侦查方式进行监督

（一）案例介绍

案例6 河北张家口不合格燕麦片渎职案

经查，2012年12月，万全县质监局对万全县某食品有限公司生产的燕麦片进行了抽检。后经检验：该公司于2012年12月2日生产的燕麦片质量不合格，霉菌严重超标。此批次产品共生产1万公斤，货值金额共计4万元，违法所得2000元整。质监局官员赵焱在其主持该案件审理期间，不按照法律规定进行处罚，同意对行政相对人——万全县对该食品有限公司作出了2.4万元的罚款，给国家造成了17.6万余元的损失。同时赵焱在担任万全县质监局局长期间，利用职务上的便利，收受贿赂总计人民币11万元。2014年5月23日河北省张家口市下花园区人民检察院以涉嫌"滥用职权罪""受贿罪"对张家口市万全县质量技术监督局原局长赵焱立案侦查，12月9日，下花园区人民法院作出一审判决：被告人赵焱犯"滥用职权罪"，判处有期徒刑1年；犯"受贿罪"，判处有期徒刑10年6个月，并处没收个人财产5万元，决定执行有期徒刑10年6个月，并处没收个人财产5万元。

案例7 湖北当阳病死猪渎职案件

被告人王怀健自2009年起担任当阳市动物卫生监督局河溶分所所长、河

溶动物卫生监督所所长等职务期间，不正确履行职责，玩忽职守，放任监管对象曹某等人在经营冻库期间长期、大量制售"病死猪"，在执法检查中通风报信并接受吃请送礼，导致曹某等人生产、销售不符合安全标准的食品及张某等人销售不符合安全标准的食品行为发生，造成了足以造成人体严重食物中毒的食品安全事故，社会影响恶劣，致使公共财产、国家和人民利益遭受重大损失。2014 年 3 月 19 日，湖北省当阳市人民检察院对当阳市动物卫生监督局河溶分所原所长、河溶动物卫生监督所原所长王怀健以"玩忽职守罪"立案。2015 年 2 月，经法院判决，被告人王怀健犯"食品监管渎职罪"，判处有期徒刑 10 个月。

案例 8　四川南充腌腊制品渎职案

经查，2010 年至今，犯罪嫌疑人张映琳负责南充市第二市场畜禽及畜禽产品检验检疫，其在对腌腊制品检验检疫时，明知无检疫条件，但为收取检疫费，对腌腊制品随意发放检疫证明，致使耿群英、刘萍、杨保成三人长期在第二市场销售用病死猪肉加工生产的香肠、腊肉，造成恶劣社会影响。2013 年 11 月 27 日，四川省南充市嘉陵区人民检察院对南充市顺庆区畜牧局城区兽防站驻南充市第二市场检疫员张映琳以涉嫌"滥用职权罪"立案侦查。2014 年 11 月，南充市中级人民法院判决张映琳有期徒刑 6 个月，缓刑 1 年。

（二）监督方式的实现

这三起案例都是检察院对食品安全监管渎职案件进行直接侦查而查获的案件。"食品监管渎职罪"是指负有食品安全监督管理职责的国家机关工作人员，滥用职权或者玩忽职守，导致发生重大食品安全事故或者造成其他严重后果的行为。《刑法修正案（八）》在《刑法》第 408 条后增加一条，作为第 408 条之一规定，负有食品安全监督管理职责的国家机关工作人员，滥用职权或者玩忽职守，导致发生重大食品安全事故或者造成其他严重后果的，根据不同情节判处相应刑罚。检察机关对"食品监管渎职罪"拥有侦查和起诉权。这也是检察院对行刑衔接进行监督的最直接方式。在案例 6 中，属于典型的"以罚代刑"，对食品安全违法犯罪分子处以经济罚，可以剥夺其再犯的经济条件，同时也可以给予其足够的警醒。但是，在本案中，犯罪人滥用职权，收受贿赂，应罚未罚、少罚而以罚代刑，属于典型的滥用职权的渎职行为。在案例7中，犯罪嫌疑人不仅不履行自己的监管职责，查处有问题食品，而且为行为人生产、销售病死猪在执法检查中通风报信，造成了严重的食品安全犯罪，这是严重的渎职，理应追究其刑事责任。在案例8中，犯罪嫌疑人身为食品安全监管的检验检疫人员，不履行正常的检验检疫职责，反而贩卖检疫证书，使得一些不法行为人完全摆脱了动物检疫机构的监控，给食品检验检疫造成了极大隐患，这也是一种典型的渎职行为。

第九章

食品安全行刑衔接中的专门警察设置

第一节 食药警察对于行刑程序衔接的重要意义

一、食药警察的界定

与一般的经济犯罪相比，食品安全犯罪的社会危害性更大，不仅侵害了国人的健康权，也损害了我国的食品生产行业和国际形象，且食品安全违法犯罪的复杂性及其查处所需的专业性要求更高。从食品安全行刑衔接中存在的缺陷可以看出：现有的食品安全监管机构在行政执法活动中由于没有侦查权，行使职权缺乏足够的威慑力，无法及时有效地应对严重的食品安全违法行为。而拥有侦查权的公安机关在刑事执法活动中虽能提前介入，但却不具备食品安全违法犯罪行为检验的专业性。"现实中，个别食药监、工商等部门，出于本位主义考虑，或是对刑事政策掌握不精，往往搞'以罚代刑'，只对食品犯罪作出行政处罚，却不把案件移交公安处理。这导致食品安全的犯罪成本被人为降低，无良商家知道处罚不重，敢于以身试法。"[1]这是造成行刑衔接脱节的主要原因之一。因此，从这个意义上来说，设置既懂食品安全专业技术，又可以行使侦查权和其他一些强制措施权限的食药警察是目前解决行刑衔接最为有效的方式之一。

也基于此，我们可以给食药警察一个明确的概念：专门设立的警察机关，

---

[1] 《食药警察》，载百度百科：http://baike.baidu.com/link？url=g06DE16RBqBarRFFMCbHnmgLfxchNsFYIUCERAHRp5vdIFaZZyOSuXGfbHGAlf3W4a2q2chgs1kMFuLAIqWUl，最后访问时间：2024 年 2 月24 日。

主要负责侦查办理食品、药品违法犯罪。类似于警种设置里面的森林警察、缉私警察等。近年来，我国也开始尝试，2009 年湖南率先成立了长沙市公安局治安管理支队食品安全执法支队，其权限为侦办食品类和药品类违法犯罪案件。这也是我国最早成立的食药警察，之后我国其他一些省一级政府机构也开始探索成立食药警察，包括辽宁、北京、河北、山东等地都成立了各自的食药警察队伍。在国家层面，2019 年 5 月，公安部正式成立食品药品犯罪侦查局，对食品药品、知识产权、生态环境、森林资源、生物安全领域的犯罪和制售伪劣商品犯罪进行打击。在食品安全监管最为发达的美国，20 世纪即成立了食药警察制度，早在 1991 年，为了应对轰动一时的仿制药丑闻，美国食品药品监管局（FDA）的国会监督委员会支持并督促在 FDA 内部成立刑事调查办公室（Office of Criminal Investigations，OCI）。OCI 运用刑事调查和强制措施查处违反美国食品、药品和化妆品法的行为。同样，食药警察的设立也促成了美国成为全世界食品消费最为安全的国家之一。

二、食药警察的设置对于完善行刑程序衔接的重要意义

（一）行刑衔接的迫切需要

目前，在食品安全治理的缺陷中，行刑衔接不畅被认为是最主要的原因，执行机关的疏忽监管、行刑衔接移送机制不健全造成有案难移和以罚代刑现象，司法机关的被动介入造成案件贻误、监管部门缺乏侦查权，执法没有威慑力、公安机关缺乏专业的技术检验标准等都是行刑衔接机制主要的缺陷。具备侦查权和专业的食品安全执法能力以及执法威严性的食药警察则可以弥补以上缺陷。一方面，改变执法机构天然的侦查权缺失弊端。食品安全执法监督管理部门在查处食品安全违法行为时，由于不具备搜查、检查等刑事强制措施的权限而往往不能及时对涉嫌食品安全重大危害行为进行执法，从而失去最佳良机。而食药警察的设立则可以很好地弥补这一缺陷。另一方面，改变有案难移、以罚代刑的现象。有案难移和以罚代刑的主要原因是，在食品安全监管机构的行政执法权和司法机关的刑事司法权衔接时存在移送标准不统一、移送机构不移送、移送机构和被移送机构之间通道不畅的现象。"当前涉及食品药品的违法犯罪越来越隐蔽，链条长，环节复杂，跨区域案件增

多，给取证带来很大难题。受执法权限限制，先期的行政执法只能进行一般的行政措施，往往容易打草惊蛇，待警方介入进行刑事侦查时，违法者可能已失踪、物证也灭失了。传统的行政打击，很多案件只能'一罚了之'，而低犯罪成本也使得类似犯罪死灰复燃，无良商家敢于再次以身试法。"[1]而这些弊端都可以通过集行政执法权和刑事司法权于一身的食药警察来避免。

(二) 零容忍的食品安全刑事政策需要

近年来，食品安全事故频发，严重危及国计民生，中央领导在多个场合强调一定要动用一切手段力保"舌尖上的安全"。我国通过 2011 年出台的《刑法修正案（八）》及相关司法解释规制此类犯罪。2015 年 4 月 24 日，我国出台了号称史上最严厉的《食品安全法》，以治理食品安全问题。2015 年 6 月 11 日，李克强总理曾经在全国加强食品安全工作电视电话会议上作出批示：要以贯彻落实新《食品安全法》为契机，创新工作思路和机制，加快建立健全最严格的覆盖生产、流通、消费各环节的监管制度，完善监管体系，全面落实企业、政府和社会各方责任。以"零容忍"的举措惩治食品安全违法犯罪。[2]此前，"零容忍"也被国家领导人、司法机关及食品安全监管部门多次提及，一方面说明了我国食品安全违法犯罪的严重性，另一方面也表明了我国对惩治食品安全违法犯罪的态度。食品安全问题首先作为一种行政违法存在，需要严重到一定程度才构成犯罪，承担刑事责任。因此，设置食品安全警察可以使行刑衔接更顺畅，这也是实现食品安全犯罪"零容忍"的必要路径之一。

(三) 应对食品安全犯罪特点需要

食品药品的违法犯罪活动可以说由来已久，它具有长期性、跨区域性，也有易失控和复杂性等特征。由于目前这种犯罪活动的链条比较长，分布的区域比较广，查处比较难，这是所呈现出来的一般性特征。具体来讲，有以

---

〔1〕《"食药警察"半年刑拘 59 人》，载齐鲁晚报：http://epaper. qlwb. com. cn/qlwb/content/20140814/ArticelH15003FM. htm，最后访问时间：2024 年 2 月 24 日。

〔2〕《李克强：以"零容忍"的举措惩治食品安全违法犯罪》，载中国政府网：http://www. gov. cn/guowuyuan/2015－06/11/content＿2878316. htm? from＝timeline&isappinstalled＝0，最后访问时间：2024 年 2 月 25 日。

下几个特点。第一，食品安全犯罪窝点特别多，很多个窝点连接起来就涉及比较长的链条。经过查处的一些案件可以看出，从原料的生产、销售，到有毒有害食品，特别是假劣食品的生产、加工、运输、销售各个环节都是分散存在。过去可能只有一个窝点，只有一个小的作坊，现在比较大，多个窝点全链条甚至向集团化的方向发展。目前可以说，制售食品的网络遍及城乡各地，发现、查处的成本非常高。第二，食品药品违法犯罪活动分布的区域非常广。近年来，随着经济社会的发展，特别是大市场大流通，食品药品的违法犯罪行为，呈现一种跨区域、多领域而且异地分散作案的特征。所以，一旦发现了违法犯罪活动，因为特别分散、分布区域广产品的召回非常困难，加上犯罪的花样不断翻新，手段也日益复杂，给监管带来了新的难度。第三，犯罪行为的隐匿性非常强，尤其是当前互联网、微信、APP 等一些新型网络的广泛应用，可以说给食品药品的违法犯罪提供了新的便利渠道和平台。食品安全犯罪的上述特点造成案件查处特别困难，目前稽查执法工作面临案源发现难、调查取证难、查处到位难等一些问题。在展开专项整治时，秩序往往能够规范一段时间，但是过后很容易出现死灰复燃的现象。尤其是对于跨区域的食品安全违法犯罪的特点，现有的食品安全执法机关由于不具备跨区域执法的能力，且不像警察那样具备实施强制措施的权力，进而为查处带来了更大的难度。

三、食药警察在食品安全不法行为查处中的优势

1. 食药警察对食品安全的统一监管、统一执法优势

食品安全监管是食品得以安全的重要保障，由于食品链环节繁杂，我国实行分段管理的体制，监管机构体系分割严重，职能分散。条块分割、沟通不畅、互相推诿并没有随着国务院设立统一的食品安全办公室而得到解决。作为刑事政策的第一层防护墙，执法不严必然会为食品安全犯罪分子提供可乘之机。因此，食品安全领域的执法必严，对我国食品安全犯罪的预防和控制起到前置性作用。执法部门忽视平时的监管，抽样检测又流于形式，监管部门"在办公室看样品""让养猪户自己取样送检"等现象多见，为应付上级检查，企业和执法人员心照不宣"走过场"。食品安全执法薄弱、监管的执

行力度不够造成的后果是，一些不法厂商认为犯罪成本很小，从而胆大妄为地继续从事不安全食品的生产和经营活动，导致食品安全的恶性循环。我国的食品安全监管还存在地方保护、监管能力不够等诸多矛盾。设置了食药警察警种，将行政执法权和刑事司法权交由食药警察统一行使。这样就可以充分发挥食药警察统一执法、统一监管的优势，避免部门之间条块分割、互相推诿以及沟通不畅等问题，有利于食品安全的统一监管。

2. 食药警察的专业技术优势

随着食品工业科技的发展，食品添加剂的使用、食品加工技术的运用，相比较于传统的食品加工技术有了极大提高。食品安全违法犯罪也体现出了一定的高科技特点，越来越多的食品安全检验需要借助一定的专业设备由专业的技术人员完成。而且，我国食品种类越来越丰富，食品标准也越来越多。这些都为问题食品安全的判定带来了难度。"食品安全违法犯罪的查处必须适应相同的时代要求，做到专业化、技术化，否则面对食品行业日新月异的生产经营技术，缺少掌握专业性、技术性知识的办案人员，难以应对食品行业的违法犯罪行为。"[1]而且，食药警察集对违法行为的查处权力和专业的食品安全鉴定能力于一身，这方面的优势足以应对不断变化的各类食品安全违法犯罪行为。

3. 食药警察的刑事侦查优势

近年来，随着经济社会的发展，特别是大市场大流通，食品药品的违法犯罪行为呈现出一种跨区域、多领域而且异地分散作案的现象。现在食品安全犯罪的特点是越来越隐蔽，尤其是当前互联网、微信、APP 等一些新型网络的广泛应用，可以说给食品药品的违法犯罪提供了新的便利渠道和平台。2011 年全国食药监系统拥有行政管理人员 5.3 万人，但技术支撑队伍仅有 3 万余人，上述人员中有专业检查员资质的只有 1.5 万人。尽管各地食药监部门都组建了稽查队伍查处违法案件，但执法过程中普遍存在"以罚代刑"现象，即用行政处罚替代刑事司法责任，很难将案件移交司法机关，亦导致食

---

〔1〕 左袖阳：《美国食品安全警察制度及借鉴》，载《中国人民公安大学学报（社会科学版）》2013 年第 2 期。

品药品制假售假的违法成本降低。造成这些现象的主要原因在于食品安全违法犯罪调查取证非常困难。目前，授予食品药品监管部门调查取证权，主要是针对一些实体的违法窝点，对于一些网上窝点却没有调查取证权。比如说，在需要查找网络交易平台服务商的经营情况，也就是查证机主的情况时，就需要向电信部门查证，还需要向银行查询一些涉案账号的开户和资金流动情况，也就是现金流的情况，向邮政部门查证物流的情况。关于这些问题，目前还没有明确的法律授权和一些有效的技术手段，所以导致调查取证比较困难。除了具备专业的技术能力进行甄别之外，还需要执法人员具备较高的侦查能力。食药警察在讯问技巧、违法犯罪线索搜集、证据搜集保全等方面有很高的侦查综合素质。在食品安全违法犯罪的侦查过程中，"食药警察充分利用其这方面的优势获取侦查线索，进行准确甄别，抓捕违法犯罪之徒，同时做好现场保护，搜查、证据收集、赃物扣押、抽样工作。一些不法生产经营者的反侦查行为（在地沟油案件破获中就有所体现），更是需要警察行使强制权才能抵制"。[1]

4. 食药警察的设置上升到司法层面解决问题，增加执法的威慑力

从违法犯罪预防层面，刑事司法在打击食品安全违法犯罪行为的过程中要使用较为严厉的限制人身自由的刑事强制措施，包括拘传、取保候审、监视居住、拘留、逮捕以及强制检查。这些刑事强制措施在适用时，与行政执法措施相比，不仅对当事人有更强的威慑作用，提高其违法成本，而且对潜在的违法犯罪行为人有震慑作用。"显然，设立'食品警察'更能从源头来遏制食品犯罪。警察具有高度的敏锐性，在对犯罪分子具有强烈的威慑力上，警察这一身份明显强于其他职能部门的工作人员。'食品警察'具备丰富有力的侦查手段，更容易掌握产销地沟油、添加有毒有害物质或滥用添加剂等食品犯罪行为的证据，这样'食品警察'打击食品安全犯罪就将更有威力，更有效率，更有质量。"[2]

---

〔1〕　乔慧等：《食药警察制度的背景、现状及国际经验借鉴》，载《农产品质量与安全》2014年第4期。

〔2〕　《食品警察履行特殊安保任务》，载中国警察网：http://www.cpd.com.cn/n1695/n3559/c11184763/content.html，最后访问时间：2024年2月25日。

第二节　食药警察设置的地方实践和美国经验

一、食药警察设置的地方实践

自从 2009 年 6 月长沙率先在全国成立食品安全公安执法大队后，北京、辽宁、山东、上海等地也陆陆续续成立了专门负责食品安全的警察队伍。有的地方设立了专门针对食品安全的警察，有的地方成立了负责食品和药品的警察，称为"食药警察"，有的地方把食品、药品、环境保护三者结合在一起，称为"食药环警察"。这些警察机构的设立在打击食品安全犯罪方面取得了一定的成效，在机构设置、职责范围以及行政执法和刑事司法衔接机制层面有了比较有益的实践，对于在国家层面设立食药警察积累了宝贵的经验。2019 年 5 月，公安部正式成立食品药品犯罪侦查局，对食品药品、知识产权、生态环境、森林资源、生物安全领域的犯罪和制售伪劣商品犯罪进行打击。

1. 湖南实践

湖南是我国第一个设立食药警察的省份，而且是专门针对食品安全设立的。2008 年，长沙在全国率先提出建设食品安全城市，并尝试将公安力量引入到食品打假领域。2009 年 6 月，全国首支食品安全公安执法队伍——长沙市公安局治安管理支队食品安全执法大队——正式挂牌成立。2011 年湖南在省公安厅治安总队设立了食品案件侦查工作指导支队，成立省一级的食品警察支队。2012 年 10 月正式成立食品案件侦查工作指导支队，主要负责对食品、药品、卫生、农资、林业领域犯罪刑事案件的侦查。目前，已有长沙、株洲、邵阳、益阳、衡阳、常德、娄底等地通过编委批准，在公安部门内部成立了食品案件侦查机构。[1]

湖南省食药警察支队切实加强与公安、检察等有关部门的配合，着力建立健全"三大机制"，形成了强大的稽查打假合力。"三大机制"是从省级层

---

[1] 《各地食品药品监管部门加大行刑衔接合作 全力打击食品药品违法犯罪行为》，载国家食品药品监督管理总局网站：http://www.sfda.gov.cn/WS01/CL0005/99838.html，最后访问时间：2024 年 2 月 25 日。

面来讲的，主要建立了厅局联席会议制度。湖南食品药品监督管理局建立药品安全厅局联席会议制度，联席会议的主要职责是：在省政府领导下，研究提出加强药品安全的政策措施，协调相关部门解决药品监管中的重大问题，督促落实食品药品监管有关法规和政策，建立信息沟通和发布机制，组织开展联合执法、专项整治和监督检查等工作。从部门层面来讲，主要建立了打击违法犯罪部门协作制度。湖南省食品药品监督管理局与省高院、省检察院、省公安厅、省监察厅联合下发正式文件，建立打击制售假劣药品违法犯罪活动部门协作制度。从办案层面来讲，主要是建立了联合办案工作制度。湖南省食品药品监督管理局与省公安厅以正式文件的方式联合印发了《关于联合打击生产销售假劣药品医疗器械违法犯罪工作制度的通知》，从重大案件督办、政策研究、信息共享、宣传教育、案件举报查处奖励、协作督导等方面作出明文规定。2013 年，湖南省共依法立案查处各类违法违规案件 5805 起，移送涉嫌刑事犯罪案件 96 件，抓捕犯罪嫌疑人 130 人。[1]

2. 北京实践

2011 年，北京市公安局经侦总队抽调精兵强将，在全国范围内率先成立了打击食品药品犯罪案件的专业队伍——北京市公安局经侦总队食品药品案件侦查支队。北京市公安局经侦总队食药支队的民警平均年龄为 35 岁，通过全局选拔，竞争择优上岗，是来自全局经侦、刑侦、治安、派出所等各个系统的警界精英。北京公安食药支队建立了与相关行政部门的情报会商机制，根据食品风险监测报告，加强了对食品安全违法犯罪的侦缉和打击力度，工作重点是食品药品类安全问题的管辖真空地带。[2]

在具体的工作中，"食药警察"主动联系食品药品生产厂家，与全市数十家食品、药品制售企业签订《协作备忘录》，就建立务实、高效的食品、药品安全刑事保护合作机制达成共识。北京的"食药警察"需要专业培训，食药

---

〔1〕《各地食品药品监管部门加大行刑衔接合作 全力打击食品药品违法犯罪行为》，载国家食品药品监督管理总局网站：http://www.sfda.gov.cn/WS01/CL0005/99838.html，最后访问时间：2024 年 2 月 26 日。

〔2〕《解密北京食药警察》，载北京青年报：http://epaper.ynet.com/html/2014-03/30/content_49190.htm? div=-1，最后访问时间：2024 年 2 月 26 日。

支队每名侦查员都练就了"火眼金睛"。食药警察和各个行政部门建立了协作机制，"食药警察"最大的优势就是可以利用各个警种间联动配合的便利。以往很多时候行政部门在执法层面常常会遇到阻隔，在查处重大食品药品犯罪案件时往往需要警方的配合，"食药警察"的出现能够在一定程度上解决"执法不力"的问题。在工作中除了"牵动"全局各警种、各部门，在药监、卫生、工商等行政执法部门的配合下，以"打团伙、端窝点、断网络、追源头"为工作思路，对食品药品类犯罪案件深挖线索、追根溯源、全网打击，针对食品药品类犯罪相继开展了净土、清剿、端点、打假等专项行动，充分发挥了公安机关的侦破打击职责。[1]

北京市公安局经侦总队食品药品案件侦查支队的职责任务包括五方面：负责侦办中央，市委、市政府和公安部等上级领导批示交办的涉及食品药品犯罪案件；负责组织开展本市跨区域食品药品犯罪案件侦办和专项打击行动；负责对发现掌握的重大食品药品犯罪案件线索开展侦办工作；负责对各分县局经侦部门打击食品药品犯罪工作及案件侦办进行组织协调、检查督导；负责与卫生、药监、质检、工商等政府相关部门就打击食品药品犯罪工作开展沟通协调、研究会商。[2]

3. 山东实践

2012 年 8 月，山东省开始设置食品药品警察，将食品、药品、环境违法犯罪的侦查业务从经侦业务分离出来，成立食品药品环境侦查支队。目前，山东省 17 个市公安局建立了食药环侦查专业队伍，为开展专业化打击奠定了基础。为方便侦查，尤其是对问题食品的检验鉴定，确立 9 家食品鉴定机构，与他们建立了涉案食品鉴定的"绿色通道"，开发了委托申报系统，形成了基层网上申报、市局审批、省厅监督、直接送检，由省厅负责费用结算的模式，保证在最短时间内出具检验报告，大大提高了办案效率。山东省公安厅食药环侦查支队还会同省检察院和省高院联合制定了《山东省办理危害食品安全

---

〔1〕《解密北京食药警察》，载北京青年报：http://epaper.ynet.com/html/2014-03/30/content_49190.htm? div=-1，最后访问时间：2024 年 2 月 26 日。

〔2〕《解密北京食药警察》，载北京青年报：http://epaper.ynet.com/html/2014-03/30/content_49190.htm? div=-1，最后访问时间：2024 年 2 月 26 日。

刑事案件专家聘任办法（试行）》，聘任多名食品安全专家，就涉及食品安全犯罪的专业性问题和疑难问题出具专家意见。[1]

2013 年山东省公安机关共侦办食品犯罪案件数量，是 2012 年全年案件总数的 10 倍；侦办环境犯罪案件数量是 2012 年的 14.6 倍。以打击食品犯罪为例，有数据显示，从 2012 年 8 月 31 日食药侦查总队成立至当年年底，仅 4 个月的时间内该省公安机关就侦破涉嫌食品犯罪案件 401 起，是 2011 年全年侦破案件数的两倍多；2013 年 1 月至 8 月侦破案件数已达 1400 余起，全年侦办案件数达到 5000 余起，成效非常明显。其中主要涉及瘦肉精肉、注水肉、假劣牛羊肉、毒豆芽、假劣酒水等，抓获犯罪嫌疑人 9000 余人。[2]

4. 江苏实践

2013 年 8 月，江苏省苏州市率先在江苏省筹建环境与食品药品警察支队，负责组织、指导、协调全市公安机关打击食品、药品、环境三大领域的犯罪活动，侦查、办理涉及这三个领域的重大刑事案件等。苏州市食品药品监督管理局与市公安局建立执法协作机制，从 4 个方面为环境与食品药品警察支队执法工作的顺利开展提供支持。支队成立 8 个月以来，已查处食品、药品等各类案件 67 起，处理各类犯罪嫌疑人 94 名，破获了一批涉及食品药品领域的大要案。[3]

2013 年 11 月 27 日上午，江苏省成立首家打击食品药品违法犯罪联动执法中心"泰兴市打击食品药品违法犯罪联动执法中心"，标志着该市食品药品监管行政执法与刑事司法相衔接工作机制的完善又迈上了一个新的台阶。泰兴市打击食品药品违法犯罪联动执法中心是由该市综治办牵头，市法院、检察院、公安局、法制办和食品药品监管局共同筹建，具体负责全市食品药品违法犯罪案件的联动执法工作。2014 年 4 月，泰州市高港区政府办下发了

〔1〕《破解难题打造专业化》，载中国警察网：http://sydj.cpd.com.cn/n23502548/n23503038/c23598887/content.html，最后访问时间：2024 年 2 月 27 日。

〔2〕《食品警察面临诸多挑战》，载法制网：http://www.legaldaily.com.cn/index/content/2014-05/07/content_5499501.htm? node=20908，最后访问时间：2024 年 2 月 27 日。

〔3〕《各地食品药品监管部门加大行刑衔接合作 全力打击食品药品违法犯罪行为》，载国家食品药品监督管理总局网站：http://www.sfda.gov.cn/WS01/CL0005/99838.html，最后访问时间：2024 年 2 月 27 日。

《关于建立区食品药品执法联动工作联席会议制度的通知》，明确建立由政府办公室牵头，区法院、区人民检察院、区公安分局、区政府法制办、区食品药品监督管理局等 6 部门组成的共同打击食品药品犯罪行为的部门联席会议制度，标志着该区食品药品执法联动机制正式形成。2014 年 5 月，其所辖靖江市食品药品监督管理局就进一步加强行政执法与刑事司法无缝衔接，与靖江市人民检察院座谈沟通，达成了网上共享检察院行政执法与刑事司法衔接信息平台的意见。该局将通过检察院信息共享平台，实现行政执法案件咨询、案件移送、案件预警、案件监督等多方面的行刑网上无缝衔接。[1]

5. 辽宁实践

2011 年 5 月 25 日，辽宁省公安厅食品药品犯罪侦查总队成立，至同年 6 月 15 日，该省、市、县（区）三级公安机关食品药品犯罪侦查机构全部组建完成。食药侦系统成立后，规定每位民警每年保证接受 15 天以上的集中培训。辽宁食药侦系统成立不到 3 年，队伍边组建、边实战、边打击、边培训，算是摸着石头过河，分配到食药侦查部门的人员在实战中不断提高自身技能。

二、食药警察设置的美国经验

美国的食药警察制度的产生是基于一起仿制药丑闻事件，美国食品药品管理局（FDA）为此专门成立了犯罪调查署（OCI），负责对食品药品违法犯罪行为的调查和处置。"食品安全犯罪调查署虽然直接隶属于 FDA，而不是联邦警察机构，但其执法资格没有任何差别。食品犯罪调查署的探员允许携带枪支并依法执行强制措施。基本上，联邦法典有关犯罪和刑事诉讼程序的规定他们都可以适用。这不仅给予了食品安全行业警察执法权，同时使技术与权力集于一体，在面对食品安全犯罪时，执法机关更有工作效率。"[2]

1. 犯罪调查署（OCI）机构归属

犯罪调查署（OCI）全称为"Office of Criminal Investigation"，隶属于美国

---

[1] 《各地食品药品监管部门加大行刑衔接合作 全力打击食品药品违法犯罪行为》，载国家食品药品监督管理总局网站：http://www.sfda.gov.cn/WS01/CL0005/99838.html，最后访问时间：2024 年 2 月 28 日。

[2] 胡胜友、陈广计：《危害食品安全犯罪的实证研究》，载《中国刑事法杂志》2014 年第 3 期。

食品药品管理局（FDA），负责对违法犯罪行为的调查和处置。管理食品安全的机构由美国联邦食品药品管理局、美国农业部和美国环境保护部三个部门组成。跟我国的立法一样，大部分的食品安全均由美国联邦食品药品管理局负责。农业部只负责农产品的安全，环境保护部则负责土壤和水安全。犯罪调查署（OCI）隶属于作为行政机构的美国食品药品管理局（FDA），而不隶属于职能跟中国公安部相对应的美国国土安全部或者联邦调查局。

2. 犯罪调查署（OCI）管辖范围

根据《联邦食品、药品和化妆品法》《联邦反篡改法》以及其他相关法律开展犯罪调查。犯罪调查署（OCI）的案件管辖范围包括：①制造和销售假冒或未经批准的药品；②药品和其他管制产品的非法转移；③处方药营销违法行为；④违反《处方药销售法》的行为；⑤对获得批准的药物和医疗器材进行去标签式推广；⑥涉及治疗、药物、器械的卫生诈骗；⑦新药申请诈骗；⑧临床调查欺诈；⑨产品替代罪；⑩产品篡改行为；⑪影响国家的血液供应安全，完整性的犯罪；⑫涉及食品的掺假和/或错误标签的罪行；⑬涉及美国食品药品管理局（FDA）管制产品的互联网违法犯罪；⑭非法进口美国食品药品管理局（FDA），管制产品；⑮对未经批准的美国食品药品管理局（FDA）管制产品的生产、销售、扩散行为。[1]从管辖范围可以看出，对于食品的调查仅占犯罪调查署（OCI）的一小部分。

3. 犯罪调查署（OCI）的成员组成

美国食品药品管理局（FDA）成员公开招聘，其选拔的一般为具有专业知识和工作经验的候选对象，而犯罪调查署（OCI）则不公开招聘。由于其承担的是调查取证工作，除了要求具备专业知识之外，还要求有丰富的执法经验。因此，其一般从美国食品药品管理局（FDA）职员中选任。犯罪调查署（OCI）第一任主任就是美国食品药品管理局（FDA）的资深情报官员。可以看出，犯罪调查署（OCI）更看重的是其经验。此外，"犯罪调查署（OCI）还从众多联邦执法机构中聘请资深特勤人员，如美国毒品管制局、移民和海

---

〔1〕 左袖阳：《美国食品安全警察制度及借鉴》，载《中国人民公安大学学报（社会科学版）》2013年第2期。

关执法局、美国特勤局、联邦调查局、国税刑事调查局等。工作人员在进入OCI 工作后，会继续接受相关领域的知识课程，旨在提高工作绩效、促进职业发展。这些课程包括美国 FDA 食品和药品法课程、访谈技巧、金融犯罪、计算机取证、资产没收、持续的法律教育、网络调查、管理和领导力培训。例如，由于全球化犯罪的增长给执法带来了新的挑战，OCI 的调查人员会就最新的工艺和技术进行培训和体验"。[1]

4. 犯罪调查署（OCI）执法守则

美国具有非常发达和完善的食品和药品规制法律体系。其主要由 7 部综合性法规组成，以《联邦食品、药物和化妆品法》为核心。与世界上的其他国家相比较，这个法律体系较为完整，不仅覆盖食品药品供应链的各个阶段，而且在法律实体与法律程序上都有明确规定，是犯罪调查署（OCI）执法时的主要依据。[2]"犯罪调查署的执法守则，主要是为规范其执法而制定的系列内部性指导守则，包括：①管理程序手册（Regulatory Procedures Manual，RPM），2011 年修改。其中第 6 章'司法措施'规定了查封、禁令、调查证、搜查证、起诉等相关程序。②企业守法政策指南（Compliance Policy Guides manual，简称CPG，每年修订）。指南对企业是否守法的细节提供详细指导，帮助犯罪调查署探员判断企业行为是否合法。③调查手册（Investigation Operations Manual，简称 IOM），2012 年修订，该手册第 8 章专门规定了有关调查方面的细则，包括电子监控、取样、询问等多项内容。"[3]

第三节 我国食药警察设置的完善

2014 年 3 月 28 日，在国家食品药品监督管理总局和公安部的联合发布会上，公安部治安管理局负责人确认，国家将专门设立食品药品违法侦查局，

---

〔1〕 乔慧等：《食药警察制度的背景、现状及国际经验借鉴》，载《农产品质量与安全》2014 年第 4 期。

〔2〕 张琪：《我国建立"食药警察"面临的问题与对策》，载《铁道警察学院学报》2014 年第 6 期。

〔3〕 左袖阳：《美国食品安全警察制度及借鉴》，载《中国人民公安大学学报（社会科学版）》2013 年第 2 期。

以加强打击食品药品犯罪的力量。国务院为此专门制定了相关文件。目前，公安部、国家食品药品监督管理总局等部门正在积极协调，很快便会有一个针对我国食品药品行业犯罪日益猖獗而采取的对策。[1]历年的两会上，人大代表也多次呼吁在国家层面设立"食品药品警察"机构以提升查处食药案件的能力。虽然我国已经在北京、河北、山东等地设立了食药警察来惩治食品安全犯罪，且取得了良好的效果，但更多的是地方政府自发设立，国家层面由公安部和食品药品监督总局联合设立食品安全违法侦查局的提议则是首次被提出，这为我国食药警察的发展提供了良好契机，人们也对自上而下地设立食药警察充满了期待。2019 年 5 月，公安部已成立食品药品犯罪侦查局。这是公安部食品药品犯罪侦查局首次公开亮相。公安部食品药品犯罪侦查局将积极会同有关部门，对食品药品、知识产权、生态环境、森林资源、生物安全等领域的犯罪和制售伪劣商品犯罪始终保持高压态势，努力为天更蓝、水更绿、食品药品更安全、百姓生活更放心添砖加瓦，切实维护法律法规的严肃性。但是，食药警察的归属机构、管辖范围、主要职责、人员选拔、与监管部门的分工等均存有疑问。对于如何合理设置食药警察，本书认为应注意以下几点：

一、食药警察的管辖范围和主要职责

关于食药警察的管辖范围，就食品安全来说，其管辖范围应主要依据《食品安全法》和《刑法》关于食品安全违法犯罪行政责任和刑事责任的规定。《食品安全法》在第九章"法律责任"中确立了违反《食品安全法》所应承担的法律责任。《刑法》则规定了"生产、销售有毒、有害食品罪"和"生产、销售不符合安全标准的食品罪"以及"食品、药品监管渎职罪"。对食品安全监管渎职罪根据《刑事诉讼法》关于管辖的规定由检察院侦查和移送起诉，食药警察则负责查处涉嫌前两种罪的行为，其主要职责可借鉴现有的地方机构的规定。

---

〔1〕 乔新生：《专设食药警察利于解决执法难题》，载《法制日报》2014 年 3 月 31 日。

二、食药警察的人员选任

作为一个新的警种，食药警察需要有较高的综合素质，除了具备食品安全专业的技术能力之外，还需要具备较高的侦查经验。这方面，我们可以借鉴美国选任食药警察的做法，招聘一些具有专业知识和工作经验的人。现有的食药侦查人员和有专业技能的食药部门稽查人员符合上述要求。此外，鉴于其警察身份，招聘的人员须符合人民警察的录用标准：有较好的职业素质，包括政治素质、业务素质、心理素质和身体素质，有较强的心理压力承受能力、自我控制能力和分析能力。比如，北京的"食药警察"都是通过全局选拔、竞争择优上岗的，是来自全局经侦、刑侦、治安、派出所等各个系统的警界精英。[1]此外，我们还可以借鉴美国的做法，加强对食药警察的培训，弥补其专业知识的不足，提升其专业鉴别能力和刑事侦查能力。

三、食药警察与监管部门的分工和监督

由于食品安全所涉部门众多，我国实施的又是分段立法，各个立法主体就本行业的立法相对独立、缺少沟通，因此造成立法条款相对分散，互相冲突，各项法规之间衔接不顺畅。一个典型的例子就是我国对于生肉屠宰的规范。国务院制定的《生猪屠宰管理条例》的规范对象只是生猪，而对猪肉之外的牛羊肉却没有作出相关的立法规定。此外，对在我国食品市场占有一定市场份额的小作坊、小商贩的法律监管存在立法空白，而这些领域的食品安全案件最为集中。立法存在真空地带和相互交叉，法律、法规、政府规章和地方法规规章之间衔接不畅。因此造成了法律之间的重复规定和相关的立法空白，导致缝隙化食品安全立法监管，为食品安全犯罪分子提供了可乘之机。而设立食药警察之后，多一个机构参与食品安全管理，到底是会增强执法力量，还是会浪费资源？因此，合理地处理食药警察和其他相关部门的职责分工是十分关键的。对此，可以参考美国的做法，既要明确食药警察的管辖范围，

---

〔1〕 王薇：《国外专家坦言"食药警察"更适合中国国情》，载《中国食品报》2014年5月14日。

实现其与其他部门的职责分工，又要保持和各部门的密切合作。[1]此外，由于行业警察的执法职权集中度大，极易诱发以权谋私、滥用职权等行为，因此建立完善的监督机制显得尤为重要。食药警察要始终秉持文明执法、公开公正执法的原则，将权力置于人民的监督之下，这样才能更好地履行职责，为人民服务，这也是避免多头管理弊端的重要保证。

---

[1]《"胡颖廉""食药警察"是干什么的》，载中国共产党新闻网：http://theory.people.com.cn/n/2014/0512/c40531-25004742.html，最后访问时间：2024年2月27日。

结 论

食品安全行刑衔接制度建设是一项需要长期努力的系统工程，它不仅涉及行政权与刑事司法权的关系，还涉及刑事司法权在公安、司法机关之间的配置与协调关系。不仅涉及实体法层面，也涉及程序机制的衔接。行刑衔接机制系统的梳理与构建，必须依靠法律化的路径才能建立起来，并得到有效运行。

实体法层面，虽然食品安全行刑衔接的实体法完善可以通过《食品安全法》和《刑法》的立法衔接各自作出变化，比如说《刑法》要及时依据最新的《食品安全法》作出修改。但这种修修补补只能短期避免行刑衔接的困境，只是权宜之计。刑法典作为具有一定稳定性的基本法律，不能朝令夕改，虽说可以通过颁布修正案的方式适时而动，但过于频繁地出台刑法修正案也会遭到质疑。因此，如果直接在附属立法中规定相应的罪状和惩罚，既可以保持刑法典的稳定性，又可以弥补《刑法》的滞后性。而且这种附属立法模式可以随着经济、社会形势的变动应景而变，适应打击新型犯罪的需要。因此，相对稳定的、比较概括和原则性的《刑法》和独立的、比较灵活、可以应景而变的《食品安全法》在食品安全犯罪的具体罪状描述和惩罚方面相结合，可以有效弥补食品安全行刑中的实体法衔接不畅，遏制处于转型期和急剧发展期的食品安全犯罪。因此，独立型的附属立法与法典结合的模式理当成为我国现阶段解决行刑衔接不畅问题的应然选择。

在程序法层面，虽然通过明确食品安全中涉嫌犯罪案件的移送模式和原则，明确食品安全涉嫌犯罪的移送接收机构；确立公安、检察机关提前介入制度；健全违法犯罪行为的查处信息共享机制；健全行政执法和刑事司法证据转换机制；加强检察院的监督职能可以在一定程度上完善行刑程序衔接机制。但是行政执法和刑事司法还是相分离的，行刑衔接还是存在天然的鸿沟和障碍。而食药警察的设置则可以规避行刑衔接的天然障碍。集行政执法权和刑事司法权于一身的食药警察既拥有查处食品安全违法行为的专业鉴定能力，又兼具对犯罪行为的调查取证侦查权限。这样就可以充分发挥食药警察统一执法、统一监管、统一侦查的优势，避免由部门之间条块分割、互相推诿以及沟通不畅造成的行刑衔接问题，有利于统一查处食品安全违法犯罪行为，实现食品安全违法犯罪行为的"零容忍"。

参考文献

一、著作类

1. 何秉松主编：《刑法教科书》（据 1997 年刑法修订），中国法制出版社 1997 年版。

2. 何秉松主编：《刑事政策学》，群众出版社 2002 年版。

3. 何秉松：《何秉松刑法学文集》，中国民主法制出版社 2011 年版。

4. 刘仁文：《刑事政策及其过程》，中国政法大学 2002 级博士学位论文

5. 刘仁文：《刑事一体化下的经济分析》，中国人民公安大学出版社 2007 年版。

6. 刘仁文：《刑法的结构与视野》，北京大学出版社 2010 年版。

7. 陈泽宪主编：《犯罪定义与刑事法治》，中国社会科学出版社 2008 年版。

8. 陈泽宪：《刑事法治之求索》，法律出版社 2003 年版。

9. 张绍彦：《刑罚实现与行刑变革》，法律出版社 1999 年版。

10. 刘志伟、左坚卫主编：《危害公共安全犯罪疑难问题司法对策》，吉林人民出版社 2001 年版。

11. 王平：《刑事执行法学研究》，中国人民大学出版社 2007 年版。

12. 罗豪才主编：《行政法学》（第 3 版），北京大学出版社 2000 年版。

13. 张文显主编：《法理学》，高等教育出版社 2003 年版。

14. 应松年主编：《当代中国行政法》（上册），中国方正出版社 2005 年版。

15. 张明楷：《刑法学》（第 3 版），法律出版社 2007 年版。

16. 李海东：《刑法原理入门》，北京法律出版社 1998 年版。

17. 马克昌主编：《刑罚通论》，武汉大学出版社 1999 年版。

18. 赵秉志主编：《刑法学总论研究述评（1978—2008）》，北京师范大学出版社 2009 年版。

19. 《日本刑法典》（第 2 版），张明楷译，法律出版社 2006 年版。

20. 张明楷：《市场经济下经济犯罪与对策》，中国检察出版社 1995 年版。

21. 陈兴良：《刑法哲学》，中国政法大学出版社 1992 年版。

22. 陈光中主编：《〈中华人民共和国刑事诉讼法〉修改条文释义与点评》，人民法院出版社 2012 年版。

23. 季卫东：《法治秩序的建构》，中国政法大学出版社 2002 年版。

24. 姜明安主编：《行政法与行政诉讼法》（2002 年版），高等教育出版社 1999 年版。

25. 刘远、王大海主编：《行政执法与刑事执法衔接机制论要》，中国检察出版社 2006 年版。

26. 张耕主编：《刑事案例诉辩审评——生产销售伪劣商品罪》，中国检察出版社 2005 年版。

27. 赵秉志主编：《生产、销售伪劣商品罪》，中国人民公安大学出版社 2003 年版。

28. 陈兴良：《刑罚适用总论》（下卷），法律出版社 1999 年版。

29. 周洪波、田凯主编：《破坏市场管理秩序犯罪司法适用》，法律出版社 2005 年版。

30. 曲新久：《刑法学》，中国政法大学出版社 2009 年版。

31. 曲新久：《刑事政策的权力分析》，中国政法大学出版社 2002 年版。

32. 欧阳涛主编：《生产销售假冒伪劣产品犯罪剖析及对策》，中国政法大学出版社 1994 年版。

33. 梁根林：《刑事法网：扩张与限缩》，法律出版社 2005 年版。

34. 胡锦光：《行政处罚研究》，法律出版社 1998 年版。

35. 王春丽：《医疗行刑衔接研究》，华东政法大学 2013 级博士论文。

36. 何子伦：《台湾地区刑事犯与行政犯分界之研究》，中国政法大学 2004 级博士论文。

37. 李楠：《行政与刑事法律关联问题研究》，吉林大学 2012 年博士论文。

38. 刘艳红：《开放的犯罪构成要件理论研究》，中国政法大学出版社 2002 年版。

39. 黄河：《行政刑法比较研究》，中国方正出版社 2001 年版。

40. 王辉霞：《食品安全多元治理法律机制研究》，知识产权出版社 2012 年版。

41. 杜菊、刘红：《食品安全刑事保护研究》，法律出版社 2012 年版。

42. 李援主编：《〈中华人民共和国食品安全法〉释义及实用指南》，中国民主法制出版社 2012 年版。

43. 邵维国：《罚金刑论》，吉林人民出版社 2004 年版。

44. 陈辉主审，马哲、张永伟、刘志芳主编：《食品安全涉嫌犯罪案件移送指南》，中国法制出版社 2009 年版。

45. 王贵松：《日本食品安全法研究》，中国民主法制出版社 2009 年版。

46. 吴林海等：《中国食品安全发展报告 2012》，北京大学出版社 2012 年版。

47. 朱德武：《危机管理面对突发事件的抉择》，广东经济出版社 2002 年版。

48. 王艳林主编：《食品安全法概论》，中国计量出版社 2005 年版。

49. 周小梅、陈利萍、兰萍：《食品安全管制长效机制——经济分析与经验借鉴》，中国经济出版社 2011 年版。

50. 徐景和、张守文主编：《中华人民共和国食品安全法释义》，中国劳动社会保障出版社 2009 年版。

51. 魏益民、刘伟军、潘家荣：《中国食品安全控制研究》，科学出版社 2008 年版。

52. 金征宇、彭池方：《食品安全》，浙江大学出版社 2008 年版。

53. 李光德：《经济转型期中国食品药品安全的社会性管制研究》，经济科学出版社 2008 年版。

54. ［法］托克维尔：《论美国的民主》（上卷），董果良译，商务印书馆 1993 年版。

55. ［日］大谷实：《刑事政策学》，黎宏译，法律出版社 2000 年版。

56. ［德］汉斯·海因里希·耶赛克、托马斯·魏根特：《德国刑法教科书》，徐久生译，中国法制出版社 2017 年版。

57. ［美］E. 博登海默：《法理学——法律哲学与法律方法》，邓正来译，中国政法大学出版社 2001 年版。

58. ［意］菲利：《犯罪社会学》，郭建安译，中国人民公安大学出版社 2004 年版。

59. ［英］哈特：《法律的概念》，张文显等译，中国大百科全书出版社 1996 年版。

60. ［德］马克斯·韦伯：《社会科学方法论》，中译本，华夏出版社 1999 年版。

61. ［美］唐·布莱克：《社会学视野中的司法》，郭星华等译，法律出版社 2002 年版。

62. ［英］洛克：《政府论》（下篇），商务印书馆 1961 年版。

63. ［英］吉米·边沁：《立法理论——刑法典原理》，中国人民公安大学出版社 1993 年版。

64. ［英］J. C. 史密斯、B. 霍根：《英国刑法》，马清升、王丽等译，法律出版社 2001 年版。

65. 《法国新刑法典》，罗洁珍译，中国法制出版社 2003 年版。

66. ［法］孟德斯鸠：《论法的精神》，张雁深译，商务印书馆 1959 年版。

67. 《意大利刑法典》，黄风译，中国政法大学出版社 1998 年版。

68. 《挪威一般公民刑法典》，马松建译，赵秉志审校，北京大学出版社 2005 年版。

69. 王世洲：《德国经济犯罪与经济刑法研究》，北京大学出版社 1999 年版。

70. 赵国强：《澳门刑法》，中国民主制出版社 2009 年版。

71. 《西班牙刑法典》，潘灯译，张明楷、（厄瓜多尔）美娜审定，中国政法大学出版社 2004 年版。

72. 《俄罗斯联邦刑法典释义》（下册），黄道秀译，中国政法大学出版社 2000 年版。

73. 《泰国刑法典》，吴光侠译，中国人民公安大学出版社 2004 年版。

74. 《新加坡共和国刑法典》，柯良栋、莫纪宏译，群众出版社 1996 年版。

75. 《德国刑法典》，徐久生、庄敬华译，中国方正出版社 2002 年版。

二、期刊类

1. 郭富朝：《食品监管渎职行为的公法责任体系及其发展趋势——以食品监管渎职罪的修订为视角》，载《食品科学》2023 年第 23 期。

2. 董亚娟：《危害食品药品安全犯罪的治理策略分析——评〈危害食品药品安全犯罪典型类案研究〉》，载《食品安全质量检测学报》2023 年第 15 期。

3. 舒洪水：《食品安全犯罪主客观方面的司法证明》，载《法律科学（西北政法大学学报）》2023 年第 4 期。

4. 金晓伟、冷思伦：《刑事附带民事公益诉讼中的惩罚性赔偿制度完善研究——从危害食品安全领域的 576 份裁判文书切入》，载《中国人民公安大学学报（社会科学版）》2023 年第 2 期。

5. 陈灿平、温新宇：《法经济学视角下生产销售有毒有害食品罪的立法完善》，载《湖南大学学报（社会科学版）》2022 年第 6 期。

6. 林菲菲：《食品药品安全刑法保护的应对策略探究——评〈食品药品安全犯罪的刑法规制〉》，载《食品安全质量检测学报》2022 年第 20 期。

7. 黄现清、张斌峰：《"互联网+"背景下网络食品安全犯罪的刑法规范反思与理论适用》，载《天津师范大学学报（社会科学版）》2022 年第 6 期。

8. 武晓雯、张龙：《食品、药品监管渎职罪的理解与适用》，载《行政管理改革》2022 年第 5 期。

9. 但雨珂、陈航：《食品安全刑法保护机制的完善路径研究——评〈论食品安全的刑法保护〉》，载《食品安全质量检测学报》2022 年第 9 期。

10. 刘申时：《食品药品安全犯罪侦查的困境与应对策略探究——评〈食品药品安全犯罪的刑法规制〉》，载《食品安全质量检测学报》2022 年第 9 期。

11. 王诗华：《审视与展望：我国食品安全领域行刑衔接问题研究》，载《河南社会科学》2022 年第 4 期。

12. 郭世杰：《食品、药品监管渎职罪的刑罚配置评议——以刑法修正案（八）和（十一）为基础的考察》，载《新疆社会科学》2022 年第 4 期。

13. 舒洪水：《论"有毒、有害的非食品原料"的司法认定》，载《江西社会科学》2021 年第 12 期。

14. 刘仁文：《中国食品安全的刑法规制》，载《吉林大学社会科学学报》2012 年第 4 期。

15. 陈兴良：《论行政处罚与刑罚处罚的关系》，载《中国法学》1992 年第 4 期。

16. 李本森：《破窗理论与美国的犯罪控制》，载《中国社会科学》2010 年第 5 期。

17. 马克昌：《论宽严相济刑事政策的定位》，载《中国法学》2007 年第 4 期。

18. 王利明：《美国惩罚性赔偿制度研究》，载《比较法研究》2003 年第 5 期。

19. 徐显明：《用创新社会管理的思维来解决食品安全问题》，载《中国人民大学学报》2011 年第 13 期。

20. 周佑勇、刘艳红：《论行政处罚与刑罚处罚的适用衔接》，载《法律科学（西北政法大学学报）》1997 年第 2 期。

21. 田宏杰：《行政犯罪的归责程序及其证据转化——兼及行刑衔接的程序设计》，载《北京大学学报（哲学社会科学版）》2014 年第 3 期。

22. 刘福谦：《行政执法与刑事司法衔接工作的几个问题》，载《国家检察官学院学报》2012 年第 1 期。

23. 元明：《行政执法与刑事司法衔接工作回顾与展望》，载《人民检察》2007 年第 3S 期。

24. 刘学在、胡振玲：《论司法权与行政权的十大区别》，载《培训与研究（湖北教育学院学报）》2002 年第 8 期。

25. 李晓明：《行政犯罪的确立基础行政不法与刑事不法》，载《法学杂志》2005 年 3 月 15 日。

26. 许玉秀：《十四届国际刑事法学大会纪要——行政刑法与刑法在法学上及实务上之区别讨论会述评》，载《刑事法杂志》第 34 卷第 2 期。

27. 冯江菊：《行政违法与犯罪的界限——兼论行政权与司法权的纠葛》，载《行政法研究》2009 年 2 月。

28. 储槐植、张永红：《刑法第 13 条但书的价值蕴涵》，载《江苏警官学院学报》2003 年第 2 期。

29. 田思源：《关于创制行政刑罚制度的探讨》，载《法制与社会发展》1997 年第 3 期。

30. 李春雷、任韧：《我国互联网食品药品经营违法犯罪问题研究》，载《中国人民公安大学学报（社会科学版）》2014 年第 4 期。

31. 王世洲、刘淑珺：《零容忍政策探析》，载《中国人民公安大学学报（社会科学版）》

2005 年第 4 期。

32. 夏勇、江澍：《食品链的刑法规制》，载赵秉志、张军主编：《刑法与宪法之协调发展——全国刑法年会论文集 2012》（下卷），中国人民公安大学出版社 2012 年版。

33. 宋健强、许慧、朱晓丽：《生产、销售不符合安全标准的食品罪的适用解释》，载赵秉志、张军主编：《刑法与宪法之协调发展——全国刑法年会论文集 2012》（下卷），中国人民公安大学出版社 2012 年版。

34. 李森、陈烨：《不履行食品召回义务行为的刑事问题研究》，载《天水师范学院学报》2012 年第 1 期。

35. 杨秀英：《完善食品安全刑事责任立法的思考》，载《河南省政法管理干部学院学报》2007 年第 5 期。

36. 姜敏：《我国食品安全犯罪领域帮助行为实行化研究》，载赵秉志、张军主编：《刑法与宪法之协调发展——全国刑法年会论文集 2012》（下卷），中国人民公安大学出版社 2012 年版。

37. 张凯、周媛媛：《论食品安全的刑法保护》，载赵秉志、张军主编：《刑法与宪法之协调发展——全国刑法年会论文集 2012》（下卷），中国人民公安大学出版社 2012 年版。

38. 贾凌、尹琴：《食品安全的刑法保护》，载赵秉志、张军主编：《刑法与宪法之协调发展——全国刑法年会论文集 2012》（下卷），中国人民公安大学出版社 2012 年版。

39. 赵平、吴彬：《美国食品安全监管体系解析》，载《郑州航空工业管理学院学报》2009 年第 5 期。

40. 左袖阳：《中美食品安全刑事立法特征比较分析》，载《中国刑事法杂志》2012 年第 1 期。

41. 柳忠卫：《刑法立法模式的刑事政策考察》，载《现代法学》2010 年第 3 期。

42. 黄华平、夏梦：《试论我国食品安全的刑法保护》，载赵秉志、张军主编：《刑法与宪法之协调发展——全国刑法年会论文集 2012》（下卷），中国人民公安大学出版社 2012 年版。

43. 陶绪峰：《行政处罚与刑罚的竞合》，载《江苏警官学院学报》1997 年第 2 期。

44. 龙洋、丁冉：《食品安全的刑法保护》，载赵秉志、张军主编：《刑法与宪法之协调发展——全国刑法年会论文集 2012》（下卷），中国人民公安大学出版社 2012 年版。

45. 陈冉：《我国食品安全犯罪认定中的新问题研究——以〈刑法修正案（八）〉为视角》，载《吉林公安专科学校学报》2011 年第 6 期。

46. 卓家武、陈儒：《行政执法与刑事司法程序衔接工作存在的问题及对策探讨》，载《洛阳师范学院学报》2012 年第 3 期。

47. 董坤：《行、刑衔接中的证据问题研究——以〈刑事诉讼法〉第 52 条第 2 款为分析文本》，载《北方法学》2013 年第 4 期。

48. 郭泰和：《行政证据与刑事证据的程序衔接问题研究——〈刑事诉讼法〉（2012 年）第 52 条第 2 款的思考》，载《证据科学》2012 年第 6 期。

49. 宋维彬：《行政证据与刑事证据衔接机制研究以新〈刑事诉讼法〉第 52 条第 2 款为分析重点》，载《时代法学》2014 年第 6 期。

50. 杜磊：《行政证据与刑事证据衔接规范研究——基于〈刑事诉讼法〉第 52 条第 2 款的分析》，载《证据科学》2012 年第 6 期。

51. 董坤：《行、刑衔接中的证据问题研究——以〈刑事诉讼法〉第 52 条第 2 款为分析文本》，载《北方法学》2013 年第 4 期。

52. 吴家庆、高翔：《对我国行政不作为现象的思考——以三鹿奶粉事件为例》，载《湖南行政学院学报》2009 年第 2 期。

53. 刘琪：《试论三鹿奶粉事件中的政府责任》，载《经济研究导刊》2009 年第 10 期。

54. 丁军青、陈士力：《检察调查是行刑衔接的助推器》，载《中国检察官》2011 年第 7 期。

55. 左袖阳：《美国食品安全警察制度及借鉴》，载《中国人民公安大学学报（社会科学版）》2013 年第 2 期。

56. 乔慧等：《食药警察制度的背景、现状及国际经验借鉴》，载《农产品质量与安全》2014 年第 4 期。

57. 王大伟：《欧美警种设置的思考与启迪》，载《中国人民公安大学学报（社会科学版）》1999 年第 4 期。

58. 孙兆钧：《警种设置与警力匹配》，载《山东公安丛刊》1997 年第 2 期。

59. 胡胜友、陈广计：《危害食品安全犯罪的实证研究》，载《中国刑事法杂志》2014 年第 3 期。

60. 张琪：《我国建立"食药警察"面临的问题与对策》，载《铁道警察学院学报》2014 年第 6 期。

61. 石朝光、王凯：《基于产业链的食品质量安全管理体系构建》，载《中南财经政法大学学报》2010 年第 1 期。

62. 孙效敏：《论〈食品安全法〉立法理念之不足及其对策》，载《法学论坛》2010 年第 1 期。

63. 王国华、武国江：《新闻媒体在政府危机管理中的作用》，载《云南行政学院学报》2004 年第 3 期。

64. 王诗宗：《治理理论与公共行政学范式进步》，载《中国社会科学》2010 年第 4 期。

65. 陈茂盛：《风险分析及其在兽医管理中的应用》，载《中国兽医杂志》2001 年第 10 期。

66. 杨光飞、梅锦萍：《市场转型与经济伦理重塑——对近年来食品安全问题的伦理反思》，载《伦理学研究》2011 年第 6 期。

67. 俞可平：《作为一种新政治分析框架的治理和善治理论》，载《新视野》2001 年 5 月。

68. 张维迎：《法律制度的信誉基础》，载《经济研究》2002 年第 1 期。

69. 王国华、武国江：《新闻媒体在政府危机管理中的作用》，载《云南行政学院学报》2004 年第 3 期。

70. 宋华琳：《中国食品安全标准法律制度研究》，载《公共行政评论》2011 年第 2 期。

71. 冯军：《犯罪化的思考》，载《法学研究》2008 年第 3 期。

72. ［德］汉斯·海尔里希·耶施克：《世界性刑法改革运动概要》，载《法学译丛》1981 年第 1 期。

73. 陈冉：《我国食品安全犯罪认定中的新问题研究》，载《吉林公安专科学校学报》2011 年第 6 期。

74. 房清侠：《食品安全刑法保护的缺陷与完善》，载《河南财经政法大学学报》2012 年第 2 期。

75. 胡洪春：《浅论危害食品安全犯罪的刑法规制》，载《犯罪研究》2012 年第 1 期。

76. 黄明儒：《论刑事犯和行政犯的区分对刑事立法的影响》，载《刑法论丛》13 卷。

77. 黄星：《食品安全刑事规制路径的重构——反思以唯法益损害论为判断标准规制食品安关系》，载《政治与法律》2011 年第 2 期。

78. 江锡华：《刑罚威慑与犯罪控制》，载《福建公安专科学校学报》1999 年 3 月。

79. 黎宏：《日本近年来的刑事实体立法动向及其评价》，载《中国刑事法杂志》2006 年第 6 期。

80. 冯军：《和谐社会与刑事立法》，载《南昌大学学报》2007 年第 2 期。

81. 廉恩臣：《欧盟食品安全法律体系评析》，载《政法论丛》2010 年第 2 期。

82. 梁根林：《论犯罪化及其限制》，载《中外法学》1998 年第 3 期。

83. 江献军、崔素琴、郝增录：《食品安全犯罪的刑法规制》，载《中国监狱学刊》2011 年第 3 期。

84. 刘艳红：《我国应该停止犯罪化的刑事立法》，载《法学》2011 年第 11 期。

85. 柳忠卫：《刑法立法模式的刑事政策考察》，载《现代法学》2010 年第 3 期。

86. 龙在飞、梁宏辉：《风险社会视角下食品安全犯罪的立法法缺憾与完善》，载《特区经济》2012 年第 1 期。

87. 毛乃纯：《论食品安全犯罪中的过失问题——以公害犯罪理论为根基》，载《中国人民公安大学学报（社会科学版）》2010 年第 4 期。

88. 李震：《刑罚轻缓化的理论基础》，载《宁夏社会科学》2009 年 7 月。

89. 曲新久：《刑事政策之概念界定与学科建构》，载《法学》2004 年第 2 期。

90. 卢建平：《作为治道的刑事政策》，载《华东政法学院学报》2005 年第 4 期。

91. 卢建平：《社会防卫思想》，载《刑法论丛》，法律出版社 1998 年版。

92. 邢馨宇、邱兴隆：《刑法的修改轨迹、应然与实然——兼及对刑法修正案（八）的评价》，载《法学研究》2011 年第 2 期。

93. 杨兴培：《公器乃当公论神器更当持重——刑法修正案方式的慎思与评价》，载《法学》2011 年第 4 期。

94. 杨秀英：《完善食品安全刑事责任立法的思考》，载《河南省政法管理干部学院学报》2007 年第 5 期。

95. 姜敏：《我国食品安全犯罪领域帮助行为实行化研究》，载赵秉志、张军主编：《刑法与宪法之协调发展——全国刑法年会论文集 2012》（下卷），中国人民公安大学出版社 2012 年版。

96. 林亚刚：《论〈刑法修正案八〉对生产、销售有毒有害食品罪的修订》，载赵秉志、张军主编：《刑法与宪法之协调发展——全国刑法年会论文集 2012》（下卷），中国人民公安大学出版社 2012 年版。

97. 刘志伟、刘炯：《危害食品安全犯罪立法的修订及再完善》，载赵秉志、张军主编：《刑法与宪法之协调发展——全国刑法年会论文集 2012》（下卷），中国人民公安大学出版社 2012 年版。

98. 孙运梁、宁鲜鲜：《风险社会下食品安全的刑法规制》，载赵秉志、张军主编：《刑法与宪法之协调发展——全国刑法年会论文集 2012》（下卷），中国人民公安大学出版社 2012 年版。

三、报纸类

1. 陈敏锐：《以引领示范创建为抓手 全面巩固提升食品安全治理现代化水平》，载《江门日报》2024 年 2 月 29 日。

2. 芮娟：《全市食品安全总体形势稳中向好》，载《芜湖日报》2024 年 1 月 2 日。

3. 吕海锋：《守住"舌尖上的安全"》，载《广西日报》2023 年 12 月 29 日。

4. 张丽萍等：《持续提升治理能力 保障群众"舌尖上的安全"》，载《中国食品安全报》2021 年 9 月 28 日。

5. 陈海波：《食品安全就是让百姓吃得放心》，载《光明日报》2019 年 6 月 23 日。

6. 李国强、谭燕：《加强食品安全治理任重道远》，载《中国经济时报》2019 年 6 月 12 日。

7. 毛振宾：《对食品药品稽查执法工作的一些思考》，载《法制日报》2014 年 8 月 25 日。

8. 吴卫：《昆明市保障行政与刑事执法衔接 开始实施（暂行规定）每季度举行联席会议》，载《云南日报》2004 年 10 月 29 日。

9. 杨维立：《刑事诉讼中如何使用行政执法证据》，载《检察日报》2012 年 8 月 20 日。

10. 乔新生：《专设食药警察利于解决执法难题》，载《法制日报》2014 年 3 月 31 日。

11. 《国外专家坦言"食药警察"更适合中国国情》，载《中国食品报》2014 年 5 月 14 日。

12. 《上海推广行政执法与刑事司法信息共享平台》，载《检察日报》2006 年 9 月 22 日。

13. 《涉食药案件共同犯罪比例较高》，载《法制日报》2011 年 12 月 29 日。

四、其他网络文献类

1. 《六部门联合印发〈关于加强预制菜食品安全监管 促进产业高质量发展的通知〉》，载人民网：http://finance.people.com.cn/n1/2024/0321/c1004-40200680.html，最后访问时间：2024 年 3 月 25 日。

2. 《提升食品安全治理能力水平，打造共建共治共享格局》，载人民网：http://sh.people.com.cn/n2/2023/0223/c134768-40313265.html，最后访问时间：2024 年 3 月 1 日。

3. 《公安部部署依法严厉打击"两超一非"食品领域犯罪 集中挂牌督办 50 起案件》，载人民网：http://society.people.com.cn/n1/2023/0712/c1008-40034201.html，最后访问时间：2024 年 1 月 20 日。

4. 《不断提升食品安全治理能力和治理水平》，载人民网：http://gs.people.com.cn/n2/2022/0218/c183356-35139649.html，最后访问时间 2024 年 1 月 18 日。

5. 《公安部公布打击食品安全犯罪 8 起典型案例》，载中国新闻网 https://www.chinanews.com/gn/2023/02-13/9952572.shtml，最后访问时间：2024 年 1 月 20 日。

6. 《公安机关依法严打制售伪劣保健食品、制售假酒等危害食品安全犯罪》，载法治网：http://www.legaldaily.com.cn/index_article/content/2024-02/29/content_8966738.html，最后访问时间：2024 年 3 月 2 日。

7. 《中央政法工作会议在京召开 习近平作重要指示》载人民网：http://politics.people.com.cn/n/2015/0120/c70731-26419142.html，最后访问时间：2024 年 1 月 16 日。

8. 《公安部将督办食品安全重大案件》，载凤凰网：http://news.ifeng.com/mainland/spe-

cial/shipinanquan/content-2/detail_ 2011_ 05/10/6271876_ 0. shtml, 最后访问时间：
2024 年 1 月 20 日。

9. 《中国将开展农村和城乡接合部食品安全专项整治》载腾讯网：http://news. qq. com/
a/20070831/002651. htm, 最后访问时间：2024 年 1 月 20 日。

10. 《全国食品工业十二五发展交流会资料》, 网易新闻：http://news. 163. Com/12/0614/
14/83 VGPMV400014JB5 . html, 最后访问时间：2024 年 1 月 21 日。

11. 《食品小作坊小摊贩食品安全事故"高发区"》, 载中国人大网：http://www. npc.
gov. cn/npc/zgrdzz/2012-02/15/content_ 1688546. htm, 最后访问时间：2024 年 1 月
21 日。

12. 《食品安全领域渎职犯罪形势严峻, 600 多人被检察机关查办》, 载新华网：http://
news. xinhuanet. com/fortune/2015-08/05/c_ 1116158298. htm, 最后访问时间：2024 年
1 月 23 日。

13. 《最高法食品安全案件从重定罪处罚》, 载新华网：http://news. xinhuanet. com/yuqing/
2011-11/25/c_ 122337198. htm, 最后访问时间：2024 年 1 月 23 日。

14. 《最高检督办食品安全案件 让犯罪分子无处可逃》, 载正义网：http://news. jcrb. com/
jxsw/201203/t20120314_ 824813. html, 最后访问时间：2024 年 1 月 25 日。

15. 《全国食品经营监管工作会议在京召开》, 载中国政府网：http://www. gov. cn/xinwen/
2015-01/29/content_ 2811845. htm, 最后访问时间, 2024 年 1 月 17 日。

16. 《2014 年全国查处 8. 45 万件食品安全事件》, 载新华网：http://news. xinhuanet. com/
food/2015-01/29/c_ 127436791. htm, 最后访问时间：2024 年 1 月 26 日。

17. 《全国人大农业与农村委员会副主任刘振伟在十二届全国人大二次会议"人大立法和
监督工作"答记者问 刘振伟食品安全问题必须"零容忍"》, 载新华网：http://
news. xinhuanet. com/politics/2014-03/09/c_ 133172667. htm, 最后访问时间：2024 年 1
月 27 日。

18. 《查防结合对食品安全监管职务犯罪零容忍》, 载最高人民检察院网站：http://
www. spp. gov. cn/site2006/2012-08-29/0005541830. html, 最后访问时间：2024 年 1 月
27 日。

19. 《来自于公安部副部长在 10 部门主办的食品安全宣传周上的讲话见公开报道中国各级
公安机关将对食品安全犯罪"零容忍"》, 载新华网：http://news. xinhuanet. com/poli-
tics/2015-01/25/c_ 114505564. htm, 最后访问时间：2024 年 2 月 1 日。

20. 《食品安全必须"零容忍"》, 载中国政府网：http://www. gov. cn/xinwen/2014-07/
22/content_ 2722191. htm, 最后访问时间：2024 年 1 月 28 日。

21. 《北京市长食品安全监管要"零容忍"》，载新华网：http://news. xinhuanet. com/food/ 2015-05/22/c_ 127829207. htm，最后访问时间：2024 年 1 月 28 日。

22. 《最高法食品安全案件从重定罪处罚》，载新华网：http://news. xinhuanet. com/yuqing/ 2011-11/25/c_ 122337198. htm，最后访问时间：2024 年 1 月 23 日。

23. 《五问危害食品安全之罪——专访最高人民法院副院长》，载中国政府网：http:// www. gov. cn/jrzg/2011-05/25/content_ 1870841. htm，最后访问时间：2024 年 1 月 28 日。

24. 《最高院详细阐释〈关于办理危害食品安全刑事案件适用法律若干问题的解释〉》，载人民网：http://legal. people. com. cn/n/2015/0503/c42510-21360052. html，最后访问时间：2024 年 2 月 1 日。

25. 《2014 年全国查处 8.45 万件食品安全事件》，载新华网：http://news. xinhuanet. com/ food/2015-01/29/c_ 127436791. htm，最后访问时间：2024 年 2 月 3 日。

26. 《药监局将毒胶囊定性为生产劣药案》，载腾讯新闻：http://news. qq. com/a/20120 421/000098. htm，最后访问时间：2024 年 2 月 5 日。

27. 《十大巨额食品召回事件》，载博闻网：http://health. bowenwang. com. cn/10-food-re- calls. htm，最后访问时间：2024 年 2 月 6 日。

28. 《问题多价格虚高，进口食品遭遇监管缺位》，载搜狐网：http://roll. sohu. com/2012 1114/n357584154. shtml，最后访问时间：2024 年 2 月 8 日。

29. 《食品安全亟待"惩罚性赔偿"》，载人民网：http://opinion. people. com. cn/GB/125 86165. html，最后访问时间：2024 年 2 月 14 日。

30. 《日本食品安全法经常修改》，载人民网：http://www. people. com. cn/GB/paper68/ 14388/1279747. html，最后访问时间：2024 年 2 月 17 日。

31. 《食品安全日本曾经的痛》，载新浪网：http://finance. sina. com. cn/focus/japanfood/，最后访问时间：2024 年 2 月 16 日。

32. 《日本食品安全的神话归功于谁》，载凤凰网：http://news. ifeng. com/opinion/zhuanlan/ yutianren/detail_ 2011_ 04/26/5984048_ 0. shtml，最后访问时间：2024 年 2 月 18 日。

33. 《食品安全法修法迫在眉睫学界呼吁提高食品检测公信力》，载法制网：http://www. legaldaily. com. cn/bm/content/2013-03/23/content_ 4304730. htm？ node = 20734，最后访问时间：2024 年 2 月 18 日。

34. 《马怀德 破解行政执法与刑事司法对接机制运转不畅的困局》，载中国警察网：ht- tp://sydj. cpd. com. cn/n23502548/n23503038/c23594929/content. html，最后访问时间： 2024 年 2 月 20 日。

35. 《上海市食药监局查实福喜问题食品 5108 箱》载新华网：http://news. xinhuanet. com/
    fortune/2014-07/22/c_ 1111747884. htm，最后访问时间：2024 年 2 月 21 日。

36. 《"食药警察"半年刑拘 59 人》，载齐鲁晚报：http://epaper. qlwb. com. cn/qlwb/con-
    tent/20140 814/ArticelH15003FM. htm，最后访问时间：2024 年 2 月 20 日。

37. 《李克强以"零容忍"的举措惩治食品安全违法犯罪》，载中国政府网：http://
    www. gov. cn/guowuyuan/2015-06/11/content_ 2878316. htm? from = timeline&isappinstalled =
    0，最后访问时间：2024 年 2 月 21 日。

38. 《解密北京食药警察》，载北京青年报：http://epaper. ynet. com/html/2014-03/30/con-
    tent_ 49190. htm? div =-1，最后访问时间：2024 年 2 月 26 日。

39. 《破解难题打造专业化》，载中国警察网：http://sydj. cpd. com. cn/n23502548/n235030
    38/c23598887/content. html，最后访问时间：2024 年 2 月 27 日。

40. 《食品警察面临诸多挑战》，载法制网：http://www. legaldaily. com. cn/index/content/
    2014-05/07/content_ 5499501. htm? node = 2090//www. sfda. gov. cn/WS01/CL0005/998
    38. html，最后访问时间：2024 年 2 月 27 日。

41. 《各地食品药品监管部门加大行刑衔接合作 全力打击食品药品违法犯罪行为》，载国
    家食品药品监督管理总局网站：http://www. sfda. gov. cn/WS01/CL0005/99838. html，
    最后访问时间：2024 年 2 月 26 日。

42. 《"胡颖廉""食药警察"是干什么的》，载中国共产党新闻网：http://theory. people.
    com. cn/n/2014/0512/c40531-25004742. html，最后访问时间：2024 年 2 月 27 日。